Christoph Bausenwein & Bernd Siegler

Fußball in Franken 1

Geschichte eines Fußballjahrhunderts

Schrenk-Verlag

Reihe **Buchfranken** - Bücher über und aus Franken
Herausgegeben von Prof. Dr. Hermann Glaser † und Dr. Johann Schrenk

Bd. 11 Bernd Siegler/Chr. Bausenwein, Franken Fußball I

Bd. 1 Godehard Schramm, Drei ganz Besondere
Bd. 2 Günter Höhne (Hg.), Des Flusses und der Liebe Wellen
Bd. 3 Siegfried Kett, Erhellung und Beschleunigung
Bd. 4 Winston Kelley, Amerikanische Dichter & Denker in Franken
Bd. 5 Hermann Glaser, Zwischen Furchenglück und Sphärenflug
Bd. 6 Hermann Glaser (Hg.), Lukullus in Franken
Bd. 7 Otto Glaser u.a., Gedichte von Vergessenen
Bd. 8 Rainer Hambrecht u.a., Das braune Franken
Bd. 9 Franz Sonnenberger, Der Brückenbauer
Bd. 10 Hermann Glaser, Irgendwie traurig, vielleicht auch heiter
Bd. 11 Bernd Siegler/Chr. Bausenwein, Franken Fußball I
Bd. 12 Bernd Siegler/Chr. Bausenwein, Franken Fußball II
Bd. 13 Jürgen Walter, Ich kann nicht mehr zurück ...
Bd. 14 Manfred Schreiner, Mit schüchternem Stolz ...
Bd. 15 Michaela Domes (Hg.), Die ganze Welt ist Bühne ...
Bd. 16 Dieter Gärtner, Der Medicus von Bamberg
Bd. 17 Günther Kraus, Alles hat seine Zeit
Bd. 18 Hermann Glaser, Geburtstag bei Mörderinnen
Bd. 19 Fridhelm Klein, 1000 Tageszeichnungen
Bd. 20 Jürgen Franzke u.a., Marx meets Wilson

Sonderband 01 In Franken wieder Heimat finden
Sonderband 02 Horst Schäfer: Lichtbild(n)er

Impressum

Alramweg 3, 91187 Röttenbach, schrenk@buchfranken.de / www.buchfranken.de; Satz und Layout: Schrenk-Verlag
Redaktion & Lektorat: Hermann Glaser und Johann Schrenk
Korrekturen: Erich W. Spieß, Nürnberg, und Roswitha Brunner, Würzburg
Cover: Gestaltung Schrenk-Verlag, unter Verwendung des Fotos „Club-Fans" von Herbert Liedel, Nürnberg (2007)
Foto S. 6: Fürth gegen Bayern München (1931); vgl. S. 38
Druck: BoD Books on Demand, Norderstedt

Ausgabe 3-2019 - ISBN 978-3-924270-91-9

Christoph Bausenwein & Bernd Siegler

Fußball in Franken 1

Geschichte eines Fußballjahrhunderts

Buchfranken
Bücher über und aus Franken
im Schrenk-Verlag

INHALT

INHALT

Liebe Leser und Leserinnen,

Wenn Sie noch Anregungen oder Ergänzungen einbringen möchten, dann schreiben Sie uns bitte an: schrenk@buchfranken.de.
Aktuelle Informationen zum Buch finden Sie unter www.buchfranken.de

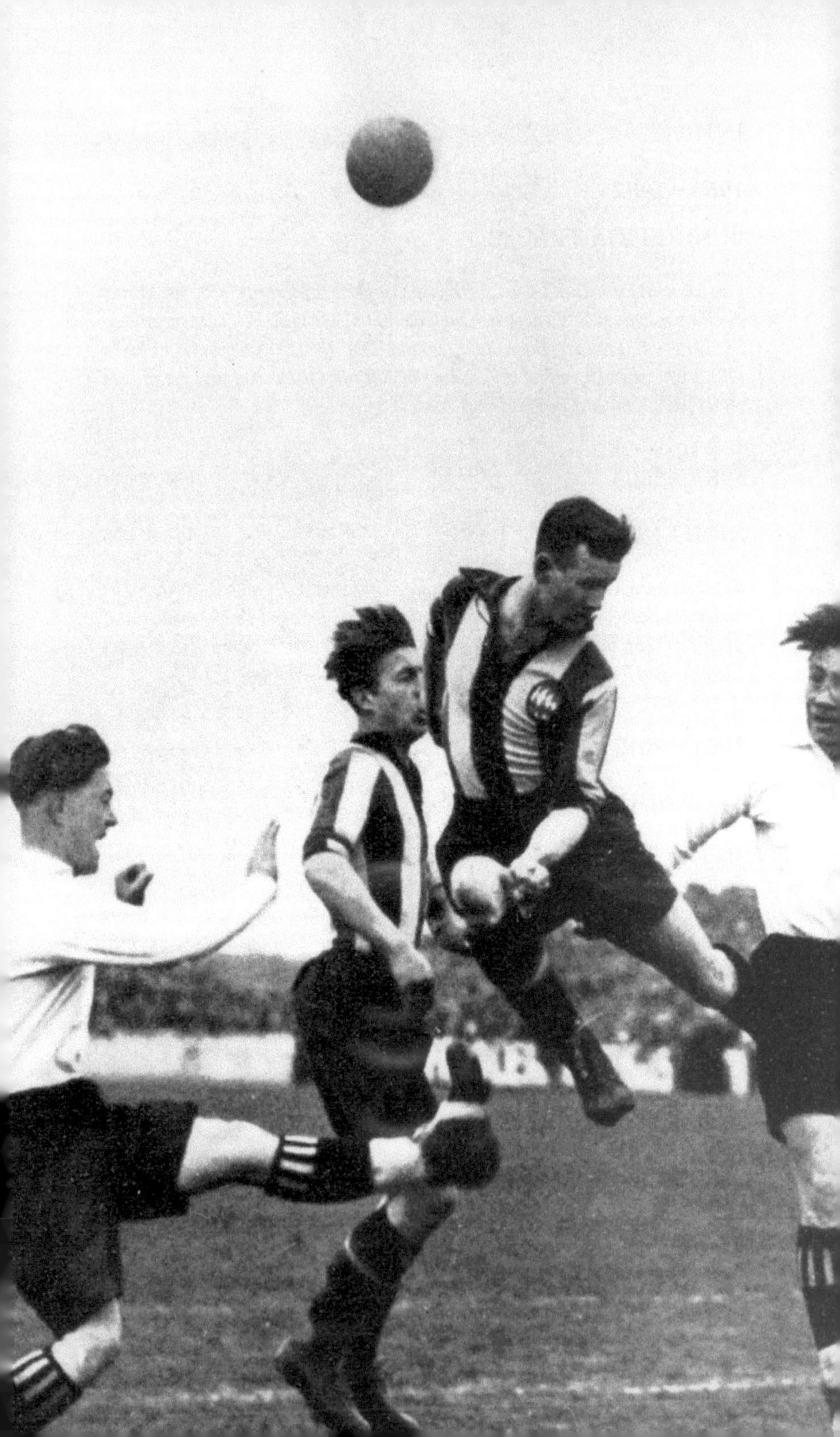

1888 – 1918

WIE DER BALL INS SPIEL KAM

Das englische Spiel

Als Gründungsurkunde des modernen Fußballspiels gelten die Regeln, die der am 26. Oktober 1863 in London gegründete englische Fußballverband (Football Association, F.A.) ausarbeitete. Die Vertreter der elf Vereine und Schulen, die sich damals in der „Freemasons Tavern" versammelten, hatten noch ganz unterschiedliche Auffassungen, unter welchen Regeln man das als „Football" bezeichnete Spiel ausüben sollte. In den englischen Eliteschulen, den Public Schools, und an den Universitäten von Cambridge und Oxford waren damals nämlich noch ganz unterschiedliche Spiele üblich. Während die einen das „Running-Game" bevorzugten, bei dem das Fangen und Tragen des Balles erlaubt war, favorisierten die anderen das reine Fußballspiel, das so genannte „Dribbling-Game".

Da man sich auf keine einheitlichen Regeln einigen konnte, kam es im Anschluss an die Gründungsversammlung zum Bruch zwischen der „Fuß-" und der „Hand-Partei". Die Anhänger des Rugby, die sich mit ihren Vorstellungen innerhalb der Football Association nicht durchsetzen konnten, traten schließlich aus der F.A. aus und gründeten im Jahr 1871 ihren eigenen Verband, die Rugby Union. Den „richtigen" Fußball nannte man nun „Association Football" oder auch „Soccer".

Schon bald fand der neue Sport, der ursprünglich ein Privileg der an den Eliteschulen und Universitäten ausgebildeten Gentlemen war, auch unter der Arbeiterschaft Anhänger. Überall bildeten sich Arbeiter- und Werkteams, und die, die nicht selbst gegen einen Ball treten wollten, strömten in immer größerer Zahl zu den Spielen der Cracks. Jahr für Jahr wuchs die Kapazität der Stadien, in denen die besten Teams um die seit 1871 ausgeschriebene Trophäe des „F.A.-Cup" stritten. Im April 1888, als sich zwölf englische Klubs zur „Football League" zusammenschlossen, waren in England bereits vollprofessionelle Spieler am Werk, die von den Eintrittsgeldern der Zuschauer finanziert wurden.

„Soccer" in Deutschland

In Deutschland wurden die ersten Vereine überall dort gegründet, wo englische Diplomaten, Geschäftsleute und Studenten ansässig waren. Zuerst blieben die Engländer beim Spiel unter sich, so zum Beispiel in den Engländerkolonien deutscher Residenzstädte wie Hannover und Braunschweig, in Modebädern wie Bad Cannstatt und Baden-Baden und in Handelszentren wie Bremen, Hamburg, Berlin und Leipzig. Aber auch Deutsche begeisterten sich schnell für das Spiel. Einer der ersten war der Lehrer Konrad Koch. Angeregt durch eine England-Reise führte er bereits 1874 im Martino-Katharineum-Gymnasium zu Braunschweig den Rugby-Fußball als Schulspiel ein. Koch war auch der erste, der die englischen Regeln ins Deutsche übersetzte und 1896 das erste Regelheft zum „Association Football" - dem „Fußball ohne Aufnehmen des Balles" - publizierte.

Der erste rein deutsche Verein, bei dem man ausschließlich „Soccer" betrieb, war der Berliner Fußballclub Germania 1888. In rascher Folge wurden vor allem in Norddeutschland weitere Klubs gegründet. In Berlin, wo auf den vielen Exerzierplätzen hervorragende Spielbedingungen gegeben waren, kam es geradezu zu einem Fußball-Boom.

Zum ersten Zentrum des süddeutschen Fußballs wurde Karlsruhe. Dort wirkte mit Walter Bensemann einer der einflussreichsten Fußballpioniere überhaupt. Er sprach fließend Englisch, veranstaltete internationale Fußballturniere und gründete unter anderem den „Internationalen Karlsruher Footballclub", einen Vorläufer des später berühmten Meisterklubs Karlsruher FV. Bensemann blieb auch nach seiner aktiven Zeit dem Sport verbunden und rief 1920 die bis heute bestehende Fachzeitschrift „Kicker" ins Leben.

Geregelte Wettbewerbe zwischen den einzelnen Vereinen gab es zunächst fast nur innerhalb einzelner Städte, die jeweils einen „Stadtmeister" ermittelten. Mit einer „deutschen Meisterschaft", die der 1891 in Berlin gegründete „Deutsche Fußball- und Kricket-Club" veranstaltet haben will, hatte das kaum etwas zu tun. Überregionale Bedeutung erlangte erst der 1897 in Karlsruhe aus der Taufe gehobene „Verband Süddeutscher Fußball-Vereine". Als sich am 28. Januar 1900 die Vertreter von 86 Vereinen in Leipzig versammelten, um sich zum „Deutschen Fußballbund" (DFB) zusammenzuschließen, repräsentierte dabei der Süddeutsche Fußballverband beinahe die Hälfte der Bundesvereine. Ab 1903 wurde vom DFB eine Deutsche Meisterschaft veranstaltet, die diesen Namen nun auch wirklich verdiente.

Der „Kick-Off" in Franken

Zu einem Zeitpunkt, als der Fußballsport sich andernorts bereits zu einem beliebten Freizeitsport entwickelt hatte, steckte er in Franken noch in den Kinderschuhen. Immerhin: Bereits für 1888, dem Jahr also, in dem in England die Liga startete und in Berlin der erste „richtige" Fußballverein gegründet wurde, sah man auch in Nürnberg junge Menschen dem runden Leder hinterher rennen. Es waren die Schüler des Melanchthon-Gymnasiums, die, gekleidet in Jockeymützen, gestreiftem Sportdress und dreiviertellangen Turnhosen einem Freizeitvergnügen nachgingen, das sie „deutsches Fußballspiel" nannten.

Dieses „deutsche Fußballspiel" wurde zwar mit einem runden Ball betrieben, ansonsten aber lagen ihm die Regeln des englischen Rugby zugrunde. Im

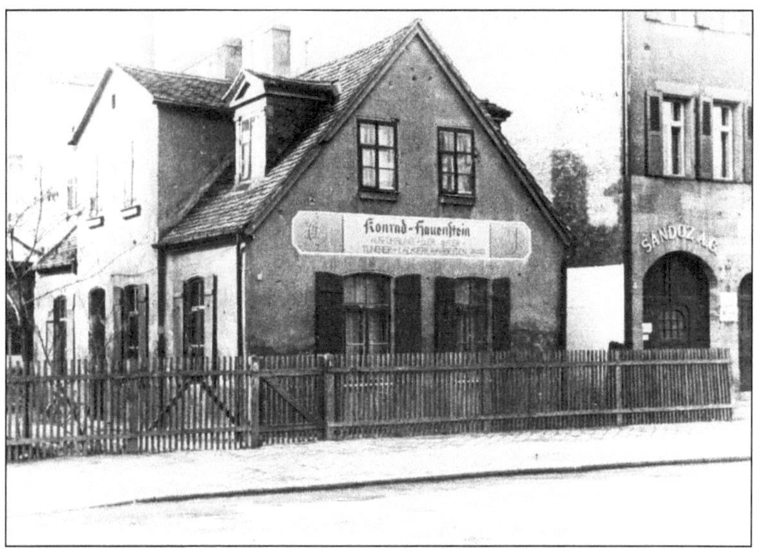

Die „Burenhütte“, das Gründungslokal des 1. FC Nürnberg.

darauffolgenden Sommer jagten auch die Schüler des gerade eröffneten Kgl. Neuen Gymnasiums „gleich einer Meute losgelassener Hunde“, wie einer der Teilnehmer es beschrieb, dem runden Leder hinterher, und auf der Gibitzenhofer Heide veranstalteten die Realschüler (heutiges Willstätter Gymnasium) ihre eigenen Spiele. Doch nur wenige Jahre später hörte dieses von Passanten mit Kopfschütteln quittierte Treiben wieder auf.

Während das Fußballspiel in Nürnberg vorübergehend von der Bildfläche verschwunden war, kam es in Hof zur Gründung des ersten Fußballvereins in Franken überhaupt. Im Jahr 1893 kehrte ein gebürtiger Hofer, der Kaufmannsgehilfe Otto Strunz, aus England in seine Heimatstadt zurück. Im Turnverein erzählte er vom Fußballspiel, das er auf der Insel kennen gelernt hatte. Einige seiner alten Freunde waren auf Anhieb begeistert.

Trotz des Widerstands etlicher alter Turner schlossen sich die Fußballbegeisterten zu einer eigenen Abteilung zusammen und übten sich in dem neuen Spiel zunächst auf einer Wiese am Kuhbogen. Da Gegner in dieser Zeit sehr schwer zu finden waren, mussten sich jedoch die Kicker der „Fußballspiel-Abteilung des TV Hof e.V.“, der späteren Spielvereinigung Hof 1893, jahrelang damit begnügen, selbst ein bisschen herumzukicken. Zum ersten richtigen Wettspiel kam es am 23. Oktober 1898, als die SpVgg Hof gegen den ATV Plauen einen beeindruckenden 7:0-Sieg erreichte.

Am 4. Mai 1900 tat sich endlich auch in Nürnberg wieder etwas. 18 junge Leute, die meisten ehemalige Gymnasiasten, trafen sich zu einer Versammlung „zwecks Wiederaufnahme des Fußballspiels“ im Wirtshaus „Zur Burenhütte“

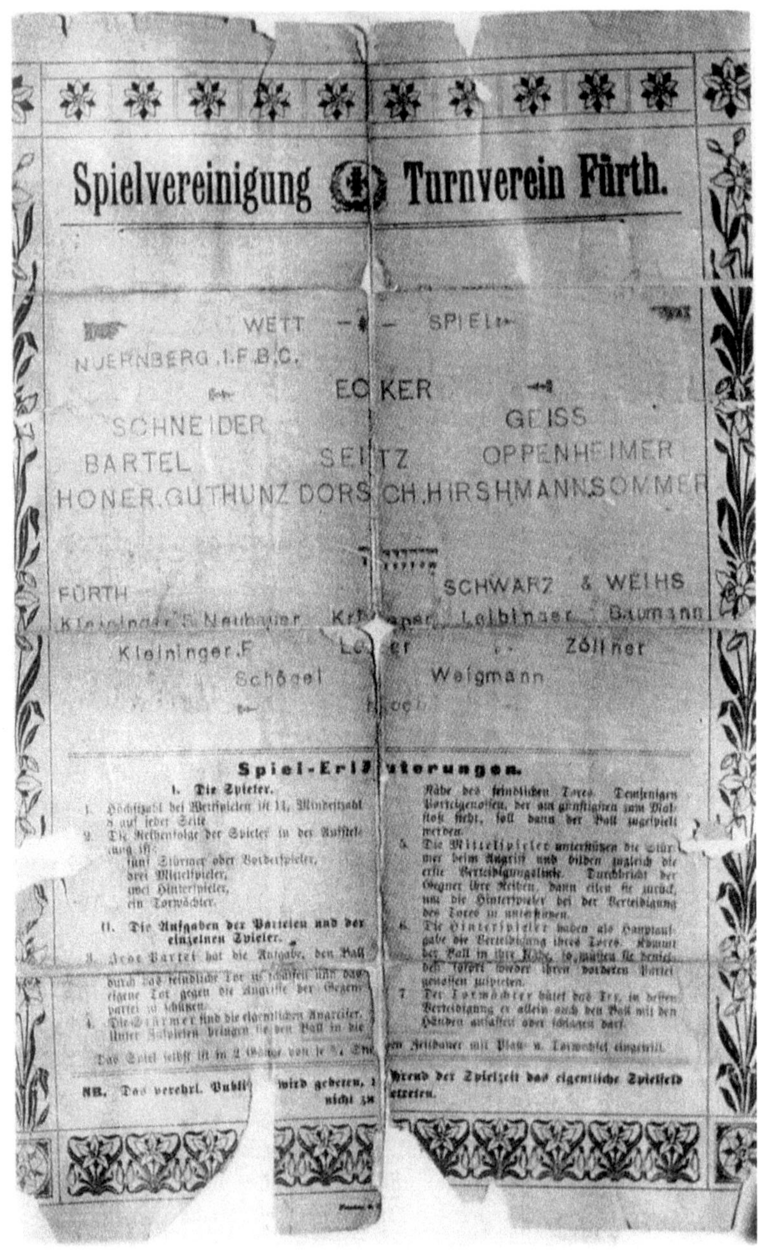

Plakat zu einem der ersten Derbys Fürth-Nürnberg (1902/03). Die Spielvereinigung tritt noch als Abteilung des TV Fürth an.

an der Deutschherrenwiese. Organisator des Treffens war Christoph Heinz, der als Schüler Jahre zuvor am „deutschen Fußballspiel" Gefallen gefunden hatte. „Sämtliche Erschienenen", so heißt es in der Chronik des 1. FC Nürnberg, „erklärten sich bereit, als Mitglieder einzutreten, und beschlossen, den neugeborenen Verein ‚1. Fußballclub Nürnberg' zu taufen, im stolzen Bewusstsein, dass es wirklich der erste in Nürnberg gegründete Fußballclub war."

Dieser 1. FCN, der später als „Club" berühmt werden sollte, war allerdings, wenn man es ganz genau nimmt, nur ein „3. FCN". Denn bereits 1897 und 1898 waren in Nürnberg, und zwar unabhängig voneinander, Fußballklubs gegründet worden. Beide Vereine hatten jedoch schon nach wenigen Monaten mangels Interessenten wieder aufgeben müssen.

Dasselbe Schicksal hätte auch beinahe den 1. FCN ereilt. Die Gründungsmitglieder hatten sich dafür entschieden, „Rugby Football" zu spielen. Dafür benötigte man aber dreißig Spieler, und so viele Sportler waren damals schlicht nicht aufzutreiben. Also beschloss man im Juni 1901, fortan nur noch den problemloser durchzuführenden „Association Football" zu betreiben. Kennen gelernt hatte man den „Fußball ohne Aufnehmen des Balles" bereits im Oktober 1900 bei einem Probespiel gegen eine Mannschaft der Schuckertschen Elektrizitätswerke. Bei der Schuckert-Mannschaft handelte es sich um einen lockeren Zusammenschluss von norddeutschen Angestellten, unter ihnen der Kaufmann Grupe aus Hannover, der dem 1. FCN ein Heft mit den original Associations-Regeln vermacht hatte.

Nach einem weiteren Probespiel gegen die Schuckert-Angestellten waren die Nürnberger also gut gewappnet, als sie die Herausforderung aus Bamberg erhielten, wo am 3. März 1901 im Lokal „Goldene Schwane" ebenfalls ein 1. FC gegründet worden war. Auch wenn es nicht das erste Fußballspiel war, das auf fränkischem Boden ausgetragen wurde, stellt das am 29. September 1901 zwischen dem 1. FC Bamberg und dem 1. FC Nürnberg ausgetragene Wettspiel das erste große Kick-Ereignis in Franken dar. Sogar einige hundert Zuschauer wollten das Spiel sehen.

Die fränkische Fußball-Szenerie

Nachdem die Nürnberger das Rückspiel gegen die Bamberger am 20. Oktober auf der Deutschherrnwiese klar mit 5:1 für sich entschieden hatten, fühlten sie sich stark genug, die Herausforderung des ebenfalls im Jahr 1900 gegründeten FC Bayern München zu einem Kampf um eine inoffizielle „Bayerische Meisterschaft" anzunehmen. Da man zu diesem Zeitpunkt in der Landeshauptstadt fußballtechnisch bereits ein gutes Stück weiter entwickelt war, ging dieses erste „Endspiel" gehörig daneben. Am 6. November 1901 kamen die Bayern, beeindruckten mit einem bis dahin in der Noris völlig unbekannten Kombinationsspiel und fertigten einen chancenlosen 1. FCN mit 6:0 ab.

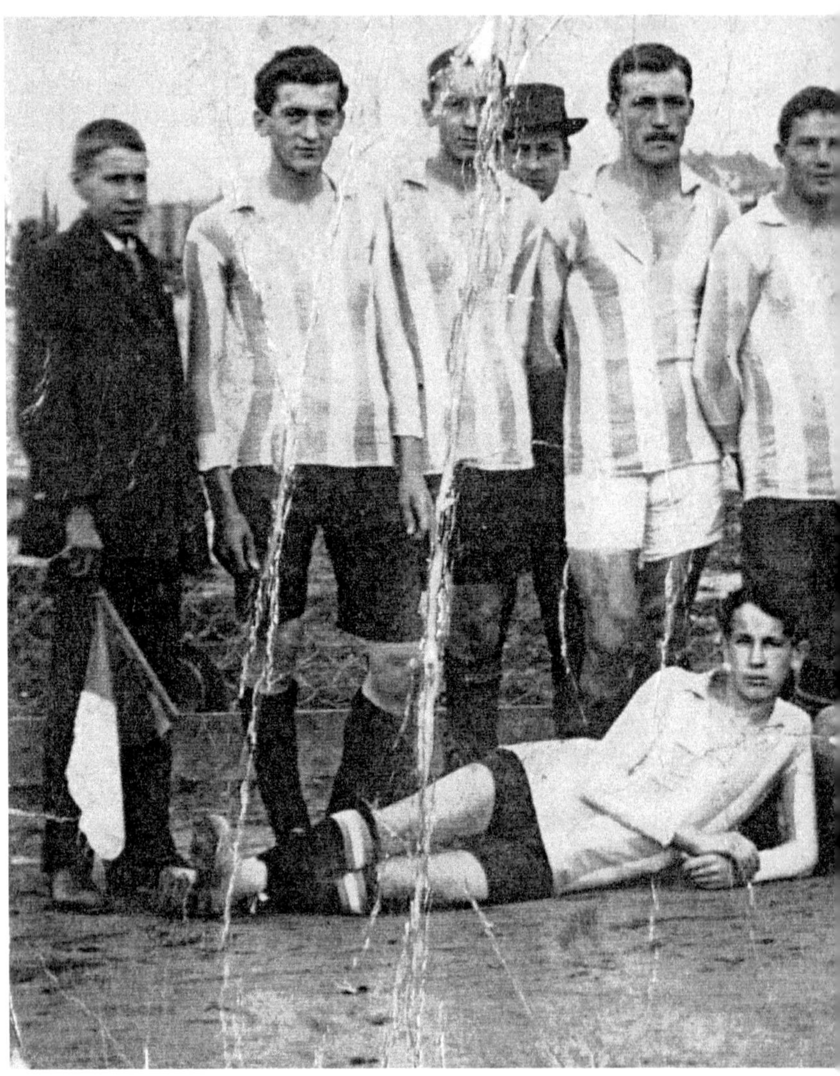

Der jungen Heiner Stuhlfauth (vorne Mitte) als Torwart des FC Franken (1913). In den Jahren zuvor spielte er noch als Stürmer auf der halblinken Position.

Einziger Spieler auf Nürnberger Seite, der fußballerisch Paroli bieten konnte, war der kurz vorher aus der damaligen Fußball-Hochburg Berlin zugereiste Fritz Servas. Unter seiner Regie wurde nun im Winter erstmals ein ernsthaftes Training durchgeführt. Erste Lernerfolge zeigten sich bereits im nächsten

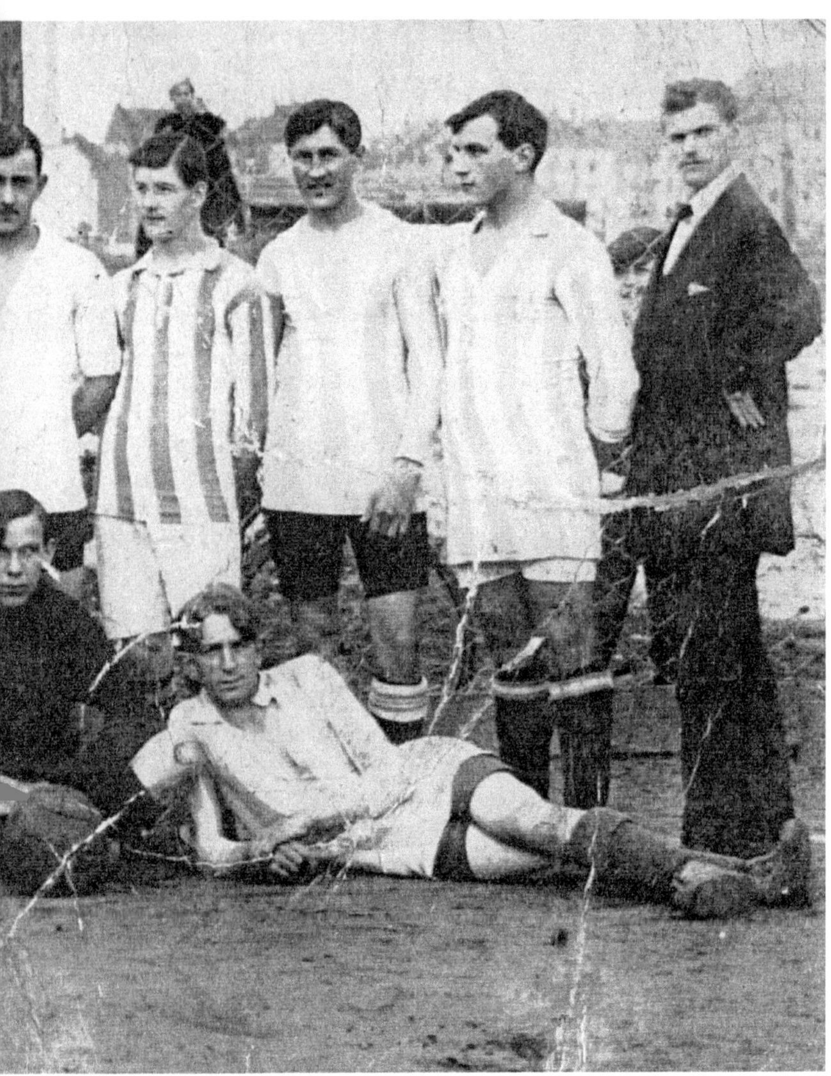

Wettspiel im Frühjahr. 2:1 hieß das Ergebnis gegen den Herausforderer 1. FC München. Zeuge dieses Spiels war vermutlich auch der Fürther Reinhardt Barthel. Jedenfalls erzählte er seinen Kumpels von der Faustball-Riege des TV 1860 Fürth von den Fußballern des Club auf der Deutschherrnwiese und ermunterte sie, bei deren Übungsspielen zu hospitieren. Die Fußball-Novizen aus der Kleeblattstadt waren sofort hellauf begeistert, zogen ein eigenes Training auf und wollten es bereits nach wenigen Wochen wissen: Man forderte den 1. FCN zu einem Wettspiel heraus.

Im Herbst des Jahres kamen dann die Nürnberger, sahen die Anfänger und siegten erbarmungslos. Mit 0:15 mussten sich die Fürther bei dieser ersten Auseinandersetzung auf holprigem Geläuf am Schießanger geschlagen geben. Die Hoffnung auf rasche Besserung der Spielstärke – das Revanchespiel im Januar musste wegen Schneesgestöbers beim überraschenden Zwischenstand von 1:0 für die Fürther abgebrochen werden – zerstob freilich am 19. März 1903. Null für Fürth, elf für Nürnberg hieß es diesmal.

Ebenfalls im März 1903 kam es auch innerhalb der Stadtgrenzen Nürnbergs zu einem ersten Derby. Gegner des 1. FCN war die 1902 ins Leben gerufene Fußball-Abteilung des TV 1846 Nürnberg. Die Mannschaft des 1. FCN, bei der mittlerweile die Übungen des Spielertrainers Fritz Servas eine schon recht ansehnliche Spielkultur hatten wachsen lassen, gewann locker mit 3:1. Indessen ließ man sich in Fürth von den deftigen Niederlagen nicht abschrecken.

Am 23. September 1903 versammelten sich die Pioniere des Fürther Fußballs im Gasthaus Balzer in der Gustavstraße und gründeten die Spielvereinigung Fürth als Unterabteilung des TV 1860. Formal waren die Fürther damit ein Fußballverein, aber am praktischen Fußballspiel haperte es nach wie vor: 1:14 verbucht die Chronik als Ergebnis des ersten „offiziellen" Derbys zwischen dem 1. FCN und der SpVgg am10. Februar 1904.

Um Tore und Punkte

Im Jahr 1904 wurden innerhalb des Süddeutschen Fußballverbandes (SFV), dem mittlerweile viele Klubs beigetreten waren, erste Ortsverbände gegründet. In Nürnberg/Fürth spielten die Mannschaften der Vereine 1. FCN, Franken Nürnberg (Fußballer des TV 1860), SpVgg Fürth und die Fußballer des Männerturnvereins Nürnberg (der spätere FC Noris) erstmals nicht mehr nur um Tore, sondern auch um Punkte. Die Kicker von „Franken" hatten ihren Platz an der Grünstraße, die vom FC Noris am Ludwigskanal (heutige Trasse des Frankenschnellwegs). Während die Franken – übrigens der Stammverein des späteren Club-Idols Heiner Stuhlfauth – nach ihrem Stadtteil auch als „Gibitzenhofer" bezeichnet wurden, hatte die Noris-Elf einen weniger neutralen Spitznamen: In Anlehnung an die eben eingeführten Mülltonnen, die unter dem Namen „Noris" firmierten, nannte man sie wenig schmeichelhaft „Noris-Kübel".

Neben diesen Vereinen der ersten Stunde entstanden in den Industriegebieten der Südstadt, zwischen Siemens und MAN, weitere Klubs. Im damals berüchtigten Vorort „Rabus" (in etwa das Gebiet rund um die heutige Vogelweiherstraße) spielten der Ballspielclub, Wacker und der FC Pfeil, in Schweinau der FC Vorwärts, und in Muggenhof der FC Viktoria.

Im Norden und Nordosten Nürnbergs verbreitete sich der Fußball zunächst weniger stark. Hier gab es seit 1904 nur die Fußballer vom TV Johannis 1883 sowie die Kicker von der „Concordia", die auf der Stöckertswiese an der

Bayreutherstraße dem runden Leder hinterher jagten. Noris und Franken fusionierten 1913 mit anderen Vereinen der ersten Stunde (FC Vorwärts, FC Viktoria, Concordia) zum VfB Nürnberg. Reste des FC Vorwärts gründeten 1911 den Ballspielclub Sportfreunde, aus dem 1920 zunächst der Nürnberger FV (Zusammenschluss mit FC Sandreuth und Ballspielclub) und 1925 schließlich der ASV Nürnberg hervorging.

Zum spielstärksten Verein neben dem 1. FCN entwickelte sich der 1905 gegründete FC Pfeil. Die „Pfeiler" waren fast ausschließlich Schlosser-, Schreiner- und Handwerksgesellen, also keine Gymnasiasten und Akademiker wie die „vornehmen" Kicker des 1. FCN. Aus diesem Grund blieben die „Pfeiler" lange Zeit ein „wilder" Verein – der Verband weigerte sich, einen Arbeiter- und Handwerkerverein aufzunehmen. So griffen sie erst 1909/10 in das „offizielle" Fußballgeschehen ein. Bekanntester Spieler der Mannschaft war Heiner Witzgall, der mit einem eigenen Kampflied geehrt wurde: „Hat den Ball der Witzgalls Heiner, jup-heidi, jup-heida, na ihr wisst ja, das ist einer, jup-heidi-heida ...". Im selben Jahr trat auch der damals 15-jährige Luitpold Popp, der spätere Meisterspieler des 1. FC Nürnberg, den „Pfeilern" bei. Wegen des herrschenden Fußballverbotes für Schüler hatte er bis dahin „offiziell" nur Leichtathletik betrieben.

In Fürth, der „Stadt der tausend Schlöte", die vor allem durch ihre Spiegel bekannt war, etablierten sich neben der Spielvereinigung, die sich 1906 vom Stammverein TV 1860 auch formal abgespalten hatte, ebenfalls weitere Fußballvereine. Da gab es die „Restfußballer" vom TV 1860 (zwischenzeitlich FC Fürth, heute Quelle), den MTV (wechselte 1924 vom DFB zur Deutschen Turnerschaft) und schließlich Franken, Schneidig und den VfR.

Unterhalb der Festung Marienberg, dem imposanten Stadtwahrzeichen von Würzburg, kam es im Jahr 1904 zum offiziellen Startschuss für den Fußball. Zu Fuß oder aber in Pferdekutschen strömten am 22. April zahlreiche Menschen über die alte Mainbrücke mit ihren Heiligenfiguren, um im Stadtteil Zellerau einem bis dahin nicht da gewesenen Ereignis beizuwohnen: Einem Fußball-Match zwischen dem 1. FC Bamberg und dem FC Viktoria 1901 Aschaffenburg. Dieses „Werbespiel für den Fußball" weckte eine derartige Begeisterung, dass einige Enthusiasten gleich im Anschluss den späteren Traditionsklub 1. Würzburger FV 1904 ins Leben riefen. Der lokale Konkurrent, der FC Würzburger Kickers, ist etwas jünger. Er wurde am 17. November 1907 von 17 Gymnasiasten im Restaurant „Zur Post" gegründet.

Zum bekannten „Schweinfurter Grün", einem als Malerfarbe verwendeten Kupferpigment, gesellte sich im Jahr 1905 ein Fußballverein, der später als „die Grün-Weißen" berühmt werden sollte: der am 05.05. von Kaufleuten der Firma Fichtel & Sachs aus der Taufe gehobene 1. FC Schweinfurt 05. Zwei Jahre später, ebenfalls im Mai, folgte die Gründung des lokalen Konkurrenten VfR 07 (als FV Viktoria gegründet).

Weitere fränkische Vereine, die frühzeitig ins Fußballgeschehen eingriffen, waren der TV Jahn Forchheim (1904), die SpVgg Ansbach 09 und die 1910 gegründeten Vereine FC Britannia (Bayern) Hof und der 1. FC Bayreuth. Keiner dieser Vereine spielte allerdings zunächst eine größere Rolle, auch nicht der VfB Coburg von 1907. Die Coburger hätten es auch rein formal gar nicht tun können: Denn damals zählte die Stadt weder zu Franken noch zu Bayern, sondern zum Herzogtum Sachsen-Coburg und Gotha.

Am 1. Oktober 1905 startete im sogenannten „Gau Nordbayern" des Süddeutschen Fußball-Verbandes eine Punktspielrunde, an der sich zwei Mannschaften des 1. FCN, sowie der FC Franken, der 1. FC Bamberg und der FV Würzburg 04 beteiligten. Zuvor hatte es Qualifikationsspiele für diese „Erste Liga Nordbayerns" gegeben.

Besonders hervorgetan haben soll sich dabei der Würzburger Torwart Klotz. Er war einer der ersten, die sich nach dem Ball hechteten, statt ihn zu fausten oder mit dem Fuß wegzuschlagen. Dieser „erste Exzentriker unter den Hütern" sei, so der Journalist Josef Michler, wie eine „menschliche Kugel" zwischen den Pfosten hin- und hergesaust. Die Runde gewannen dann allerdings nicht die Würzburger, sondern die „Erste" des 1. FCN. Wie stark dieses Team im nationalen Vergleich hätte sein können, konnte leider nicht festgestellt werden. Aus organisatorischen Gründen verzichteten die Nürnberger auf die Teilnahme an der Endrunde um die Süddeutsche Meisterschaft.

Über die Spielstärke der besten deutschen Mannschaften konnten sich die Clubspieler dennoch selbst ein Bild machen: Das Endspiel um die DFB-Meisterschaft fand nämlich am 27. Mai 1906 in Nürnberg auf dem FCN-Platz an der Ziegelgasse statt. Vor 1.100 Zuschauern, die trotz strömenden Regens gekommen waren, schlug der VfB Leipzig den Süddeutschen Meister 1. FC Pforzheim mit 2:1. Heinrich Riso, späterer Nationalspieler, erzielte in der 85. Minute den entscheidenden Treffer. Die Leipziger hätten das Spiel schon früher per Elfmeter entscheiden können. Doch unter den staunenden Blicken der Zuschauer hatte Riso den Ball absichtlich vorbeigeschossen: Seiner Meinung nach war der Pfiff des Schiedsrichters unberechtigt.

Die Rivalität Nürnberg – Fürth

Die Dominanz des 1. FC Nürnberg in Nordbayern hielt auch die folgenden Jahre an. Hauptursache dafür war das Grundlagentraining von Fritz Servas, der seinen Schülern vor allem das kleine Einmaleins des Kurzpassspiels beibrachte. Für den Handwerksgesellen Ludwig Philipp, 1904 in den Verein eingetreten, war das Training des Berliner Cracks wie eine Offenbarung: „Er war ein ausgesprochenes Naturtalent und brachte uns ehrgeizigen und wissensdurstigen Schülern die Grundbegriffe von Ballbehandlung und Zusammenspiel bei. Die systematische Schulung bekam uns gut."

Philipp bekamen die Trainingseinheiten mit Servas so gut, dass er nicht nur zu einem glänzenden Fußballspieler mit Allrounder-Qualitäten wurde - er konnte Mittelstürmer, Linksaußen, Halblinker und Verteidiger spielen - sondern sogar zum ersten Nationalspieler Bayerns avancierte. Neben Philipp erwiesen sich vor allem die Stürmer Theo Haggenmiller und Georg Steinmetz sowie der Mittelläufer Karl Hertel als sehr gelehrige Schüler. Gemeinsam waren sie in der Lage, ein Kombinationsspiel aufzuziehen, das bereits eine gewisse Ähnlichkeit mit dem heutigen Fußball hatte.

Allmählich gewann der 1. FCN wie er wollte, und als er im April 1906 sogar das ehemals große Vorbild Britannia Berlin mit 7:0 überrannte, deutete sich die künftige Stärke der Kicker aus der Noris bereits an. Die Nürnberger wurden von 1906 bis 1908 dreimal hintereinander Meister im Ostkreis des Süddeutschen Fußballverbandes - was einer Bayerischen Meisterschaft entsprach -, und wegen dieser Erfolge begann man bereits, den 1. FCN voller Hochachtung schlicht und einfach als „Club“ zu bezeichnen. Neben der Silhouette der Burg und den berühmten Lebkuchen sollte „der Club“ schon bald zu einem weiteren Wahr- und Markenzeichen der alten Reichsstadt Nürnberg werden.

Unschlagbar war der Club zunächst allerdings noch nicht. In der Endrunde um die Süddeutsche Meisterschaft scheiterte er an den noch spielstärkeren Mannschaften FC Freiburg, Stuttgarter Kickers und Phönix Karlsruhe, und die starken Berufsspielermannschaften aus England waren sowieso noch eine Nummer zu groß. So setzte es 1909 in einem groß angekündigten Match eine deftige Niederlage gegen den FC Sunderland. „Sie spielten mit uns, wie sie wollten, und das Endergebnis von 8:3 besagt eigentlich nur wenig“, jammerte ein Vereinsmitglied.

Unterdessen erwuchs in der Spielvereinigung aus Fürth klammheimlich ein mächtiger Konkurrent. Um die Zeit der schlechten Spiele, der „Scheißangerspiele“, wie man in Nürnberg spottete, zu beenden, bezogen die Fußballer, die seit 1905 mit weißen Hemden und einem Kleeblatt auf der Brust antraten, an der Vacher Straße eine neue Sportplatzanlage. Danach versuchten die Verantwortlichen des Vereins ganz gezielt, die Spielstärke der 1. Mannschaft zu verbessern. Triebfeder war vor allem der Ehrgeiz, den Rivalen aus der Nachbarstadt Nürnberg zu überflügeln. Am 11. März 1908 trug sich der Stuttgarter Karl Burger als 77. Mitglied des jungen Vereins ein. Der stämmige und athletische Verteidiger wurde, wie es in einer Chronik heißt, der „beste der Fürther Elf und Stütze der Mannschaft“ und erhielt bereits im nächsten Jahr die erste von insgesamt elf Berufungen in die Nationalmannschaft.

Mit Burger entscheidend verstärkt, erzielten die Kleeblättler gegen die örtliche Konkurrenz auf Anhieb Siege am laufenden Band, manchmal sogar zweistellig. Am 6. Dezember 1908 gelang dann auch der heißersehnte erste Punktgewinn gegen den mächtigen Konkurrenten aus Nürnberg (3:3), zwei Jahre später zog der 1. FCN gegen den Emporkömmling erstmals den Kürzeren: Nürnberg

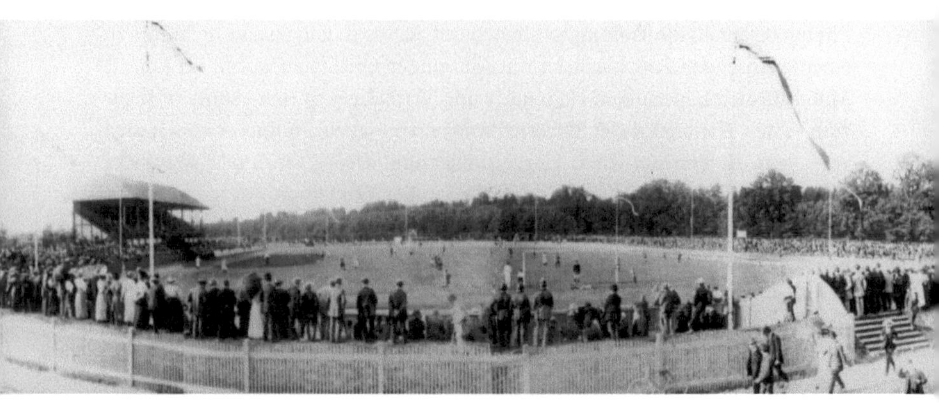

Der „Zabo" bei der Eröffnung am 24. August 1913

eins, Fürth zwei lautete nun das Ergebnis. Wie es dabei zuging, ist einem Zeitungsbericht vom 21. November 1910 zu entnehmen: „Infolge eines von einem Fürther Spieler erhaltenen Schlages sah sich ein Nürnberger veranlasst, demselben einige schallende Ohrfeigen zu verabfolgen, die der Fürther Herr in gleicher, vielleicht noch kräftigerer Weise erwiderte. Der Schiedsrichter nahm dann pflichtschuldigst Veranlassung, den beiden Herren Gelegenheit zu geben, sich das Spiel von außen mit Muße anzusehen."

Mit der Spielstärke wuchs auch das Interesse an der Spielvereinigung: Immer mehr Jugendliche drängten zum Fußballsport, immer mehr Zuschauer wollten die Spiele der 1. Mannschaft sehen. Unter einem neuen Vorsitzenden, dem Diplomingenieur Heinz Ludwig Kraus, kam das groß angelegte Ronhof-Projekt in Gang. Am 11. September 1910 wurde die neue Anlage mit einem Spiel gegen den Deutschen Meister Karlsruher FV eröffnet. Vor 8.000 Zuschauern gelang ein respektables 2:2. Fürth hatte nun eines der modernsten Stadien in Deutschland, das regelmäßige Zuschauereinnahmen garantierte. Und in Nürnberg war man neidisch, denn die Kicker des Club mussten damals noch auf einem unzureichenden Platz in Schweinau spielen.

Drei Jahre später, am 24. August 1913, konnte endlich auch in Nürnberg ein Stadion dem Publikum übergeben werden. Der neue, nach damaligen Verhältnissen vorbildliche Sportpark, der 8.000 Zuschauern Raum bot, rief, wie es in der Club-Chronik heißt, „einen mächtigen Eindruck in der Sportwelt hervor". Binnen kurzem gab es neben „Club" nun auch noch ein anderes Kürzel, das zu einem Begriff für Nürnberg und erstklassigen Fußball wurde: „Zabo". Das Wort stand für Zerzabelshof, damals ein Dorf jenseits der Stadtgrenze von Nürnberg. Die Verantwortlichen beim Club hatten diesen Standort gewählt, weil er außerhalb der städtischen Zuständigkeit lag und somit der sogenannten „Lustbarkeitssteuer" entging, die für eintrittspflichtige Fußballspiele erhoben wurde.

Während Nürnberg und Fürth zum Nabel der fränkischen Fußballwelt wurden, konnte sich mit den Kickers auch ein Würzburger Verein erste Lorbeeren verdienen. Mit einem überlegenen 5:0-Sieg gegen den Lokalrivalen FV 04 im April 1908 vielversprechend in den Wettspielbetrieb gestartet, konnte der junge Verein in der Folgezeit mit erstaunlichen Ergebnissen aufwarten. Besonders bemerkenswert war ein 5:3 gegen den etablierten 1. FCN, das die Kickers im September 1909 auf ihrem neuen eigenen Platz an der Randersackerer Straße erzielten. Im Jahr darauf konnten sie diesen Erfolg sogar noch toppen – da gelang ihnen nämlich in einem Freundschaftsspiel ein geradezu sensationelles 2:1 gegen den amtierenden Deutschen Meister Karlsruher FV.

Start der Ostkreis-Liga

Bis zum Jahr 1910 gab es im Süddeutschen Fußballverband ein unübersichtliches und ständig wechselndes Spielsystem. Nach einer grundlegenden Reform wurden die vier Kreise Nord, Süd, West und Ost gebildet mit jeweils einer höchsten Liga (Ligaklasse), darunter eine A-Klasse sowie B- und C-Klassen in den Gauen (Bezirken). Die Ostkreis-Liga entsprach in etwa dem Gebiet Bayerns, der Südkreis Baden-Württemberg, der Nordkreis Hessen und der Westkreis der Pfalz. In der ersten Saison 1910/11 der Ostkreis-Liga wurde Bayern München Meister, gefolgt vom 1. FCN und der SpVgg Fürth. Auf Platz sechs bewies mit dem FC Pfeil ein weiterer fränkischer Verein erstaunliche Spielstärke.

Die folgenden Jahre dominierten jedoch weder die Münchner Bayern noch der 1. FCN sondern die Kleeblättler von der Spielvereinigung. Bei der SpVgg waren damals Männer am Werke, die die Prinzipien des Geschäftslebens kurzerhand auf den Fußball übertrugen. Tatkraft und rasches Handeln hatten die Industriestadt Fürth nach oben gebracht, und gerade so, wie man im nicht durch Zunftzwang gebundenen Gewerbe mit neuen Produktionsmethoden und dem Wissen auswärtiger Experten Erfolg hatte, wollte man nun auch im Fußball vorgehen.

Am 8. April 1911 beschloss die Mitgliederversammlung, den ehemaligen englischen Profi William Townley, der bereits den Karlsruher FV zum Meistertitel geführt hatte, als Trainer zu verpflichten. Townley lehrte den Fürthern den legendären schottischen Flachpass, entdeckte das Talent der Nachwuchsspieler Hans „Bumbes" Schmidt und Georg Wunderlich, schließlich lotste er auch noch einen Nationalspieler des Karlsruher FV, den starken Läufer Julius Hirsch, an den Ronhof. Bald konnten die Nachbarn in Nürnberg nur noch staunen, wie schön die Fürther kombinierten.

Mit Townley an der Seitenlinie eilten die Kleeblättler in rasenden Schritten von Erfolg zu Erfolg. 1912 und 1913 wurden die Fürther Ostkreismeister, 1914 holten sie erneut den Titel und starteten dann, anders als in den beiden Jahren zuvor, zum großen Durchmarsch. Nach Siegen über den Frankfurter FV, die Stuttgarter Kickers und den VfR Mannheim errangen sie den Titel eines Süddeutschen Meisters und gelangten über die SpVgg Leipzig und den BC Berlin ins DM-Endspiel gegen den Titelverteidiger VfB Leipzig. Auf den Punkt topfit gingen die Fürther ins Match und besiegten den favorisierten Gegner nach mehreren Verlängerungen und mehr als zweieinhalb Stunden Spielzeit mit 3:2.

Der spätere Club-Spieler Hans „Bumbes" Schmidt, der damals einer der besten war, kommentierte: „In Nürnberg blickte man etwas neidisch auf die jubelnde Stadt. Man dachte mit einer stillen Wehmut an die Tage zurück, als man den gleichen Verein mühelos zweistellig niederkantern konnte." Die kleine Nachbarstadt hatte das große Nürnberg überflügelt. Aber was heißt da eigentlich klein? Im Jahre 1914 war die Spielvereinigung mit mehr als 3.000 Mitgliedern der größte Sportverein Deutschlands!

„Pfeiler" und andere Außenseiter

Während der Club und die Spielvereinigung sich beharkten, kickten die anderen nordbayerischen Klubs mehr oder weniger unauffällig in der Ostkreisliga mit. Oft waren sie nur Kanonenfutter, wie zum Beispiel der FC Noris beim 2:12 gegen den 1. FCN im Jahr 1910. Manchmal aber konnten sie aber auch zum Stolperstein werden. So gelang dem VfB Nürnberg, dem Nachfolgeverein des FC Noris, in der Saison 1911/12 ein 1:0 gegen den Club.

Die „Noris-Kübel" waren damit die ersten Nürnberger Fußballer, die den übermächtigen Cluberern ein Schnippchen schlagen konnten. Größter lokaler Konkurrent des Club wurde dann jedoch der FC Pfeil. Am 31. September 1913 gaben die „Pfeiler" dem 1. FCN mit 1:0 das Nachsehen, im Jahr darauf erreichten sie erneut einen Sieg. In der Liga landeten sie – hinter dem Lokalrivalen und der SpVgg, aber vor den Bayern aus München – auf Platz drei.

Danach ging es allmählich bergab mit dem FC Pfeil. Grund dafür waren weniger die Wirren des Krieges, sondern in erster Linie die Abwerbungserfolge des großen Nachbarn aus dem Zabo: 1914 verließ der Allrounder Luitpold Popp, zunächst ein erfolgreicher Torjäger, später ein exzellenter Verteidiger, den Verein; 1916 folgte Heiner Stuhlfauth, der sich zum „Hexenmeister" im Tor des 1. FCN entwickeln sollte; 1917 schließlich wechselte der lange Schlaks Carl Riegel, ein technisch beschlagener Läufer, zum Club, um dort seinen Gegnern Knoten in die Beine zu spielen.

Für die erste Saison der Ostkreisliga war auch der „Urgegner" des 1. FCN, der 1. FC Bamberg, qualifiziert. In den Duellen gegen hochklassige Gegner sahen die Bamberger, die am Ende den neunten Platz belegten, gar nicht schlecht aus. Gegen den Dritten, die SpVgg Fürth, verlor man knapp mit 5:6, gegen den Zweiten, den 1. FCN, gab es ein 2:3, und gegen den Ostkreismeister Bayern München, der mit dem damaligen Startorwart Karl Pekarna und dem Nationalspieler Max Gablonsky angetreten war, erreichte man immerhin ein 3:7.

1911/12 landeten die Bamberger erneut auf Platz neun, mussten aber, da die Liga auf acht Vereine reduziert werden sollte, in die Relegation. An diesen Ausscheidungsspielen nahmen die vier letzten der Liga (neben Bamberg der VfB Nürnberg, MTV Augsburg und Concordia Nürnberg) sowie der Meister der A-Klasse Ostmain, Kickers Würzburg, teil. Die Würzburger, auch die „Roten" von der Randersackererstraße genannt, stiegen als Sieger der Runde in die Ostkreisliga auf, alle anderen waren nur noch zweitklassig. Damit hatten die Kickers ausgerechnet in dem Jahr, in dem die „Blauen" von 04 ihr vereinseigenes Stadion an der Frankfurter Straße einweihten, den lokalen Konkurrenten sportlich eindeutig überflügelt.

Trotz zum Teil deftiger Niederlagen – unter anderem 0:8 und 2:8 gegen den 1. FCN – konnten die Würzburger Kickers den prompten Abstieg aus der Ostkreis-Liga vermeiden. Im nächsten Jahr warteten sie mit konstanteren Leistungen auf und konnten dem Club sogar ein 2:2 abtrotzen. Die Kickers fühlten sich anschließend so stark, dass sie sich auf weite Reisen wagten und sich mit anderen starken Gegnern maßen. So trafen sie im Mai 1914 in Wien auf das berühmte Rapid und erzielten ein respektables 0:3.

Die Orte am Nordrand Frankens – Aschaffenburg, Neustadt, Coburg, Hof, Lichtenfels u.a. – traten als Gegner der Topp-Klubs „Kleeblatt" und „Club" allenfalls in Freundschaftsspielen auf. Sie hatten fußballerisch lange Jahre eine Sonderrolle inne. Viktoria Aschaffenburg trat in der geografisch günstiger liegenden Kreisliga Odenwald bzw. Südmain an und konnte dort im Spieljahr 1916/17 die Bezirksmeisterschaft erringen.

Die Hofer Vereine – die Spielvereinigung und der 1910 in der Fabrikvorstadt „Verdl" gegründete FC Britannia – kickten genauso wie der VfB Coburg und der VfL Neustadt beim Verband Mitteldeutscher Ballspielvereine. Der VfL Neustadt spielte eine gute Rolle in der 1. Spielklasse von Südthüringen, der VfB Coburg brachte es 1914 zum Meister von Südthüringen, 1921 wurde der Verein für Bewegungsspiele sogar Meister von ganz Thüringen.

Kein Meister und kein „Britannia"

Zwei Monate nach dem Endspielsieg der Spielvereinigung Fürth brach der Erste Weltkrieg aus. Da natürlich auch die Fußballer an die Front mussten, wurden die Spiele um eine Deutsche Meisterschaft ausgesetzt.

Trotz der schwierigen Bedingungen versuchten die meisten Vereine, auch während des Krieges mit zusammengewürfelten Mannschaften an Wettbewerben teilzunehmen. Viele hielten das nicht lange durch. Einer, den es besonders schlimm traf, war der FC Britannia aus Hof. Weil England jetzt Kriegsgegner und deswegen alles „Englische" verpönt war, hatte man sich bereits 1914 gezwungen gesehen, seinen Namen zu ändern. Neuer Namensgeber war das Königreich, dem die fränkische Stadt Hof seit über hundert Jahren angehörte: Bayern. Nur zwei Jahre konnte der umbenannte Verein seinen Spielbetrieb aufrechterhalten, dann ging, mangels Mannschaft, gar nichts mehr. Quasi im Vorgriff auf den so genannten „Kartoffelerlass“ der Regierung vom April 1918 beschloss die Vorstandschaft, den Sportplatz auf der Grünen Au in einen Kartoffelacker umzuwandeln und damit zur Behebung des Ernährungsproblems beizutragen.

Andere Vereine hatten mehr Glück. Während man in Hof Kartoffeln anpflanzte, spielte der 1. FCN um die kurzfristig angesetzte Süddeutsche Kriegsmeisterschaft mit und gewann mit dem so genannten „Eisernen Fußball“ im Jahr 1916 seine erste große Trophäe. In dieser Mannschaft standen bereits vier spätere Meisterspieler: Der Mittelläufer und Schweizer Nationalspieler Gustav Bark, der kopfballstarke Verteidiger Anton Kugler, das Mittelfeld-Ass Carl Riegel und der Torjäger Heiner Träg.

Im Jahr darauf zogen die Fürther nach und holten sich die Meisterschaft im Ostkreis. 1918 waren beide Rivalen erfolgreich: Der 1. FCN wurde Süddeutscher Meister, die Spielvereinigung holte sich den erstmals ausgespielten Süddeutschen Pokal. Trotz großer Einschränkungen konnte also auf regionaler Ebene ein Wettspielbetrieb aufrecht erhalten werden. Der Fußball war nicht unterzukriegen. Im Gegenteil. Viele fanden in den Jahren zwischen 1914 und 1918 erst den Kontakt zu dem Sport mit dem runden Leder. Seit 1910 war der Fußball Teil der sportlichen Ausbildung beim Militär, und so fanden auch hinter der Front regelmäßig Fußballspiele statt.

Im DFB-Kriegsjahrbuch 1915/16 schrieb ein Major: „Welchen Wert ich dem Fußballsport beimesse, mögen sie daraus ersehen, dass ich meine Leute, die durch den Schützengrabendienst steif und schwerfällig geworden waren, fleißig habe Fußball spielen lassen. Und der Erfolg des Spielens? Die Leute verjüngten sich zusehends, wurden elastisch, lustig und konnten gar nicht genug spielen.“

Auch wenn der Fußball so zur Regeneration des „Menschenmaterials“ instrumentalisiert wurde, war er für viele einfach eine willkommene Ablenkung von den Gräueln des Krieges. Tausende von Arbeitern lernten das Spiel kennen und schätzen und behielten ihre Begeisterung auch nach dem Ende des Krieges bei.

Seppl Schmitt, der spätere Meisterspieler des 1. FCN, formulierte rückblickend: „Diese Generation kam aus den Schützengräben des Ersten Weltkrieges, zog die Uniform aus und war arbeitslos. Die Jugend floh die ewigen häuslichen Sorgen und fand eine zweite Heimat in den Sportvereinen.“

Der Fußball war nun bereit für seinen Aufschwung zur beliebtesten Freizeitbeschäftigung in ganz Deutschland. Wobei nicht vergessen werden darf: Viele, allzu viele konnten ihn nicht mehr miterleben. Bei der Spielvereinigung Fürth waren 142 Mitglieder gefallen, bei den Würzburger Kickers hatten von 325 Mitgliedern 107 – also fast ein Drittel – ihr Leben verloren. Auch der 1. FCN hatte viele Verluste zu beklagen. Allein aus der 1. Mannschaft waren vier Spieler auf den Schlachtfeldern geblieben.

1919 – 1932

DIE GOLDENEN JAHRE DER FUSSBALL-HOCHBURG

Keine Konkurrenz für Fürth und Nürnberg

Am 11. November 1918 endete der Erste Weltkrieg mit dem Waffenstillstand von Compiègne. Weil der reguläre Spielbetrieb in den Wirren der Nachkriegsjahre noch nicht so richtig funktionierte, hielten sich die Spieler von Club und Kleeblatt mit einer Reihe von Derbys in Form. Man blieb sozusagen unter sich und hatte bei diesen Spielen, die immer knapp ausgingen, ja auch einen wirklichen Maßstab. Jeder der beiden Vereine hätte Mühe gehabt, anderswo in Deutschland einen ebenbürtigen Gegner zu finden.

Im Frühjahr 1919, als in Nürnberg der Versuch linker Revolutionäre, eine Räterepublik nach Münchner Vorbild zu installieren, am blutigen Einsatz von Reichs- und Einwohnerwehr scheiterte, errang der in den Kriegsjahren erstarkte Club die Meisterschaft im Gau Nordbayern. Im Sommer ereilte dann den eben erst von einer erfolgreichen Schwedenreise zurückgekehrten 1. FCN im heimischen Zabo eine der wohl folgenreichsten Niederlagen seiner Vereinsgeschichte.

Das 0:3 am 22. Juli gegen den MTK Budapest, der damals neben den beiden Prager Vereinen Slavia und Sparta sowie Rapid Wien die wohl stärkste Mannschaft Kontinentaleuropas stellen konnte, beschrieb eine Nürnberger Tageszeitung als „ein Ereignis, dessen Zauber noch lange nachwirken wird“. Die Ungarn demonstrierten die hohe Kunst des Fußballs. Der Club-Verteidiger Gustav Bark war vom Spiel der ungarischen Ballvirtuosen um den Starstürmer Alfred „Spezi“ Schaffer so hingerissen, dass er zeitweise gar nicht mehr daran dachte, selbst ins Spiel einzugreifen. „Heiner!“ rief er zu Stuhlfauth hinüber, „die spielen so schön, dass ich zuschaun muss!“

Der MTK-Linksaußen Petr Szabo und der später zum „Fußballkönig“ ausgerufene Mittelstürmer Alfred „Spezi“ Schaffer schlossen sich bald danach dem Club an. Schaffer, ein Könner ohnegleichen, verpasste den Nürnbergern als Trainer jenes Quentchen an Finesse und Perfektion, das ihnen für die ganz großen Erfolge noch fehlte. Als Spieler trug er wesentlich dazu bei, dass der Club ins Finale des süddeutschen Pokalwettbewerbs gelangte und dort am 14. September den SC Stuttgart mit 5:2 besiegte.

Im Jahr darauf beendete der vom ungarischen „Fußball-König“ regierte 1. FC Nürnberg die Spiele in der neugeschaffenen Kreisliga Nordbayern als überlegener Sieger mit 115:6 Toren und 36:0 Punkten vor der SpVgg Fürth (98:13 und 30:6). Auch in den sechs Spielen um die Süddeutsche Meisterschaft blieb er ungeschlagen. Am 9. Mai wurde der Club mit einem 3:0 gegen Pfalz Ludwigshafen Süddeutscher Meister des Jahres 1920. In diesen Spielen wurde

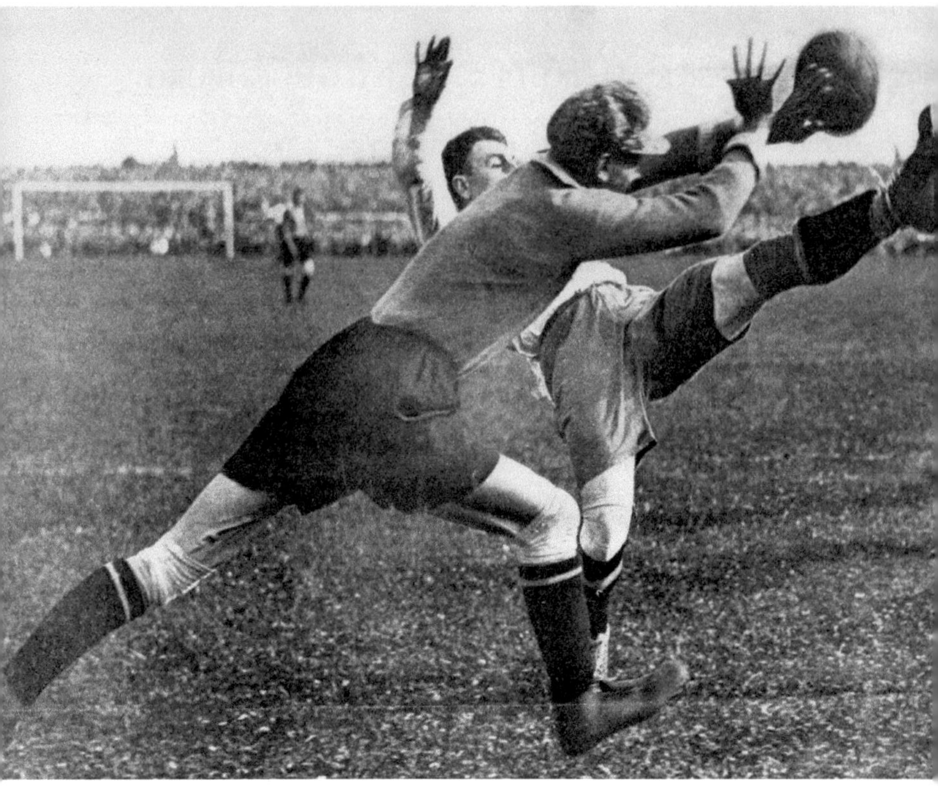

Oben: Szene aus dem Wiederholungs-Endspiel in Leipzig am 6. August 1922: 1. FCN-Keeper Heiner Stuhlfauth rettet vor dem HSV-Stürmer Karl Schneider.

erstmals der junge Hans Kalb aufgeboten. Wieder mit dabei war der langjährige Verteidiger Dr. Jean Steinlein, der erst jetzt aus amerikanischer Gefangenschaft zurückgekehrt war.

In der Endrunde um die Deutsche Meisterschaft, bei der Alfred Schaffer schon nicht mehr dabei war, setzte sich der 1. FCN souverän durch und traf im Endspiel erneut auf die SpVgg Fürth. Obwohl auf Fürther Seite mit Verteidiger Georg Wellhöfer, Mittelläufer Hans Hagen und den Stürmern Leo Fiederer, Andreas Franz, Lony Seiderer und Hans Sutor nicht weniger als sechs aktuelle bzw. künftige Nationalspieler auf dem Platz standen, wurden sie in dieser Hinsicht von den Nürnbergern noch übertroffen. Sie konnten gleich acht „Internationale“ aufbieten: Torwart Heiner Stuhlfauth, die Läuferreihe mit Anton Kugler, Hans Kalb und Carl Riegel, sowie im Sturm Wolfgang Strobel, Luitpold Popp, Willi Böß und Heiner Träg. Eigentlich waren die Kleeblättler schon auf Kreisebene mit 1:3 und 0:2 am Club gescheitert, aber als

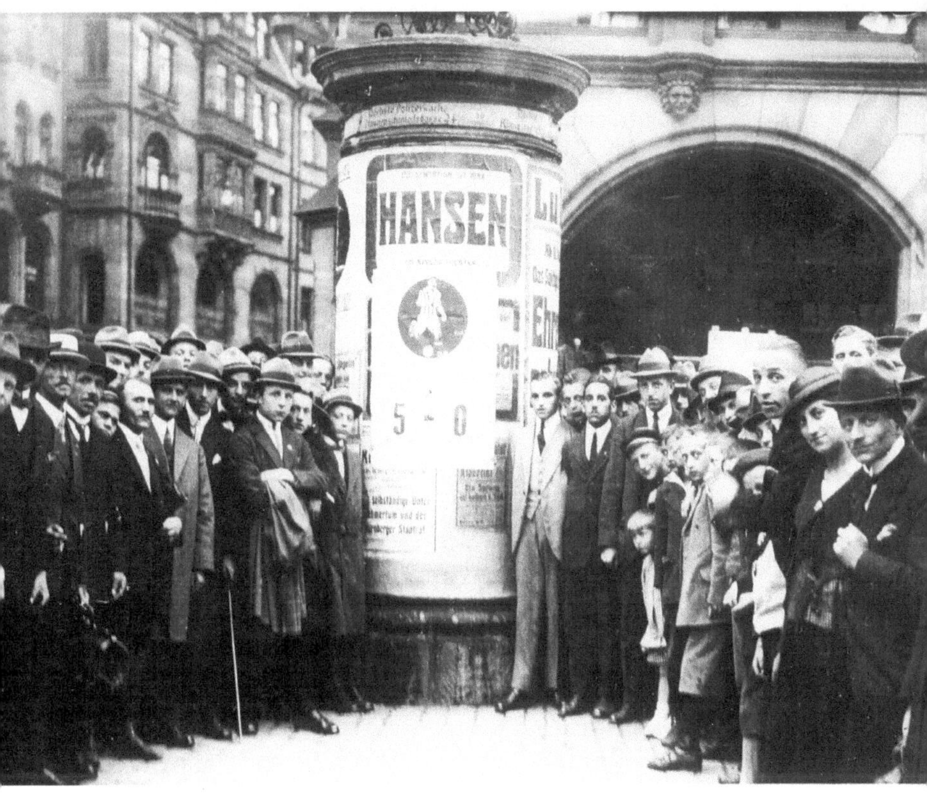

1921 wird der 5:0 - Endspielsieg des 1. FCN per Plakat bekannt gemacht.

Titelverteidiger von 1914 durften sie dennoch an der Endrunde teilnehmen. Die Fans waren zuversichtlich: „Deutscher Meister wädd – Spielvereinigung Fädd!" Tatsächlich gelangten die Kicker vom Ronhof, genauso wie der Konkurrent aus der Noris, ohne Gegentreffer ins Finale.

Dort aber fanden sie nun ihren Meister. Der Club gewann am 13. Juni vor 25.000 zum Teil per Sonderzug angereisten Zuschauern in Frankfurt mit 2:0 und errang damit seine erste Deutsche Meisterschaft. Bei ihrer Rückkehr wurden die frischgebackenen Meister von einer 30.000 Köpfe zählenden Menge begeistert empfangen. In allen entscheidenden Wettbewerben – Ostkreisliga, Süddeutsche Meisterschaft, Deutsche Meisterschaft – hatten die Fürther eher als die Nürnberger den Titel geholt, obwohl sie doch am Anfang dem Erzfeind nicht das Wasser hatten reichen können. Bis 1920 lautete die Bilanz 1. FCN gegen SpVgg Fürth: 43 Siege, 6 Unentschieden, 11 Niederlagen, Torverhältnis 224:96. Es war eine verdiente Meisterschaft für die seit 1919 in den bald weithin berühmten weinroten Trikots antretenden Nürnberger.

Nürnberger Witz und Fürther Freiheit

Dem Jubel folgte eine große Tournee: Der Club wollte sich als neuer Meister vorstellen und unternahm eine Reise quer durch Deutschland. In 13 Tagen wurden dabei 3.000 Kilometer zurückgelegt, sieben Freundschaftsspiele absolviert und - natürlich sämtlich gewonnen. Die Kicker aus der Noris funktionierten auf dem Fußballfeld wie ein Präzisionsuhrwerk.

Als souveräner Meister Nordbayerns (nur ein Unentschieden gegen die SpVgg Fürth) setzte sich der 1. FCN auch im nächsten Jahr in den Spielen um die Süddeutsche Meisterschaft problemlos durch. Nach müheloser Qualifikation blieb am 12. Juni in Düsseldorf vor 27.000 Zuschauern auf dem überfüllten DSC-99-Platz auch Endspielgegner Vorwärts Berlin chancenlos. 5:0 hieß es am Ende, die Treffer stellten die beiden Torjäger Popp (3) und Träg (2) sicher.

War der Jubel in Nürnberg schon im Jahr zuvor unbeschreiblich, so kannte er nach der Wiederholung des Titel-Triumphes keine Grenzen mehr. „Kein Fürst und kein Kaiser hatten jemals einen Empfang, der von einer größeren Begeisterung getragen war, als der Empfang der Nürnberger Fußballmannschaft von der heimischen Bevölkerung", schrieb ein Journalist.

Die verwöhnte Anhängerschaft des Club erwartete nun mit einer gewissen Selbstverständlichkeit weitere Erfolge. Tatsächlich schien die weinrote Tormaschine geradezu unschlagbar. In der für die Spielzeit 1921/22 wegen der anwachsenden Zahl von Vereinen zweigeteilten Kreisliga Nordbayern gewann der 1. FCN souverän seine Gruppe. Dann stand am 12. Februar 1922 das erste Entscheidungsspiel gegen den Meister der anderen Gruppe, die SpVgg Fürth an. Die Favoritenstellung war eindeutig: Der Club hatte einen einsamen Rekord aufgestellt und war bis zu diesem Zeitpunkt in insgesamt 104 Verbandsspielen bei einem Torverhältnis von 480:47 ungeschlagen geblieben! Und doch geschah nun das schier Unfassbare: Die Kleeblättler gewannen mit 3:2 und legten dann im Rückspiel mit einem 2:1 nochmal eins drauf.

Erneut hatten die Fürther, die in ihrer Geschichte so oft vom großen Nachbarn gegängelt worden waren, gegenüber den Nürnbergern ihre Freiheit bewahrt. Kaum verwunderlich, dass diese Siege noch im selben Jahr auch auf politischer Ebene durchschlugen. Seit einiger Zeit hatten in Fürth Angehörige der Fortschrittspartei einen Anschluss an Nürnberg forciert und die Mehrheit des Fürther Stadtrates mit dem Slogan „Fürth wird nicht Vorstadt, sondern ausschlaggebender Großstadtteil" von ihrem Ansinnen überzeugen können.

Wie nicht anders zu erwarten, formierten sich jedoch sofort selbsternannte Retter der Stadt, die ihre Heimat nicht dem Moloch Nürnberg einverleibt wissen wollten. Mit dem Argument, dass vor allem die berühmte „Fürther Kirchweih" vor dem Nürnberger Zugriff bewahrt werden müsse, sorgte der rasch gegründete Verein „Treu-Fürth" für eine derart überwältigende Zustimmung unter der Bevölkerung, dass der Stadtrat sich gezwungen sah, komplett zurückzutreten.

Nach den Neuwahlen am 14. Mai 1922 hatten die Verteidiger der Kärwa, die als Partei „Fürther Selbständigkeit" angetreten waren, nicht weniger als die Hälfte aller Sitze im Stadtparlament inne. Wohl wichtigster Nebeneffekt dieses politischen Erfolges war, dass die Spielvereinigung Fürth nicht in „Spielvereinigung Nürnberger Fürth" umbenannt werden musste.

Ein Konkurrent aus dem Norden

Als Titelverteidiger des Vorjahres blieb der eigentlich bereits ausgeschiedene Club für die Endrunde um die Deutsche Meisterschaft qualifiziert. Die Fürther hingegen waren in der Bayerischen Meisterschaft an Wacker München gescheitert, dem neuen Stern am deutschen Fußballhimmel, bei dem Alfred Schaffer als Spielertrainer angeheuert hatte. Während jedoch die Münchner „Blausterne" im Halbfinale am HSV scheiterten, erreichte der Club das Endspiel.

Im Finale am 18. Juni im Berliner Grunewaldstadion bewahrheitete sich der Spruch „Club ohne Kalb – halb". Ohne den Mittelläufer, der wegen seines gebrochenen Beines immer noch mit einem Gips herumhumpeln musste, gelang es dem Club nicht, die Hamburger zu besiegen. Nach 90 Minuten stand es 2:2. In den anschließenden Verlängerungen waren die Nürnberger dann zwar deutlich überlegen, konnten aber keine Tore markieren. Schiedsrichter Bauwens musste die Partie, die wegen Wadenkrämpfen der Spieler zuvor bereits mehrmals unterbrochen worden war, schließlich nach mehr als drei Stunden Spielzeit wegen Dunkelheit abbrechen.

Im Wiederholungsspiel, das am 6. August in Leipzig angesetzt war, erwiesen sich die Kicker in Weinrot erneut als die technisch überlegene Mannschaft. Doch das Spiel eskalierte. Nach einem Platzverweis für Böß wegen Nachtretens spielte der Club bereits ab der 18. Minute mit nur zehn Mann. Dennoch gelang dem FCN durch Träg die Führung. Der HSV war zunächst geschockt, kam aber kurz nach dem Wiederanpfiff zum Ausgleich. Danach fiel in dem brutalen Spiel – am schwersten traf es Club-Verteidiger Kugler, der bei einem Zusammenprall fünf Zähne verlor und sich eine schwere Knieverletzung zuzog – bis zum Ende der regulären Spielzeit kein weiterer Treffer mehr.

Als dann in der Verlängerung auch noch Träg nach einem harmlosen Foul einen Platzverweis erhielt, anschließend Kugler nicht mehr weiterspielen konnte und kurz darauf Popp erschöpft zusammenbrach, blieb Schiedsrichter Bauwens keine andere Wahl, als das Spiel abzubrechen. Der Club hatte nur noch sieben statt der vorgeschriebenen acht Spieler auf dem Feld.

Der Titel wurde zunächst dem HSV zugesprochen. Nach Protesten der Nürnberger und einigem Hin und Her verzichteten die Hanseaten schließlich freiwillig auf die fragwürdige Ehrung, so dass bis heute unter dem Jahr 1922 kein Meister verzeichnet ist. Auf der Meisterschale dagegen sind beide Namen „HSV/1.FCN" eingraviert.

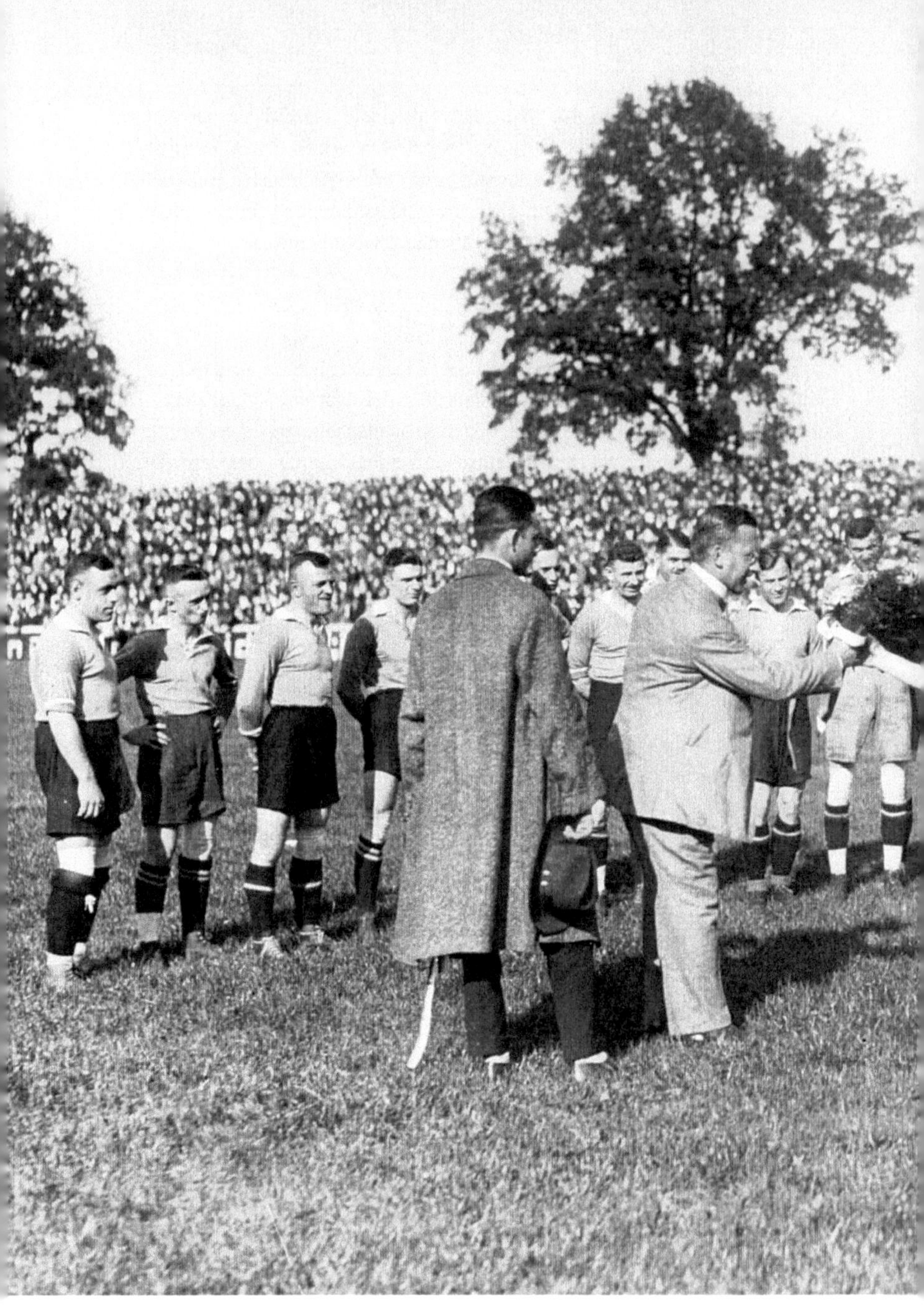

Die Spiele 1. FCN gegen Sparta Prag gelten in den 20-er Jahren als inoffizielle Vereinsmeisterschaft des Kontinents. Das Foto zeigt die Teams vor dem Anpfiff am 27.8.1922 im Zabo. Mit einem 3:2 erringt der Club seinen ersten Sieg gegen die Prager.

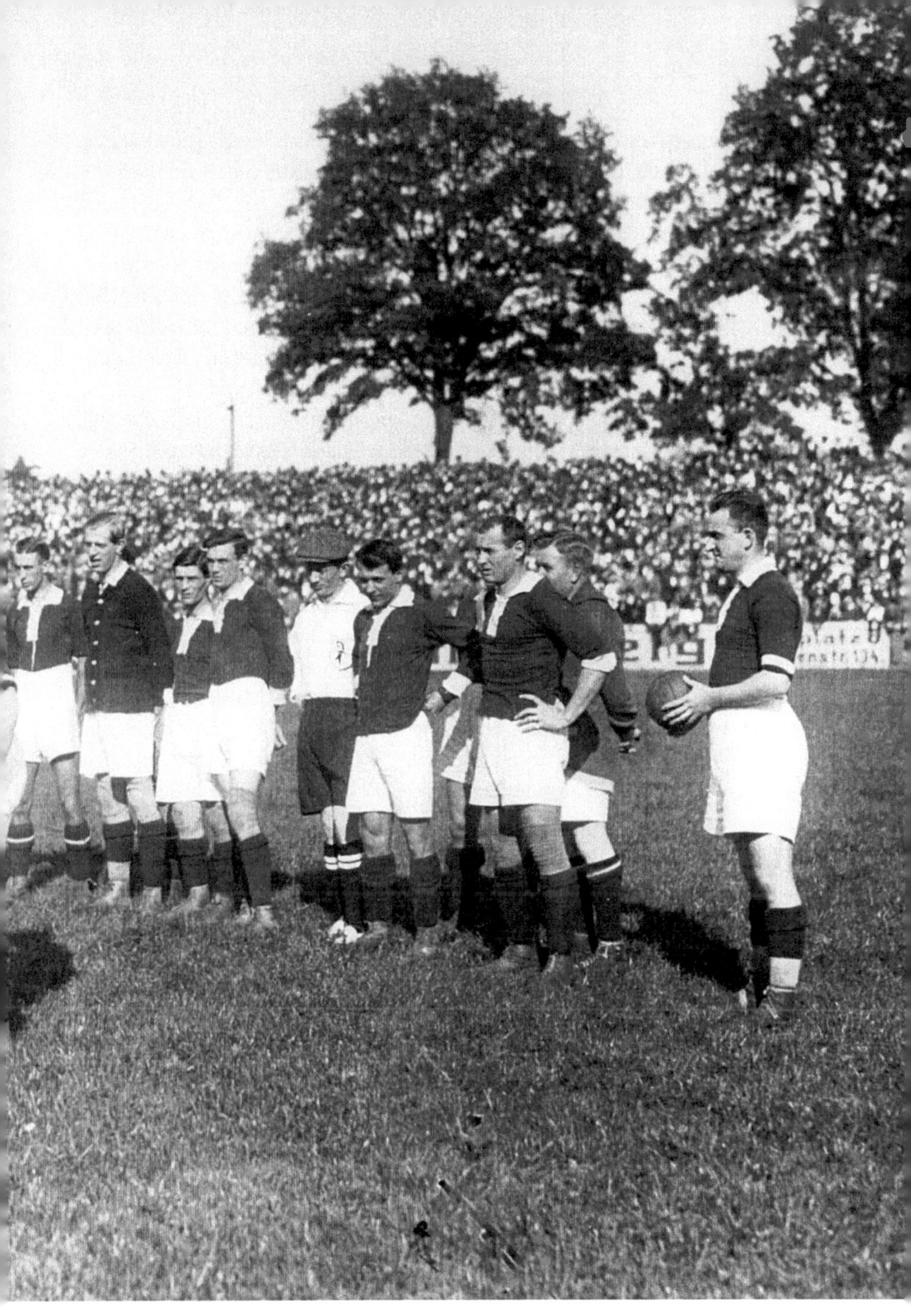

Nach der entgangenen Meisterschaft tröstete sich die Nürnberger Cracks in einem als „inoffizielle Europameisterschaft“ angekündigten Kräftemessen mit zwei Siegen über die Spitzenmannschaft Sparta Prag (3:2 und 3:0). Während der

1. FCN in der Presse noch als „beste Mannschaft des Kontinents“ gelobt wurde, versetzte ihm allerdings die SpVgg Fürth in der Punkterunde bereits wieder einen 0:1-Dämpfer.

Am 7. Januar 1923 kam es dann im Ronhof zu einer, wie die Kölnische Zeitung schrieb, „in der Geschichte des deutschen Fußballs beispiellosen Niederlage“. Mit 10:0 (in Worten: zehn zu null!) schlugen die Kleeblättler den Beinahe-Meister des Jahres 1922. Allein sechs Tore gingen in diesem sensationellen Spiel gegen den Hamburger SV auf das Konto des Goalgetters Andreas „Resi“ Franz. Die Fürther hatten nun Blut geleckt und kickten wenig später den Club mit 3:1 aus dem Meisterschaftsrennen. Erstaunlicherweise nahm man die Niederlage am Zabo recht gelassen. Vorstandsmitglied Ferdinand Küspert: „Gegen SpVgg Fürth müssen wir immer damit rechnen, dass wir verlieren können.“ Als Ersatz für die Endrundenspiele begab man sich auf eine Spanienreise, die nicht nur dem Gewinn sportlichen Ruhms, sondern auch der Beschaffung der in der Inflationszeit heftig begehrten Devisen diente.

Von den Fürthern erwartete in diesem Jahr niemand etwas anderes als weitere Siege. Tatsächlich erreichten sie in der süddeutschen Endrunde 16:0 Punkte und im Viertelfinale um die Deutsche Meisterschaft siegten sie gegen Breslau locker mit 4:0. Ein Endspiel Fürth gegen HSV schien ausgemacht, denn im Halbfinale am 27. Mai in Halle wartete der Außenseiter Union Oberschöneweide aus Berlin. Doch irgendwie wollte den hoch favorisierten Kleeblättlern an diesem Tag nichts gelingen. Schon nach 29 Minuten lagen sie mit 0:2 hinten, und obwohl der Fürther Topp-Sturm um Franz und Seiderer nach allen Regeln der Kunst wirbelte, gelang bis zum Abpfiff nicht mehr als der Anschlusstreffer zum 1:2.

Ein Journalist kommentierte nach dem Spiel: „Ich habe nie eine Fußballmannschaft so fassungslos und zusammengebrochen gesehen. Die Fürther weinten wie die Kinder.“ Meister wurde schließlich der Verein, den die Fürther wenige Monate zuvor noch zweistellig abgefertigt hatten: der HSV.

Turnvereins-Kicker und Kanonenfutter-Klubs

Die Geschichte des mittelfränkischen Fußballs war in diesen Jahren, in denen man in Deutschland von der Fußball-Hochburg Nürnberg/Fürth zu sprechen begann, nicht nur eine Geschichte des 1. FCN und der SpVgg Fürth. In beiden Städten gab es Vereine, die den beiden „Großen“ vorübergehend ernsthaft Konkurrenz machen konnten. Zum ernsthaftesten Konkurrenten innerhalb der Stadtgrenzen entwickelten sich die Fußballer vom Nürnberger FV, einem im April 1920 aus dem FC 07 Sandreuth und dem Ballspielclub Nürnberg in Anlehnung an den berühmten Karlsruher FV aus der Taufe gehobenen Fusionsverein, zur dritten Kraft in Franken.

1923/24 erzielte der Nürnberger FV gegen den 1. FCN ein 1:0. Torschütze war der ehemalige Cluberer und Nationalspieler Ludwig „Fips“ Philipp. Aus Zorn über zu geringe Spesen war er 1919 nach 285 Spielen im Clubtrikot zur lokalen Konkurrenz abgewandert. Jetzt konnte der mittlerweile 35-Jährige endlich seine persönliche Rache nehmen. Nur 30 Sekunden nach dem Anpfiff hatte der pfiffige Fips nach einem weiten Abschlag und einer schnellen Balldurchgabe das 1:0 erzielt. Anschließend verteidigten die FV-ler den knappen Vorsprung in einer 89-minütigen Abwehrschlacht erfolgreich.

Während der Nürnberger FV in der Liga Nordbayern regelmäßig Platz drei belegte, kickten die Fußballer vom TV 1846 Nürnberg ebenfalls recht munter mit. Im Jahr vor der Gründung des NFV hatten sie in der Liga Platz drei belegt – trotz einer 1:10-Niederlage gegen den Club. Daneben brachten sie das Kunststück fertig, innerhalb von vier Jahren unter drei verschiedenen Namen anzutreten (VfB, Franken und eben TV 1846). Ein anderer Turnverein, der in der Liga Nordbayern von sich Reden machte, war der TV 1860 Fürth, der „Mutterverein“ der Spielvereinigung. Gleich zwei Spieler der Meistermannschaft von 1914, Rechtsaußen Georg Wunderlich und der Läufer „Bumbes“ Schmidt, waren 1918 zum Lokalrivalen gewechselt, und prompt stiegen die Turner 1920 in die 1. Spielklasse auf.

Während der kahlköpfige Wunderlich (Spitzname „Säbala“), der als Flankengeber und nicht als Goalgetter glänzte, nach Frankfurt zu Helvetia Bockenheim abwanderte, machte „Bumbes“ ab 1922 beim Club Karriere. Ein weiterer Klub, der in der nordbayerischen Liga mit guten Plätzen auf sich aufmerksam machte, war der MTV Fürth. Herzstück des Teams, das 1921/22 auf Rang drei einlief, war die Abwehr. Mit dem Schreiner Hans Lohneis – Spezialität: Umzäunung von Strafräumen - hatte das Team sogar einen Mann mit Länderspiel-Erfahrung in seinen Reihen.

Zwischen 1919 und 1923 waren auch Vereine aus Ober- und Unterfranken in der damals höchsten Spielklasse, der Bezirksliga Nordbayern, vertreten. Einer davon war ein uralter Bekannter des Club, der 1. FC Bamberg. Am 22. Februar 1920 gab es im Spiel gegen den Club auf der Schützenwiese in Bamberg eine Rekordkulisse von 4.000 Zuschauern - und mit 1:6 zugleich eine saftige Niederlage. Besser machten es die Bamberger zwei Jahre später, als sie den ruhmreichen Fußballern aus Nürnberg ein 0:0 abtrotzten. In der Rückrunde dieser Saison 1922/23 spielten die mittlerweile in den bekannten violetten Trikots antretenden Domstädter allerdings so schlecht, dass sie am Ende abstiegen.

Im Jahr 1919 waren die Würzburger Kickers in die höchste Klasse aufgestiegen und hielten gegen die starke Konkurrenz aus Nürnberg und Fürth gut mit. In der Vereinschronik werden die folgenden Jahre nach dem überragenden Spieler dieser Zeit auch als „Wieser-Ära“ bezeichnet. Gustav „Guggy“ Wieser, dreifacher Meister mit Rapid Wien, war 1921 auf der Flucht vor den bedrängenden wirtschaftlichen Verhältnissen im Nachkriegs-Österreich in Würzburg gelandet.

Mit dem Stürmer auf dem linken Flügel wurde die ehemalige fürstbischöfliche Residenzstadt, in der das Geschlecht der Schönborns mit wunderbaren Barockbauten bewiesen hatte, „dass man auch hierzulande etwas Hübsches machen kann", vorübergehend zu einer Heimstätte erstaunlicher Fußballkunst. Der quirlige, enorm kampfstarke Österreicher sorgte dafür, dass die Kickers in der zweigeteilten Nordbayern-Liga in der Spitzengruppe mithielten.

Erst gegen Ende der Saison 1921/22 beendete die Spielvereinigung Fürth den „Würzburger Walzer" und zog davon. Im Jahr darauf, als man die Teilung im Kreis Nordbayern wieder aufgegeben hatte, landeten die Kickers bei 9:19 Punkten und 20:39 Toren nur auf Rang sechs. Der wieselflinke Wieser kehrte daraufhin nach Wien zurück, wo er sich bei der Austria von 1924 bis 1926 mit insgesamt 60 Treffern als Dauer-Torschützenkönig der österreichischen Liga einen Namen machte und 26 Berufungen in die Nationalmannschaft erhielt.

Als erster Neuling in der Nordbayerischen Liga trat 1919 der 1. FC Schweinfurt 05 an. Die noch „grünen" Nullfünfer waren erwartungsgemäß nicht viel mehr als Kanonenfutter. Zwar erzielten sie in den beiden Spielen gegen den 1. FCN ein Tor, mussten aber sage und schreibe 26 (!) Gegentreffer hinnehmen. Mit 3:33 Punkten und 8:101 Toren landeten sie auf dem zehnten und letzten Platz. Ein Jahr später gab dann Bayern Kitzingen ein einjähriges Gastspiel in der Nordbayerischen Liga und kassierte dabei jede Menge Tore - gegen den amtierenden Deutschen Meister, den 1. FC Nürnberg, waren es allein 18.

Im Jahr 1921 gelang endlich auch dem ältesten Verein Frankens überhaupt, der Spielvereinigung Hof, der Sprung in die höchste Liga. Das Debüt der „Spotzer" war jedoch nicht wesentlich erfolgreicher als das der Schweinfurter zwei Jahre zuvor - unter anderem setzte es zwei happige 1:11-Niederlagen gegen den 1. FCN. So war es bereits nach einem Jahr mit der Erstklassigkeit wieder vorbei.

Der Club wird Rekordmeister

Die Saison 1923/24 brachte formale Neuheiten , die Ostkreisliga wurde wieder eingeführt, und fußballerisch Gewohntes – der Club hatte erneut Erfolg. Die Mannschaft in Weinrot ließ den Dauerrivalen aus Fürth deutlich hinter sich und setzte zu einem Durchmarsch bis ins Endspiel der Deutschen Meisterschaft an. Dort traf sie auf den alten Konkurrenten aus dem Norden, den Hamburger SV. Obwohl sich unter den 30.000 Zuschauern im Grunewaldstadion zu Berlin deutlich mehr Hamburger Fans befanden, die ihre Helden frenetisch anfeuerten, konnte der Club das Spiel mühelos dominieren.

In der Offensive brillierte vor allem der zu Saisonbeginn vom FC Pfeil an den Zabo gekommene neue Stürmerstar, Schorsch Hochgesang. In der 30. Minute gelang ihm per Kopfball das 1:0. Da die anderen Club-Stürmer ihre Chancen gleich reihenweise versiebten, dauerte es allerdings bis zur 87. Minute, ehe das

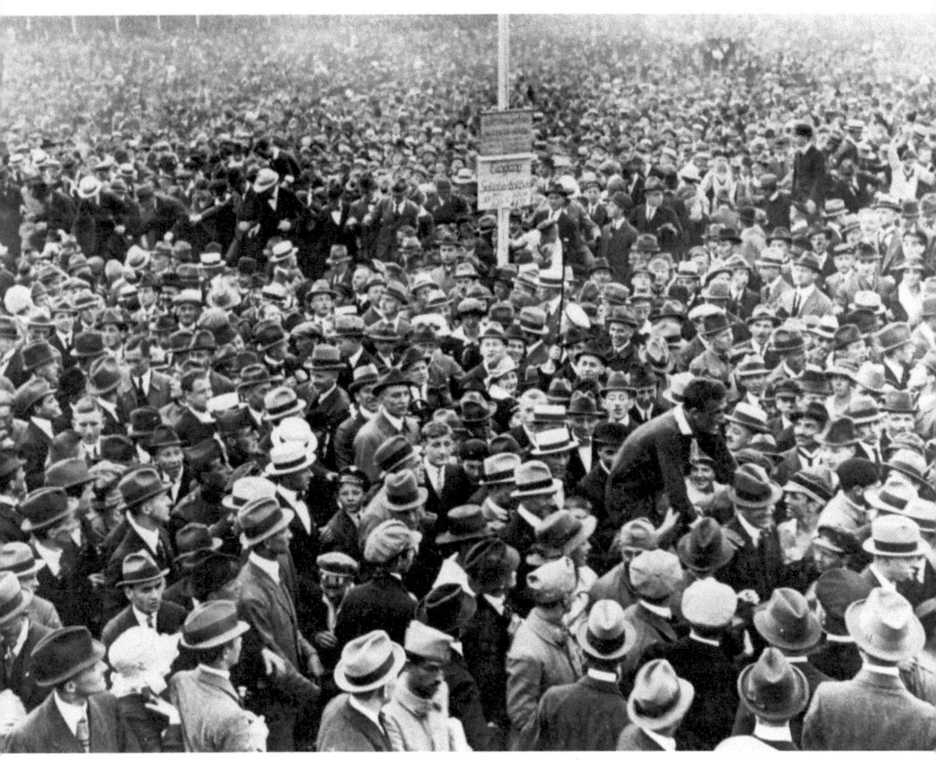

Der Club ist Rekordmeister! Nach dem 1:0 im Finale gegen den FSV Frankfurt am 7. Juni 1925 wird Hans Kalb von begeisterten Fans auf den Schultern getragen.

Spiel endgültig entschieden war. Heiner Träg bediente den nach vorne rasenden Wolfgang Strobel, dieser umspielte Verteidiger Risse und Torwart Martens und schob zum erlösenden 2:0 ein.

Die Fachzeitschrift „Fußball" erging sich nach dem Triumph in Lobeshymnen: „Wohl noch nie hat ein Teilnehmer der Endrunde verdienter gewonnen, als am 9. Juni 1924 der 1. FCN. Anzuerkennen ist das flache Zuspiel der Nürnberger: Das ist konsequent und jedem Mann in Fleisch und Blut übergegangen. Das stempelt Nürnberg zur deutschen Mannschaft, die sich überall in der Welt sehen lassen kann und stets in den Kreisen der besten Gefallen wird."

Im Jahr darauf hatten die Nürnberger den Fürthern in der Bayernliga erneut das Nachsehen gegeben, und da auch die Hamburger bereits im Viertelfinale am überraschend starken Newcomer FSV Frankfurt gescheitert waren, schien es so, dass in diesem Jahr niemand den sieggewohnten Cluberern würde Paroli bieten können. Doch die mühelos bis ins Endspiel vorgedrungenen Noriskicker taten sich diesmal schwer. Der Gegner, der FSV Frankfurt, mauerte mit Mann und Maus, und so dauerte es bis zur 108. Minute, ehe Wieder mit knallhartem Schuss nach einem beherzten Solo das entscheidende 1:0 erzielte.

So schwer erkämpft der Sieg auch war – er hatte eine historische Dimension: Der 1. FCN war nun alleiniger Rekordmeister, denn mit seinem vierten Titel überflügelte er den dreimaligen Meister VfB Leipzig. Die Nachhausefahrt per Sonderzug war eine einzige Abfolge von triumphalen Empfängen an allen Bahnhöfen. Erstaunliches geschah beim Zwischenstopp in Fürth: Eine Abordnung der Spielvereinigung begrüßte die Nürnberger und beglückwünschte sie herzlich zur Meisterschaft.

Asse(n) in der Bayernliga

Als der Club seinen vierten Titel gewann, war die Geschichte des Lokalrivalen Nürnberger FV nur fünf Jahre nach seiner Gründung bereits wieder zu Ende. Im Juli 1925 schlossen sich die FV-ler dem ein Jahr zuvor aus der Taufe gehobenen Allgemeinen Sportverein an. Dieser ASN, der unter dem Namen „die Assen" bekannt wurde, war ein Werk des Sportpioniers Carl Maximilian Stark. Dem Tuchkaufmann schwebte ein professionell geführter Klub nach dem Vorbild der großen Prager, Budapester und Wiener Vereine vor. Als er mit seinem Anliegen beim 1. FCN vorstellig geworden war, hatte man dort dankend abgelehnt, und so war ihm nichts anderes übrig geblieben, als in Nürnberg einen zweiten Großverein zu schaffen.

Doch in Deutschland war die Zeit schlicht noch nicht reif für kaufmännische Vorstellungen, wie sie ein Carl Maximilian Stark hegte. Hier pflegte man nach wie vor das Amateurideal, im Februar 1925 hatte der DFB sogar Spiele gegen auswärtige Berufsspielermannschaften verboten.

Auch beim 1. FCN war man sauer auf den DFB. Hans Hofmann fand in der Vereinszeitung harte Worte. „Uns selbst trifft der Strich, der nun zwischen Österreich, Tschechoslowakei, Ungarn und uns gezogen ist, besonders hart, unsere Spielkultur hat sich nicht aus sich selbst heraus zur Höhe entwickelt, der unverkennbar fördernde Einfluss der schweren Kämpfe mit den Gegnern jenseits des bayerischen Waldes geht nun verloren." Zur Strafe weigerte sich der Club, fortan Nationalspieler für den „langweiligen" und „überflüssigen" DFB abzustellen. Sollen sie doch, so hieß es, schauen, ob sie ohne Nürnberger gewinnen. Tatsächlich musste die Nationalmannschaft dann ohne Clubcracks zwei Niederlagen gegen Holland und Schweden hinnehmen.

Die „Assen" wurden schließlich auch ohne Berufsspieler zu einem echten Konkurrenten der etablierten Vereine. Mit dem schnellen Rechtsaußen Karl Scherm, dem vielseitigen Mittelfeldspieler Hans Geiger und Torwart Ludwig „Luck" Wenz hatte der Verein aus dem Nürnberger Norden sogar drei DFB-Nationalspieler in seinen Reihen. Empfindliche Niederlagen brachten die „Assen" insbesondere den Münchener Bayern bei, aber auch gegen den Club konnten sie Erfolge erzielen. Am Zabo freilich gab man sich nach der ersten Niederlage, ein 2:4 im Jahr 1925, noch souverän: „Die Großstadt Nürnberg verträgt auch einen zweiten Sportverein von der Größe des 1. FCN und wir selbst die Konkurrenz einer gleichstarken Fußballmannschaft."

Während andere fränkische Teams wie der FC Fürth (Nachfolger des TV 1860) und der 1. FC Bayreuth in der Bayernliga nur „Eintagsfliegen" waren, blieb neben den „Assen" nur der spielstarke VfR Fürth ein Dauergast. In der Bezirksliga Nordbayern, die 1927 die Bayernliga ablöste, schafften es die VfR-ler sogar zweimal auf Platz drei. Damit hatten die Rasensportler auch zweimal den Sprung in die „Trostrunde der Zweiten und Dritten" geschafft. Die damit verbundene Chance, sich für die Endrunde um die Deutsche Meisterschaft zu qualifizieren, konnten sie jedoch nicht nutzen. Als Drittplatzierter der Bayernliga durfte 1929/30 auch der ASN an der Trostrunde teilnehmen. Eine Veredelung dieses größten Vereinserfolges gelang leider nicht. Schuld daran war vor allem der Club: Zwei klare Niederlagen der Ziegelsteiner gegen den Ruhmreichen - 2:6 und 2:5 – machten alle Träume zunichte.

„Hi-Ha-ho, Hertha ist k.o."

In der Spielzeit 1925/26 hatte Nürnberg/Fürth in der Bayernliga erstmals gegen München das Nachsehen. Angeführt von dem Starstürmer Josef Pöttinger wurde der FC Bayern mit zwei Punkten Vorsprung vor dem 1. FCN Meister, die Fürther landeten mit einem weiteren Punkt Rückstand nur auf Platz drei. Da der Titelverteidiger erstmals nicht mehr automatisch eine Qualifikation für die DM-Endrunde in der Tasche hatte, war der Club in dieser Saison aus dem Rennen.

Die Fürther dagegen qualifizierten sich durchs Hintertürchen. Als Süddeutscher Pokalsieger des Vorjahres waren sie teilnahmeberechtigt für die süddeutsche Endrunde, wo sie hinter den Bayern Platz zwei belegten. Während dann die Münchener bereits im Achtelfinale der DM gegen Fortuna Leipzig ausschieden, marschierte die inzwischen wieder von Townley trainierte Spielvereinigung, der gegen Viktoria Forst, Breslau 08 und Holstein Kiel insgesamt 12:1 Tore gelangen, souverän ins Finale. Dort war Hertha BSC Berlin der Gegner.

Vor 40.000 Zuschauern, darunter auch über 2.000 Fürther Anhänger, die am 13. Juni 1926 per Sonderzug, auf Lastwägen oder zu Fuß nach Frankfurt ins Waldstadion gekommen waren, begann das Spiel mit einem Schock für die Kleeblättler. Berlins Stürmerstar Hanne Sobeck konnte bereits in der 9. Minute zum 1:0 abstauben. Und Hertha stürmte weiter wie der Teufel, Fürths Abwehrspieler konnten nur mit weiten Befreiungsschlägen dagegenhalten. Einer dieser Bälle landete bei Franz, und der bugsierte ihn irgendwie ins Tor. Als die Berliner, die ein Handspiel gesehen haben wollten, heftig protestierten,

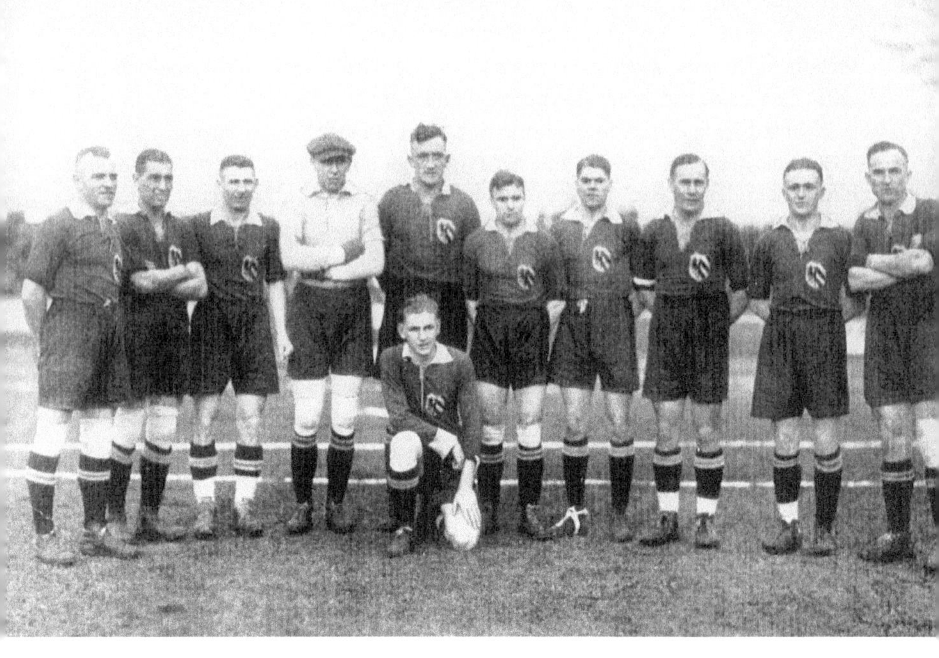

Die Meistermannschaft des Club 1927. Von links: Heiner Träf, Georg Winter, „Bumbes" Schmidt, Heiner Stuhlfauth, Hans Kalb, Emil Köpplinger, Luitpold Popp, Ludwig Wieder, Babtist Reinmann, Georg Hochgesang. Vorne: Seppl Schmidt.

ging Franz höchstpersönlich zum Schiedsrichter und bat ihn, das irreguläre Tor zu annullieren. Die Berliner waren durch diese faire Geste so geschockt, dass sie plötzlich jeden Mut sinken ließen. Auf einmal stürmten nur noch die Fürther. Bis zur Halbzeit zogen sie auf 3:1 davon. In der zweiten Hälfte versuchte Hertha noch einmal alles, aber Fürths Ascherl sorgte nach einem Konter über Seiderer mit dem 4:1 für die endgültige Entscheidung. Unter dem Kleeblatt-Anhang brach Jubel los. Und in der Ehrenloge, wo die Spieler des 1. FC Nürnberg saßen, schwang Club-Stürmer Heiner Träg vor Freude einen Korbsessel. Wenn es gegen Preußen ging, hielten eben alle Franken zusammen.

Im Sommer 1926 folgte man endlich auch im Zabo dem Beispiel Fürths und verpflichtete mit dem Engländer Fred Spiksley einen professionellen Trainer. Tatsächlich rappelte sich der müde gewordene Meisterclub auf, ja, mehr als das: Am 25. Juli 1926 trat er zu einem Freundschaftsspiel beim HSV an. „Nürnberg siegte wie es wollte", schrieb die Presse. Das Ergebnis lautete dementsprechend: Nürnberg neun, Hamburg eins. Derart moralisch aufgerüstet startete der 1. FCN verheißungsvoll in die Verbandsspiele des Herbstes und holte sich in der Bayernliga den 1. Platz.

In der süddeutschen Runde lockte das Spiel gegen Fürth am 13. März (3:0) die Rekordzahl von 27.000 Zuschauern in den Zabo. Als Meister bereits vorzeitig feststehend, ließ der Club dann allerdings beim Rückspiel am 10. April im Ronhof die Zügel schleifen. „Na, Heiner recht hoch gwinna mir heut nimmer", sagte Stürmer Ludwig Wieder zu seinem Torwart Stuhlfauth, als er den Ball zum fünften Mal aus dem Netz holte. Tatsächlich gelang dem Club kein einziges Tor mehr, es blieb bis zum Ende beim deprimierenden 0:5.

Auf dem Weg ins Endspiel schaltete der 1. FCN erneut den alten Rivalen HSV aus, besiegte im Halbfinale mühelos 1860 München, und traf dann am 12. Juni zum Finale im Berliner Grunewaldstadion auf den Fürther Gegner des Vorjahres: Hertha BSC. Obwohl der Club auf vier Positionen neu formiert war und nicht nur die Mannschaft von Hertha, sondern auch 50. 000 pausenlos brüllende Zuschauer gegen sich hatte („Ha-ho-he, Hertha BSC"), gewann er durch Tore von Kalb und Träg souverän mit 2:0.

Untrügliches Zeichen des Nürnberger Selbstvertrauens: Als am Abend der Sonderzug der Nürnberger Berlin verließ, klebten bereits große Plakate an den Fenstern, die zur Siegesfeier aus Anlass der 5. Meisterschaft ins Apollo-Theater einluden. Verschmitzt erklärte Hans Kalb einem verdutzten Berliner Journalisten: „Ja meinen's, wir fahren umsonst nach Berlin!?"

Das Jahr 1928 brachte das erste Schwächeln der Fußball-Hochburg Nürnberg/Fürth: Erstmals konnten sich weder Club noch Kleeblatt für die DM-Endrunde qualifizieren. Im Finale schlug HSV die Hertha aus Berlin mit 5:2. Mit dabei auf Hamburger Seite war übrigens einer der Spieler, die im Januar 1923 die Norddeutschen auf dem Rasen des Ronhofs schwindlig gespielt hatten: Nationalspieler Hans Lang von der SpVgg Fürth. Der technisch beschlagene Läufer hatte wegen der Inflation nach Brasilien auswandern wollen, war dann aber in Hamburg hängen geblieben und hatte sich vom HSV-Vorstand dazu überreden lassen, die Spielkultur der Norddeutschen etwas zu befördern.

Der fußballerisch „arbeitslose" 1. FCN unternahm indessen eine Privatspielreise nach Paris, wo er unter dem Applaus des Publikums mit zwei Siegen brillierte. Ein Jahr später hatte man keine Zeit für derartige völkerverbindende Maßnahmen. Beide fränkischen Meisterclubs waren in der Endrunde wieder mit dabei. Während der Club als souveräner Meister Süddeutschlands antrat, mussten sich die Fürther über die „Trostrunde der Zweiten und Dritten" qualifizieren. Für den Club war im Halbfinale gegen den Dauerbrenner Hertha BSC Endstation.

Der harte Kampf, der am 7. Juli vor 50.000 Zuschauern im Berliner Poststadion stattfand, stand auch nach 150 Minuten noch 0:0. Das Wiederholungsspiel, das zwei Wochen später in Düsseldorf ausgetragen wurde, entschied die Hertha mit 3:2 für sich. Im Finale, das im neu erbauten Städtischen Stadion Nürnberg angesetzt war, trafen die Berliner auf die Spielvereinigung, die auf dem Weg dorthin unter anderem den Titelträger des Vorjahres, den Hamburger SV, ausgeschaltet hatte.

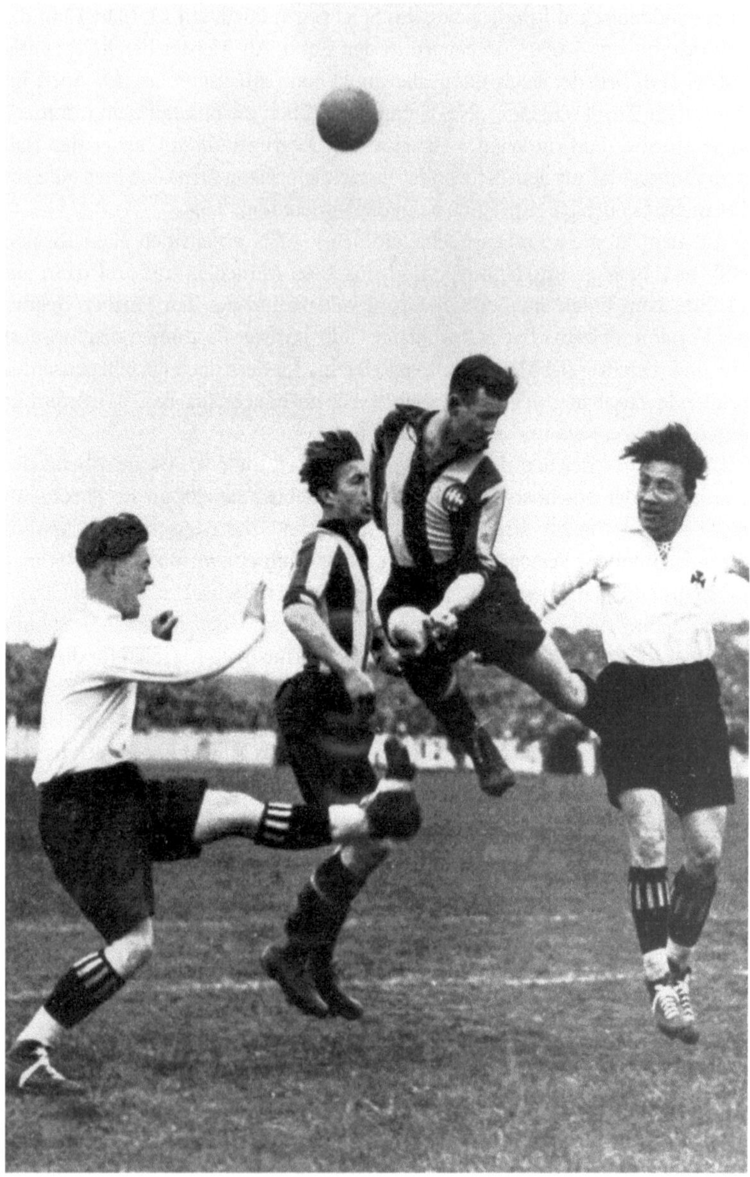

Die Kleeblättler auf dem Weg zu einem ihrer letzten großen Erfolge: der Süddeutschen Meisterschaft 1931 (Endrundenspiel gegen Bayern München).

Für die Hertha-Spieler war es an diesem 28. Juli nicht einfach. Die Nürnberger Fans, die den Herthanern nicht verzeihen konnten, dass sie ihren geliebten Club ausgeschaltet hatten, pfiffen und buhten pausenlos. Sie vergaßen sogar die alte Feindschaft gegenüber Fürth und feuerten die Kleeblättler an. Das Spiel blieb spannend bis zum Schluss. Erst in der 85. Minute gelang dem kleinen Stürmer auf Halbrechts, Karl Rupprecht, nach einem Freistoß das entscheidende 3:2. Damit verhalf er nicht nur seinen Fürthern zum Sieg sondern auch den Nürnbergern „zum schwachen Trost", wie Club-Chronist Hans Hofmann kommentierte, dass der Meistertitel in Franken verblieb. Wie schon 1927 sangen die Fans aus Nürnberg und Fürth: „Hi-ha-ho, Hertha ist k.o.".

Die Hochburg in der Trostrunde

Nach ihrer vierten Finalniederlage in Folge waren die Berliner unendlich deprimiert. Doch die große Zeit der Herthaner sollte jetzt, da die einsetzende Weltwirtschaftskrise auf ihren Höhepunkt zutrieb und allein bei der SpVgg Fürth rund ein Drittel der Vereinsmitglieder arbeitslos machte, erst noch kommen. Auf dem Weg zu ihren Meisterschaften nahmen die Berliner dann auch bittere Rache an ihren fränkischen Rivalen. 1929/30 hatte der Club bei einem triumphalen 6:2 über Schalke 04 im DM-Viertelfinale noch einmal geglänzt. Dann aber schlug die Hertha im Halbfinale am 15. Juni 1930 einen alternden, vom übergewichtigen Hans Kalb angeführten Club vernichtend mit 6:3. Und 1931 waren die Fürther, der amtierende Süddeutsche Meister, bereits im Viertelfinale dran: 3:1 lautete das deutliche Ergebnis. „Ha-ho-he, Hertha BSC" hieß es nun.

Das letzte Hurra für die Hochburg Nürnberg/Fürth gab es in der Spielzeit 1931/32. Noch einmal drang ein verjüngter Club bis ins Halbfinale der Deutschen Meisterschaft vor, doch dort musste er sich dem überragenden Team dieser Saison, dem späteren Meister FC Bayern München, mit 0:2 geschlagen geben.

Überhaupt schienen den Nürnbergern Vereine mit dem Namen „Bayern" nicht zu liegen. In der Nordbayerischen Liga hatte bereits ein anderer FC Bayern, nämlich der aus Hof, für Schlagzeilen gesorgt. Die Bayern waren neben dem 1. FC Bayreuth und der SpVgg Hof der dritte oberfränkische Verein, der den Sprung in die höchste Klasse geschafft hatte. Während die Bayreuther von 1927 bis 1933 eher unauffällig in der Bezirksliga Nordbayern mit und die Hofer Spielvereinigung bei ihrem einjährigen Gastspiel über die Rolle eines Punktelieferanten nicht hinauskam, stellten die Bayern für die „Großen" eine richtige Gefahr dar.

1929/30, als die „Spotzer" von der Spielvereinigung mehr schlecht als recht durch die Saison stolperten (letzter Platz bei 4:24 Punkten), spuckten die „Husaren" des FC Bayern dem Club ungeniert in die Suppe: Sie fügten den Nürnbergern die einzigen beiden Saisonniederlagen zu und verschafften sich damit ordentlichen Respekt. Nach dem torgefährlichen Mittelstürmer, der nicht nur den Club das Fürchten lehrte, wurde die kampfstarke Hofer Mannschaft von der Sportpresse auf den Namen „Panzerelf“ getauft. Im Jahr darauf hätten es die Gelb-Schwarzen beinahe in die „Trostrunde“ zur DM-Qualifikation geschafft - im entscheidenden Spiel um Platz drei scheiterten sie jedoch knapp am VfR Fürth.

In der Saison 1927/28 spielten mit dem 1. FCN, den Assen und dem Aufsteiger FSV 1883 gleich drei Vereine aus Nürnberg in der höchsten Spielklasse. Das Auftaktspiel in der Bezirksliga gegen den mit allen Meisterspielern angetretenen 1. FCN, gleichzeitig Einweihung des neuen FSV-Sportplatzes an der Hundingstraße, war wohl der absolute Höhepunkt in der Vereinsgeschichte des Klubs aus Nürnberg-Leyh. Mit 1:4 fiel das Ergebnis relativ gnädig aus. Einige weitere Niederlagen später war allerdings bereits klar, dass das Abenteuer Bezirksliga nur ein Jahr währen würde.

Anders erging es dem zweiten Aufsteiger dieser Saison, dem Würzburger FV 04. Trotz mäßiger Ergebnisse – u.a. ein 0:9 gegen den Club – schafften die „Blauen“ den Klassenerhalt und sorgten dann in der nächsten Spielzeit für den großen Paukenschlag, als sie dem 1. FC Nürnberg mit einem 4:3 die einzige Saisonniederlage verpassten.

Dieser Erfolg kam nicht ganz von ungefähr, hatte sich doch den Würzburgern mit Josef „Seppel“ Müller ein versierter Nationalspieler angeschlossen. Der „Seppel“, ein gebürtiger Würzburger, der mit der SpVgg Fürth große Erfolge gefeiert hatte, war ein mit allen Wassern gewaschener Verteidiger. Als 35-Jähriger in seine Heimatstadt zurückgekehrt, konnte der Routinier seine ganze Erfahrung ausspielen.

1930 waren auch die Würzburger Kickers wieder erstklassig. Damit fand das Würzburger Lokalderby erstmals in der höchstmöglichen Spielklasse statt. In beiden Spielen erzielten die „Nullvierer“ vier Tore und behielten damit die Oberhand (2:2 und 2:1).

Ganz nach oben kamen in dieser Saison auch die „Nullfünfer“ aus Schweinfurt. Angeführt von Stürmer Fritz Teufel, dem späteren Oberliga-Trainer, wurden sie mit 41:3 Punkten und 98:16 Toren überlegen Meister der Kreisliga Unterfranken und spielten dann auch in ihrer ersten Saison in der Bezirksliga munter mit. Der hervorragende 4. Platz hinter Club, Kleeblättlern und Assen war ein erster Vorgeschmack auf die großen Erfolge der „Grün-Weißen“ in den 30er Jahren.

In der Saison 1932/33 wurde die Endrunde um die Deutsche Meisterschaft ohne Beteiligung der Hochburg Nürnberg/Fürth ausgetragen. Hatte man das Jahr 1927/28, als es erstmals seit 1914 keinen fränkischen Endrundenteilnehmer gegeben hatte, noch als Ausrutscher ansehen können, so deutete sich jetzt an, dass eine große Ära ihr Ende gefunden hatte.

Was für immer bestehen bleibt, ist die Erinnerung und eine beeindruckende Bilanz. Insgesamt acht Mal wurden die SpVgg Fürth und der 1. FCN zwischen 1914 und 1929 Meister, und in dieser Zeit gelang es überhaupt nur einem anderen Verein, den Titel zu erringen (dem Hamburger SV 1923 und 1928). In der ewigen Endrunden-Tabelle von 1903 bis 1933 belegt der 1. FCN mit 94:27 Toren und 51:9 Punkten Platz 1. Die SpVgg Fürth folgt hinter Hertha BSC und dem Hamburger SV auf Platz 4 (82:28 Tore und 36:10 Punkte).

1933 – 1945

FUSSBALL UNTERM HAKENKREUZ

Gleichschaltung des Sports und Streichung der Juden

Zu Beginn der 30er Jahre hatten sich die Verhältnisse in Deutschland grundlegend geändert. Die NSDAP, am 31. Juli 1932 stärkste Fraktion im Reichstag geworden, gab nun den Ton an. Anfang August nahm das antisemitische Hetzblatt „Stürmer" die 0:2-Niederlage des 1. FCN im Halbfinale der DM-Endrunde gegen Bayern München zum Anlass, gegen den jüdischen Trainer Jenö Konrad zu hetzen. Konrad, der viele junge Talente wie den späteren Nationalspieler Willy Billmann in die erste Mannschaft integriert hatte, überlegte nicht lange und reiste mit Frau und Tochter nach Wien, wo er zusammen mit seinem Bruder Kalman viele Jahre als Profi bei der Austria gewirkt hatte. Toni Kugler, der Meisterspieler der 20er Jahre, übernahm Konrads Amt.

Nach der endgültigen Machtergreifung der Nationalsozialisten im Januar 1933 wurde Deutschland zum totalitären Führerstaat. Der Sport wurde gleichgeschaltet. Alle nichtbürgerlichen Verbände und Vereine – so zum Beispiel der TuS Nürnberg-Ost und die SpVgg Bayreuth- , wurden aufgelöst, jüdische Fußballer – so z.B. Julius Hirsch, mit der SpVgg Fürth Deutscher Meister 1914 – wurden aus allen Statistiken gestrichen. In Nürnberg, nun Stadt der Reichsparteitage geworden, erklärte der 1. FCN schon Ende April seine Stellung zur Judenfrage.

Alle jüdischen Mitglieder wurden aus dem Verein „gestrichen". Im August fand bei der SpVgg Fürth die „Gleichschaltungsversammlung" statt. Auch hier wurde, ohne nennenswerte Diskussionen, die „Streichung der Juden" aus dem Verein beschlossen, ein neuer Vorstand wurde eingesetzt, Gauleiter Albert Forster wurde zum Ehrenmitglied ernannt. Bemerkenswert ist, dass die Fußballer der 1. Mannschaft einen jüdischen Mitspieler bis zu seiner Flucht im Jahr 1935 vor dem Zugriff der Nationalsozialisten schützen konnten.

Im selben Jahr hatte man beim Club, wo der Präsident Ludwig Franz dem Nürnberger Rechtsanwalt Karl Müller Platz machte, die Vereinssatzung so abgeändert, dass nur noch Arier Mitglied sein durften. Der „Vereinsführer" Müller sorgte als offizieller „Dietwart" des 1. FCN auch für die ideologische Schulung der Mitglieder.

1. Fußballklub Nürnberg E.V.

Verein für Leibesübungen,

Deutscher Meister 1919/20 1920/21 1924/25 1925/26 1927/28.

Sportplätze in Zerzabelshof, Geschäftsstelle: Nürnberg-O, Klubhaus Zabo. Tel.: Geschäftsstelle 44160
Telephon: Schwimmbad 44710, Tennis-Abteilung 41607. Geschäftszeit: Wochentags 2—6 Uhr
Postscheckkonto: Nürnberg Nr. 7728. Bankkonto: Bayer. Vereinsbank, Nürnberg

Schriftleiter: Max Schelter. (Verantwortlich für den redaktionellen und für den Anzeigenteil)
Anschrift: Nürnberg-N, Maxfeldstraße 33. Ruf-Nr. 52965
Schriftleitungsschluß am 20. jeden Monats für die nächstfolgende Nummer. Manuskripte bitte einseitig und wenn möglich mit Schreibmaschine schreiben und rechtzeitig an den Schriftleiter einsenden

Druck: E. Spandel, Nürnberg 2 Abholf. (Geschäftsst. Hauptmarkt 4). Nachdruck, auch auszugsweise, verb.
Zeitung Nr. 5 Vereinszeitung im eigenen Verlag, erscheint monatlich. **Jahrgang 1933**

Die Stellung des Vereins zur Judenfrage.

Der Verwaltungsausschuß hat in seiner Sitzung vom 27. April 1933 einstimmig beschlossen:

I. Der 1. Fußballklub Nürnberg streicht die ihm angehörenden jüdischen Mitglieder mit Wirkung vom 1. Mai 1933 aus seiner Mitgliederliste.

Jüdische Mitglieder, die an der Front gekämpft haben oder die einen Sohn oder den Vater im Weltkrieg verloren haben, können weiterhin Angehörige des Vereins bleiben.

II. Dieser Beschluß wird sofort vollzogen.

*

Der Verwaltungsausschuß hat diesen Beschluß gemäß § 32, Ziff. II der Vereinssatzung gefaßt aus der Ueberzeugung heraus, alles tun zu müssen, um auch insoweit den Bestrebungen der nationalen Regierung auf Schaffung eines deutschen Volksstaates gerecht zu werden.

Mitteilung in der Vereinszeitung des 1. FCN im Mai 1933.

Gleichschaltung des Sports hieß auch Aufbau einer neuen Organisation des Fußballs. Im Juni erreichte Fortuna Düsseldorf mit einem 3:0 über Schalke 04 – der letzte Treffer ging auf das Konto des Ex-Cluberers Georg Hochgesang – den letzten Meistertitel nach dem alten Spielsystem. Auf Anordnung des Reichssportführers Hans von Tschammer und Osten wurden dann im Sommer die Landesverbände des DFB aufgelöst und durch den „Deutschen Reichsbund für Leibesübungen" ersetzt. Auf regionaler Ebene wurden sechzehn Sportgaue und als deren höchste Spielklasse eine sogenannte „Gauliga" eingerichtet. Die sechzehn „Gaumeister" sollten nun in vier Endrundengruppen die Halbfinalisten im Meisterwettbewerb ermitteln.

Eine weitere Neuerung war der 1935 eingeführte Pokalwettbewerb. Dieser dem englischen F.A.-Cup nachempfundene Wettbewerb, Vorläufer des heutigen DFB-Pokals, wurde nach dem Reichssportführer als „Tschammer-Pokal" bezeichnet.

Start der Gauliga Bayern

Zur ersten Gauliga-Saison 1933/34 fanden die Topp-Vereine aus Franken wieder mit den starken Münchener Vereinen 1860, FC Bayern und FC Wacker zusammen. Im Zwölfer-Feld der Gauliga Bayern traten gleich sechs fränkische Klubs an: SpVgg Fürth, ASV Nürnberg, 1. FC Bayreuth, FV Würzburg 04, 1. FC Nürnberg und Schweinfurt 05. Der Club, seit kurzem vom alten Lehrmeister Alfred „Spezi" Schaffer trainiert, erreichte auf Anhieb Platz 1 mit einem Punkt Vorsprung vor 1860 München. Auf Rang 4, hinter dem FC Bayern München, folgte der 1. FC Schweinfurt 05.

Die Schweinfurter, ein Verein mit vielen Namen - bis heute übliche Bezeichnungen sind „die Grün-Weißen", die „Nullfünfer" oder „die Schnüdel" - hatten bereits vor Saisonbeginn Aufsehen erregt, als sie bis ins Finale des letztmals ausgetragenen Süddeutschen Pokals vordrangen. Sie scheiterten gegen den VfB Stuttgart knapp mit 1:2.

In seiner Endrunden-Gruppe schaltete der Gaumeister 1. FCN Wacker Halle, Borussia Fulda, den Dresdner SC und Victoria Berlin aus. Dann aber unterlag der Club, der bis dahin noch in keinem Finale bezwungen worden war, denkbar knapp dem neuen Stern am deutschen Fußballhimmel, dem FC Schalke 04. Am 24. Juni im Endspiel im Berliner Poststadion brachte Mittelstürmer Georg Friedel auf Vorlage des schnellen Linksaußen Willi Kund den Club in Führung. Bis zur 87. Minute blieb es dabei, beim Schlusspfiff hieß es jedoch 2:1 für die Gelsenkirchener, die sich damit ihren ersten Titel sicherten. Die Schalker Stars Fritz Szepan (88.) und Ernst Kuzorra (89.) hatten innerhalb von zwei Minuten das Blatt noch gewendet. Nach dem Schlusspfiff wurde Kuzorra, der trotz eines Leistenbruchs durchgehalten hatte, von jubelnden Fans vom Platz getragen.

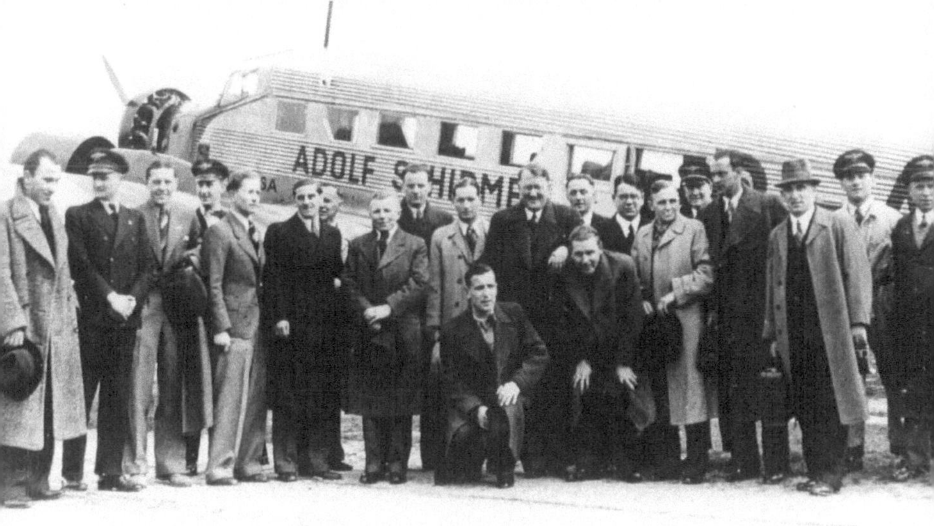

Im Juni 1936 reist der 1. FCN erstmals per JU 52 zum DM-Finale nach Berlin.

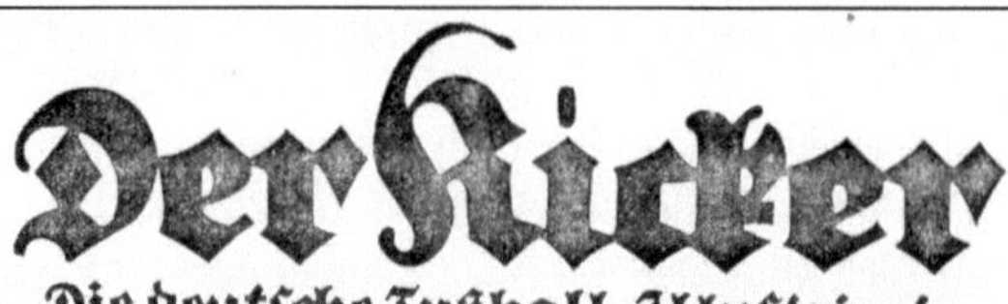

Der Kicker

Die deutsche Fußball-Illustrierte

Nürnberg, 9. Juni 1936

Der Gauleiter und seine Franken

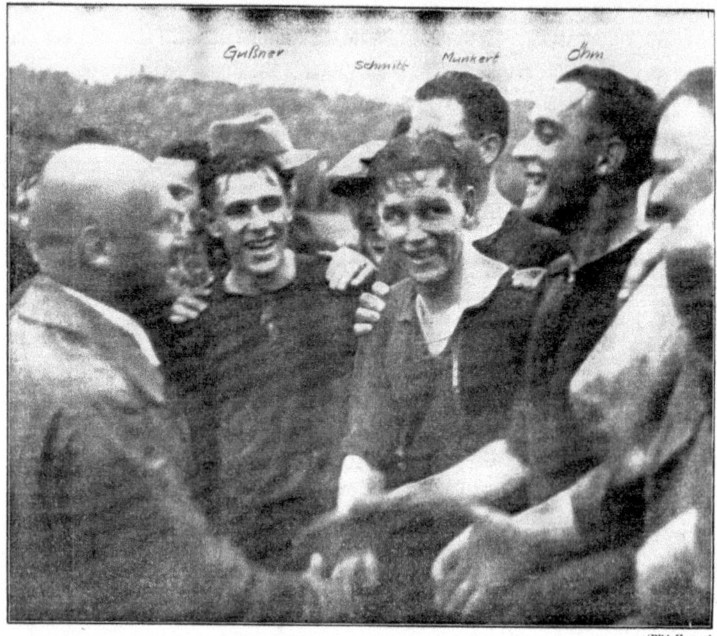

(Bild Harren)

Schiedsrichter Unverfehrt hat eben abgepfiffen. Ein Heer von Clubfähnchen winkt den Spielern zu. Jubelnd eilen die elf Kameraden, umarmen sich. Fritz Szepan und Ernst Kuzorra beglückwünschen die Sieger in vorbildlichem, sportlichem Geist. Aus der Ehrenloge eilt Julius Streicher aufs Feld, in den strömenden Regen, um den Kämpfern zu gratulieren. Der Frankenführer bei seinen fränkischen Siegern.

„Kicker"-Ausgabe zum Finale 1936

In der Saison 1934/35 lief die SpVgg Fürth noch einmal zu großer Form auf und erreichte die Gaumeisterschaft. Selbst eine 2:3-Heimniederlage gegen Absteiger Schwaben Augsburg konnte die Kleeblättler kurz vor Rundenende nicht mehr stoppen. Besonders stolz war man in der Kleeblattstadt darauf, dass man den Erfolg mit einer (fast) komplett aus Einheimischen bestehenden Mannschaft erringen konnte. Lediglich der ehemalige ASN-Torwart Ludwig Wenz, ein gebürtiger Nürnberger, war ein „Reingeschmeckter". Der unerwartete Höhenflug allerdings fand schnell ein Ende. In der Endrunde leistete man sich drei Niederlagen, zwei davon am heimischen Ronhof (0:1 gegen Hanau 93 und 1:4 gegen den späteren Finalisten VfB Stuttgart).

Das Bemerkenswerteste an der Runde war, dass mit Fürth, Club und Schweinfurt gleich drei fränkische Klubs vor den Münchener Vereinen platziert waren. Die Nullfünfer, bei denen der wuchtige Sepp Brunnhuber, das junge Läufer-Duo Kitzinger/Kupfer und der treffsichere Stürmer Karl Rühr die Mannschaft so geschmiert laufen ließen, als hätte sie eines der berühmten Präzisions-Kugellager der Firma Fichtel & Sachs eingebaut, machten mit einem 2:0 gegen den Gaumeister Fürth und zwei Unentschieden gegen den 1. FCN vehement künftige Ansprüche geltend.

Club und Schweinfurt ärgern Schalke

Im Januar 1935 hatten bereits die Ausscheidungsspiele für den erstmals ausgespielten Tschammer-Pokal begonnen. Der Club gelangte mühelos in die Schlussrunde und schaltete dort den VfB Leipzig, den Ulmer FV und den Polizei SV Chemnitz aus.

Unter besonderen politischen Vorzeichen stand am 10. November das Viertelfinale gegen Minerva 93 Berlin. In Absprache mit dem Gauleiter Julius Streicher wurde das Spiel vom Zabo ins Städtische Stadion verlegt, damit das Match in den Verlauf eines Gepäckmarsches der SA eingebunden werden konnte. 20.000 Zuschauer sahen die Streicher-Veranstaltung und das Spiel, das der Club klar mit 4:1 für sich entschied.

Einem 1:0 im Halbfinale über Waldhof Mannheim folgte schließlich im Finale am 8. Dezember in Düsseldorf die große Revanche gegen Schalke 04. Mit einem 2:0 über die „Knappen" wurde der 1. FC Nürnberg der erste deutsche Pokalsieger überhaupt.

Zu diesem Zeitpunkt war der Altmeister in der neuen Gauliga-Saison bereits in der Erfolgsspur. Anders als im Vorjahr, als man zweimal gegen Fürth verloren hatte, hatte man nun in den beiden direkten Vergleichen mit dem Titelverteidiger die Nase vorn. Der 1. FCN wurde ungeschlagen Gaumeister. Torwart Schorsch Köhl, den alle in Anlehnung an seinen Namensvetter, den berühmten Ozeanflieger Köhl, nur „Hauptmann" nannten, erwies sich als würdiger Nachfolger Heiner Stuhlfauths.

Ebenfalls ungeschlagen überstand der Club die Gruppenspiele zur Deutschen Meisterschaft, dann schaltete er im Halbfinale am 7. Juni 1936 in Stuttgart den großen Rivalen Schalke 04 durch zwei Friedel-Tore aus. Auf den Rängen sangen fröhliche Clubfans: „Ha, Ha, Ha – der Club ist wieder da." Im Finale, zwei Wochen später im Berliner Poststadion gegen Fortuna Düsseldorf, musste die von Hans Kalb betreute Mannschaft in einer wahren Hitzeschlacht in die Verlängerung. Nach Ende der regulären Spielzeit hatte es nach Toren von Nachtigall und Eiberger 1:1 geheißen. 25 Sekunden vor Ende der Verlängerung schoss Club-Rechtsaußen Karl Gußner das entscheidende Tor.

Es war ein glücklicher Sieg. Was die Fans des 1. FCN natürlich kaum interessierte. Beim Empfang in Nürnberg versammelten sich Tausende auf den mit Hakenkreuz-Fahnen beflaggten Straßen und feierten den sechsten Meistertitel ihrer Noris-Kicker.

Trotz der Halbfinal-Niederlage hatte Schalke nichts von seiner Popularität verloren. Als gefragter Partner für Freundschaftsspiele gingen sie auf Tournee und tauchten am 26. Juli auch in Schweinfurt zum Einweihungsspiel des nach dem Klub-Mäzen Willy Sachs benannten neuen Stadions auf. Die starken Schweinfurter, die in der Gauliga den vierten Platz belegt hatten, waren ein ebenbürtiger Gegner. Vor 22.000 Zuschauern schafften die „Schnüdel" ein respektables 2:2. Die Gelsenkirchener fuhren danach gleich zum NSDAP-Parteitag weiter, wo sie erneut auf den 1. FC Nürnberg trafen. Diesmal gelangen ihnen zwar drei Tore, doch die gut aufgelegten Club-Stürmer setzten ihnen dafür gleich fünf ins Netz.

Die Schweinfurter, deren Läufer-Asse Albin Kitzinger und Ander Kupfer sich allmählich als Stammspieler in der Nationalmannschaft etablierten, konnten noch im gleichen Jahr einen den größten Erfolge in ihrer Vereinsgeschichte feiern. Im Tschammer-Pokal standen sie am 8. November 1936 nach Siegen in Ulm (4:2) und Waldhof-Mannheim (2:1) im Halbfinale. Gegner war wieder einmal Schalke 04.

Beinahe hätten die „Schnüdel", bei denen vor allem Torhüter Josef Sieder einen großen Tag hatte, in der Gelsenkirchener Glückauf-Kampfbahn ihren dritten Auswärtserfolg in Folge unter Dach und Fach gebracht. Nach dem Führungstreffer durch Mittelstürmer Spitzenpfeil (49.) und dem Ausgleich durch Urban (77.) sorgte der Halbrechte Rosenbauer in der 83. Minute für die 2:1-Führung der Schweinfurter. Doch dann traf Schalke in den verbliebenen sieben Minuten noch zweimal und machte alle Finalträume der Kugellagerstädter zunichte. Die Schalker sicherten sich mit einem 2:1 über den Vorjahressieger VfB Leipzig erstmals den Pokal.

Auch in der laufenden Gauliga-Saison hatten die „Schnüdel" starke Auftritte. Im Zabo gewannen sie mit 1:0 und waren damit die einzige Mannschaft, die dem Club eine Heimniederlage zufügen konnte. Am Ende aber hatte der Club mit drei Punkten die Nase vorn, setzte sich überlegen in seiner Endrunden-Gruppe durch und gelangte nach einem knappen Sieg über den HSV ins Finale gegen – wie sollte es anders sein – Schalke 04.

Am 20. Juni 1937 hatten die vom ehemaligen ungarischen Starspieler Gyuri Orth trainierten Nürnberger gegen den Rivalen aus dem Ruhrpott erstmals kaum eine Chance. Vor der Rekordkulisse von 101.000 Zuschauern im Berliner

Olympiastadion zelebrierten Fritz Szepan und Ernst Kuzorra nach allen Regeln der Kunst den berühmten „Schalker Kreisel". Mit 0:2 waren die schwindlig gespielten Cluberer noch gut bedient.

Die Wettkampfgruppe der Betriebssportgemeinschaft

Im Jahr 1938 wurde der 1. FCN erneut bayerischer Gaumeister, doch in den Gruppenspielen ereilte ihn rasch das „Aus". Er verlor seine beiden Spiele gegen den späteren Deutschen Meister Hannover 96. Die alte Weisheit „Wer den Club schlägt, wird Meister" bewahrheitete sich auch dieses Mal.

Danach war der Club erst mal mit seinem Latein am Ende. Die Saison 1938/39 schloss er in der bayerischen Gauliga nur auf Rang fünf ab. Zum ersten Mal überhaupt in seiner Geschichte hatte der ruhmreiche Rekordmeister in der Ligarunde ein negatives Torverhältnis (28:33). Gleichzeitig gelang es erstmals einem fränkischen Verein, die Phalanx Nürnberg/Fürth zu durchbrechen: Mit einem Punkt Vorsprung vor 1860 München sicherte sich Schweinfurt 05 die Gaumeisterschaft.

Neben Schweinfurt drängte sich der Nachfolgeverein des ASV Nürnberg, Liganeuling WKG BSG Neumeyer, in den Vordergrund. In den Jahren 1934-1936 hatte der ASV Nürnberg immer einen passablen Mittelplatz belegt, auch im Abstiegsjahr 1937 hatte man bis zum Schluss auf den Klassenerhalt hoffen können. Nach dem Abstieg war der Verein aufgelöst und als WKG BSG Neumeyer neu gegründet worden. WKG BSG – das war das Kürzel für „Wettkampfgruppe der Betriebssportgemeinschaft". Und Neumeyer hießen die Kabel- und Metallwerke im Norden Nürnbergs, die, in erster Linie im Auftrag der Reichspost, Fern- und Hochspannungskabel sowie Messingdrähte produzierten.

Fußballerisch hatte sich durch die Namensänderung nicht viel geändert. Das Neumeyer-Team, das am 28. August 1938 in der ersten Runde des Pokals mit 4:2 gegen die Stuttgarter Kickers gewann, war nahezu identisch mit der Mannschaft der „Assen", die im Pokalwettbewerb des Vorjahres mit 0:1 am VfB Stuttgart gescheitert war. Am 11. September musste die BSG Neumeyer in der zweiten Runde des Pokals dann erneut in Stuttgart gegen den VfB antreten und hatte mit 1:2 das Nachsehen. Trotz des Ausscheidens war es für Neumeyer-Rechtsaußen Willi Schmidt ein erfolgreicher Wettbewerb. Er erzielte alle fünf Treffer in den beiden Pokalspielen des Jahres 1938 und avancierte damit zum zweitbesten Torjäger dieser Pokalsaison. Platz eins belegte der spätere Bundestrainer Helmut Schön vom Dresdner SC mit zehn Toren.

Auch im Punktspielbetrieb machte Neumeyer nach dem Aufstieg in die höchste Spielklasse schnell von sich Reden. In der Saison 1938/39 lag die WKG bis drei Spieltage vor Schluss gleichauf mit 1860 München an der Tabellenspitze, gefolgt von Schweinfurt 05. Eine 0:1-Niederlage gegen die Schweinfurter beendete schließlich alle Hoffnungen auf den Titel. Neumeyer landete auf Rang vier, nur drei Punkte hinter Meister Schweinfurt, aber vor dem 1. FCN und der SpVgg Fürth. Diesen bemerkenswerten vierten Platz, der unter anderem mit zwei Siegen über den 1. FCN sicher gestellt wurde (1:0 und 3:2), konnte man in der darauffolgenden Saison wiederholen.

In der Gauliga Bayern machten aber auch noch andere fränkische Vereine auf sich aufmerksam. Ein kurzes Gastspiel gab 1933/34 der FV Würzburg 04, der bereits nach einem Jahr wieder absteigen musste. Den Gang in die Zweitklassigkeit musste im selben Jahr - trotz eines spektakulären 2:1-Heimsieges über den 1. FCN - auch der 1. FC Bayreuth antreten. Als Meister der Oberfranken-Liga kehrten die Bayreuther 1935/36 noch einmal in die höchste Spielklasse zurück, hielten tapfer mit, mussten aber als Tabellenvorletzter erneut Lehrgeld bezahlen.

Im Jahr darauf tauchte mit dem ehemaligen Thüringer Meister VfB Coburg, der in den Aufstiegsspielen u.a. Bayern Hof mit 5:2 ausgeschaltet hatte, ein ganz neuer Name in der Gauliga auf. Nach sofortigem Abstieg kehrten die Coburger zwei Jahre später noch einmal zurück. Doch erneut blieben sie nur für eine Saison erstklassig. Zwar gelang gegen Meister Schweinfurt ein 3:0, doch es fehlten in der Endabrechnung gegenüber dem punktgleichen BC Augsburg sechs Tore.

Franken gegen Wiener

Am 13. März 1938 kam es zum so genannten „Anschluss“ Österreichs an das Deutsche Reich. Die österreichische Fußballliga wurde kurzerhand zum „Gau 17 Ostmark“. So konnten in der Saison 1938/39 auch die starken Mannschaften aus Wien bei der „Großdeutschen Meisterschaft“ teilnehmen, im Gau 18 spielte das im September von der Tschechoslowakei abgetrennte Sudetenland einen Gaumeister aus.

Auch im Tschammer-Pokal wurde der „Anschluss“ sofort vollzogen. Der Arbeiterklub aus Wien-Hütteldorf, Rapid, setzte sich im Halbfinale am 11. Dezember mit 2:0 gegen den 1. FC Nürnberg durch und sicherte sich im Januar durch ein 3:1 über den FSV Frankfurt den Titel „Großdeutscher Pokalsieger des Jahres 1938“.

In der Meisterschafts-Runde qualifizierte sich indessen Admira Wien für das Halbfinale, wo es dem Hamburger SV beim 4:1 keine Chance ließ. In der anderen Begegnung benötigte Schalke 04 ein Wiederholungsspiel, um den Dresdner SC auszuschalten, den Bezwinger des bayerischen Gaumeisters Schweinfurt. Die Schweinfurter hatten den Dresdnern in ihrer Endrundengruppe nur wegen eines um einen Treffer schlechteren Torverhältnisses den Vortritt lassen müssen. Erster „Großdeutscher Fußballmeister“ wurde dann jedoch nicht Admira, sondern Schalke 04, das am 16. Juni 1939 vor 90.000 Zuschauern im Berliner Olympiastadion die Wiener mit 9:0 an die Wand spielte.

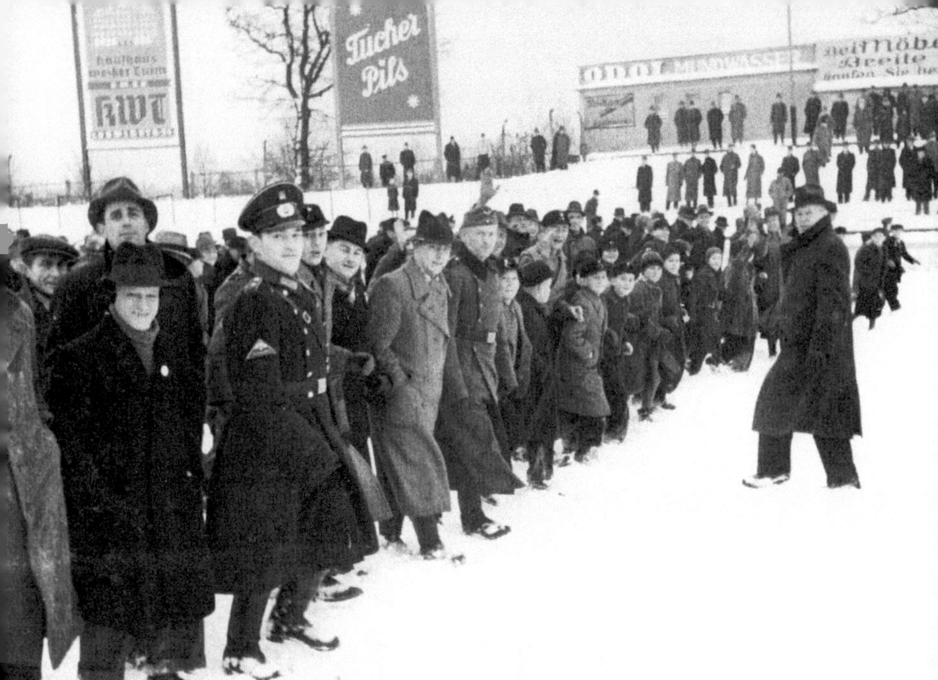

Im harten Kriegswinter 1939/40 gibt es vom Dezember bis März Fußball im Schnee. Vor jedem Spiel ist Schneetrampeln angesagt, wie hier im Zabo vor dem Silvesterspiel 1. FCN gegen SpVgg Fürth (2:0).

Rapid Wien, der Verein der späteren Club-Trainer „Bimbo“ Binder und Max Merkel, erwies sich in den folgenden Jahren als stärkster Vertreter Österreichs. Im Pokal trafen die Hütteldorfer dabei immer wieder auf fränkische Klubs. Los ging es im Pokalwettbewerb 1939, als sie in der 1. Schlussrunde am 28. August beim VfB Coburg zu Gast waren.

5.000 Zuschauer im Dr. Stocke-Stadion sahen ein tapferes Spiel ihrer VfBler gegen die Stars aus Wien. Nur zwei Schüsse der Rapid-Stürmer Schors und Binder musste Coburgs Schlussmann Kalb bis zur Halbzeit durchlassen, nach dem Wiederanpfiff machte Linksaußen Stegner mit seinem Anschlusstreffer in der 59. Minute sogar Hoffnungen auf eine Pokalsensation. Doch dann zerstoben alle Träume im Nu: Zwischen der 67. und der 78. Minute gelang Rapid-Torjäger „Bimbo“ Binder ein lupenreiner Hattrick, der Halbrechte Schors sorgte schließlich für den standesgemäßen Endstand von 1:6.

Am selben Tag kam es auch in Schweinfurt zu einem Vergleich zwischen Franken und Wien. Gegner der Nullfünfer war der Sportklub Wacker, für den Karl Zischek, ein Mitglied des berühmten österreichischen „Wunderteams“, auf Rechtsaußen stürmte. Trotz einer 2:1-Führung zur Halbzeit – der als Mittelstürmer aufgebotene Albin Kitzinger hatte das 1:0 besorgt – hieß es am Ende 2:3.

Tapfer hielt sich in dieser Runde auch die WKG Neumeyer. Über CSC 03 Kassel (7:3) kamen sie in die 2. Schlussrunde, wo sie in Dresden den mit den

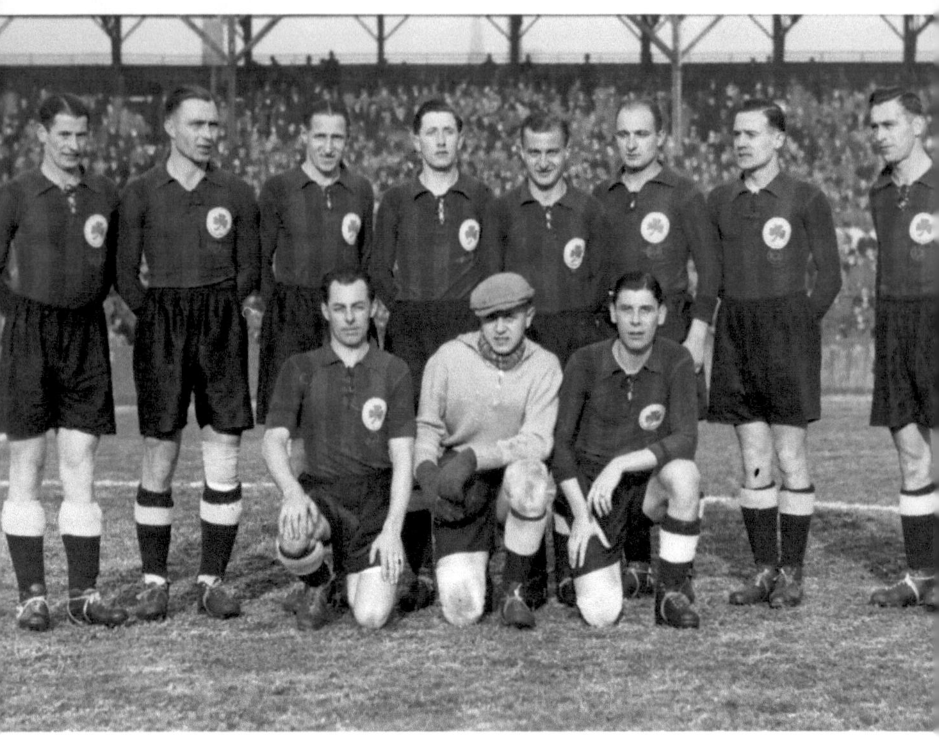

Das Team der SpVgg Fürth am 30. November 1941 vor einem sensationellen 6:2-Sieg gegen Bayern München.

Nationalspielern Richard Hofmann und Helmut Schön angetretenen SC durch Tore von Rechtsaußen Schmidt und Mittelstürmer Thurn mit 2:1 schlugen. Über den Berliner SV 92 (2:1) drang die Neumeyer-Elf dann sogar bis ins Viertelfinale vor. In einer torreichen Begegnung in Wien-Dornbach gegen den Schweinfurt-Bezwinger SC Wacker gelangen zwar vier Tore, doch mussten die Nürnberger gleich sieben hinnehmen. Bis zur 25. Minute hatten die Wiener vier Tore vorgelegt, durch Treffer von Willi Schmidt und Lorenz Fischer war man noch einmal auf 3:4 herangekommen, doch dann machten die Wiener alles klar. Trotz 15 Toren in vier Schlussrunden-Spielen – fünf davon erzielte allein Linksaußen Fischer – reichte es nicht zum Einzug ins Halbfinale.

Als die Neumeyer-Elf gegen Wacker ausschied, war es bereits der 7. Januar 1940. Nur die erste Hauptrunde im August 1939 hatte noch unter regulären Bedingungen ausgeführt werden können- Dann, nach dem Ausbruch des Krieges, wurde der Terminplan völlig über den Haufen geworfen.

Im Halbfinale am 31. März 1940 musste der 1. FC Nürnberg, der Singen 04, Stuttgarter Kickers, BC Hartha und Fortuna Düsseldorf ausgeschaltet hatte, wieder einmal in Wien-Hütteldorf gegen Rapid antreten. Die von Alv Riemke betreute Elf gewann knapp mit 1:0 und traf am 28. April im Endspiel auf den Wacker-Bezwinger Waldhof Mannheim.

Vor dem Anpfiff lautete in beiden Lagern die bange Frage: Werden die Soldaten noch rechtzeitig eintreffen? Ja, lautete die Antwort bei den Nürnbergern, die in bester Besetzung antreten konnten. Bei Waldhof hingegen fehlten mit Drayß und Deyhle gleich beide etatmäßigen Torhüter. Sie hatten keinen Urlaub erhalten. Das Spiel verlief wenig spektakulär und endete mit einem ungefährdeten 2:0 für den Club, den Willi Kund und „Muckl" Eiberger sicherstellten – und damit dem zweiten Pokalsieg der Cluberer.

Der Pokalwettbewerb 1940, der bereits knapp vier Monate später begann, hätte mit der Schlagzeile „Franken gegen Rapid" überschrieben werden können. Zunächst hatte die Neumeyer-Elf die Mannen um Torjäger „Bimbo" Binder zu Gast. Am 18. August 1940 hielten die stark aufspielenden Nürnberger bis zum Schlusspfiff ein 1:1-Unentschieden. Erst in der Verlängerung gelang Rapid der spielentscheidende Treffer. In der zweiten Hauptrunde musste der über den Mülheimer SV weitergekommene VfR Schweinfurt nach Wien-Hütteldorf. Mit einer 1:7-Packung fuhren die Rasensportler wieder nach Hause.

Im Viertelfinale am 20. Oktober erwarteten die Wiener den nächsten Gegner aus Franken: die SpVgg Fürth. Aber auch die Kleeblättler, die im Achtelfinale keinen Geringeren als Schalke 04 durch Tore von Haack und Zollhöfer mit 2:1 ausgeschaltet hatten, machten es kaum besser: Sie kamen, wie im Vorjahr der VfB Coburg, mit 1:6 unter die Räder. Goalgetter Binder glänzte erneut mit vier Treffern. Wären die Rapidler in der nächsten Runde nicht mit 0:3 am Dresdner SC gescheitert, so hätten sie sich im Endspiel dem vierten Gegner aus Franken gegenüber gesehen: dem 1. FC Nürnberg.

Der Club war über Sturm Graz und Fortuna Düsseldorf erneut ins Pokalfinale eingezogen, verlor dann aber am 1. Dezember im Berliner Olympiastadion knapp mit 1:2 gegen den mit dem späteren Bamberger Fritz Machate angetretenen Dresdner SC. Vor 60.000 Zuschauern markierte Dresdens Rechtsaußen Heiner Schaffer in der vierten Minute der Verlängerung den entscheidenden Treffer – ein tückischer Flatterball, gegen den Club-Keeper Köhl machtlos war.

Kriegsmeisterschaft ohne Ligen

Am 27. August 1939, am ersten Spieltag der Gauliga-Saison, war Jahn Regensburg mit dem berühmten Nationaltorhüter Hans Jakob im Ronhof zu Gast. Jakob trat als Stürmer an, die SpVgg gewann trotzdem mit 4:1. Zur nächsten Runde kam es nicht mehr. Nach dem Kriegsbeginn am 1.September wurden alle bis dahin ausgetragenen Gauliga-Spiele für ungültig erklärt. Stattdessen wurden lokale Wettbewerbe organisiert, einer davon war eine rasch improvisierte Nürnberg-Fürther-Städtemeisterschaft. Die Trophäe ging nach einem 2:1-Finalsieg gegen die SpVgg Fürth an den 1. FC Nürnberg. Zehn Vereine traten schließlich Ende Oktober zu der mit Verspätung gestarteten Meisterschaftsrunde an. Sie hieß nun „Kriegsmeisterschaft“ und wurde nicht mehr in „Gauen“ und „Gauligen“, sondern in „Sportbereichen“ und „Bereichsklassen“ ausgetragen. Natürlich handelte es sich dabei um dieselben Gaue und Ligen wie zuvor, doch war sofort nach Kriegsbeginn das aus dem Englischen stammende Wort „Liga“ verpönt und wurde durch „Bereichsklasse“ ersetzt. In den nächsten Jahren kamen immer neue Bereichsklassen hinzu – Elsaß, Danzig-Westpreußen, Wartheland, Generalgouvernement. Jedes eroberte Gebiet bedeutete einen neuen Sportbereich.

Die Meisterschaft im „Sportbereich 16 - Bayern“ entschied 1939/40 der 1. FCN knapp für sich. Die von Trainer Alv Riemke an den Zabo gelockten Alfred „Pipo“ Pfänder und Wilhelm „Bubi“ Sold erwiesen sich dabei als wesentliche Verstärkungen für die Mannschaft. In den Spielen um die Deutsche Meisterschaft bedeutete dennoch eine 0:2-Schlappe gegen die Stuttgarter Kickers bereits in der ersten Runde das „Aus“. Im Jahr darauf hatte der TSV 1860 München die Nase vorne, vor allem, weil sich dessen Stürmer als äußerst treffsicher erwiesen: 83 Tore gegenüber 52 für den Zweiten, dem Club aus Nürnberg.

In der Saison 1941/42 gab es an der Spitze in Bayern einen Zweikampf zwischen Schweinfurt 05 und der SpVgg Fürth. Das Zünglein an der Waage spielte die WKG Neumeyer, bei der sich die Fürther eine 3:4-Niederlage einhandelten und daraufhin die „Nullfünfer“ ziehen lassen mussten. Am Ende lagen die „Schnüdel“ mit drei Punkten vorne. Der Club wurde diesmal hinter Titelverteidiger 1860 nur Vierter.

Allerdings wurde im Zabo, wo nach der Einberufung von Alv Riemke das NSDAP-Mitglied „Bumbes“ Schmidt das Training übernommen hatte, in diesem Jahr der Grundstein für eine erfolgreiche Zukunft gelegt. Am 30. November 1941 feierte Max Morlock, das von Schulsportlehrer Heiner Stuhlfauth entdeckte Riesentalent, gegen Wacker München sein Debüt in der 1. Mannschaft des 1. FCN. Bereits in seinem zweiten Spiel gegen Schwaben Augsburg schoss der 16-Jährige zwei Tore. Schorsch Kennemann, der eisenharte Ausputzer mit den knielangen Hosen, gab den Journalisten hinterher vorsichtshalber einen falschen Namen an – „damit der Bub nicht größenwahnsinnig wird“.

Mit dem bayerischen Meistertitel hatten die vom ehemaligen Fürther Nationalspieler Ludwig Leinberger betreuten Schweinfurter den größten Erfolg in ihrer Vereinsgeschichte errungen. Den „Schnüdeln“, bei denen mit Lony Seiderer ja schon einmal ein Fürther als Trainer tätig gewesen war, sagte man nach, dass sie noch „fürtherischer“ aufspielten als die Kleeblättler in ihren besten Zeiten. Dennoch war für Kupfer/Kitzinger & Co. in der DM-Endrunde gleich im ersten Spiel am 24. Mai 1942 auf dem RSC-Platz in Straßburg-Meinau Schluss. Gegner war eine ganz spezielle Mannschaft: Eine zum ersten und einzigen Mal in einer DM-Endrunde angetretene Fußballelf der Schutzstaffel

(SS). Vor 12.000 Zuschauern warf diese SG SS Straßburg, in der alle im Elsaß stationierten Fußballer der SS zusammengezogen waren, die Schweinfurter mit 2:1 aus dem Meisterschaftsrennen. In der nächsten Runde trat die SS-Elf vor 30.000 Zuschauern in der Glückaufkampfbahn Gelsenkirchen an. Schalke gewann mit 6:0. Das Endspiel im Juni gewann Schalke vor 90.000 Zuschauern in Berlin gegen Vienna Wien mit 2:0. Diese sechste Meisterschaft der Schalker bedeutete für den Club, dass er nun den Titel des Rekordmeisters mit Schalke teilen musste.

In den Veröffentlichungen rund um das Finale des Jahres 1942 zeigte sich der Geist der Zeit unverhohlen. Ein Berichterstatter schrieb zum Beispiel von den „aufmarschierten Gefechtsreihen beider Mannschaften" und der „geschlossenen Front, in der die Wiener angreifen". Auch in den vom 1. FCN anstelle der Vereinszeitung herausgegebenen „Feldpostbriefen" wimmelte es von martialischen Ausdrücken, in denen der Sport als „Sammelpunkt der wehrtüchtigen Jugend" zur „Stählung der Kräfte" verherrlicht wurde. Und natürlich formulierte man auch seinen Stolz, „unsere Aktiven an der Front zu wissen, dort, wo das Schwert geschwungen wird und wo das Schwert trifft, das Großdeutschlands Schicksal bedeutet."

Bis 1942, als der Spielbetrieb wegen des Krieges allmählich immer chaotischer wurde, hatten sich auch etliche weniger spielstarke Vereine aus dem Frankenland in der höchsten bayerischen Liga versucht. Während sich der VfR Schweinfurt, der Klub von Nationalspieler Robert Bernard, immerhin zwei Jahre in der höchsten Liga halten konnte, war es für die drei anderen - dem FSV 1883 Nürnberg, Eintracht-Franken Nürnberg, und den Würzburger Kickers – nach jeweils einer Saison bereits wieder vorbei. Rechnet man die Spiele dieser Vereine zusammen, so kommt man auf insgesamt lediglich vier Siege bei 17:107 Punkten und 62:288 Toren.

Noch am überzeugendsten war der SV Eintracht Franken, der 1942 immerhin nicht auf dem letzten Platz landete und mit einem 3:2 gegen Bayern München einen erstaunlichen Erfolg erzielte.

Panzersoldaten im Gau Nordbayern

Eintracht Franken war 1942/43 immer noch dabei, da der Sportbereich Bayern wegen der kriegsbedingten Verkehrsbehinderungen in zwei Gaue aufgeteilt worden war, in denen je zehn Vereine antreten sollten. Für den neuen Gau Nordbayern waren neben Eintracht Franken qualifiziert: 1. FC Nürnberg, SpVgg Fürth, VfR und FC 05 Schweinfurt, 1. FC Bamberg, Viktoria Aschaffenburg, Post SG Fürth, Reichsbahn SG Weiden und VfL Nürnberg. Der VfL Nürnberg war niemand anderes als die ehemalige WKG Neumeyer, der ehemalige ASN, der 1942 wieder einmal eine Namensänderung durchlaufen hatte. Schließlich wurden noch die Würzburger Kickers nach Protesten - in den Aufstiegsspielen

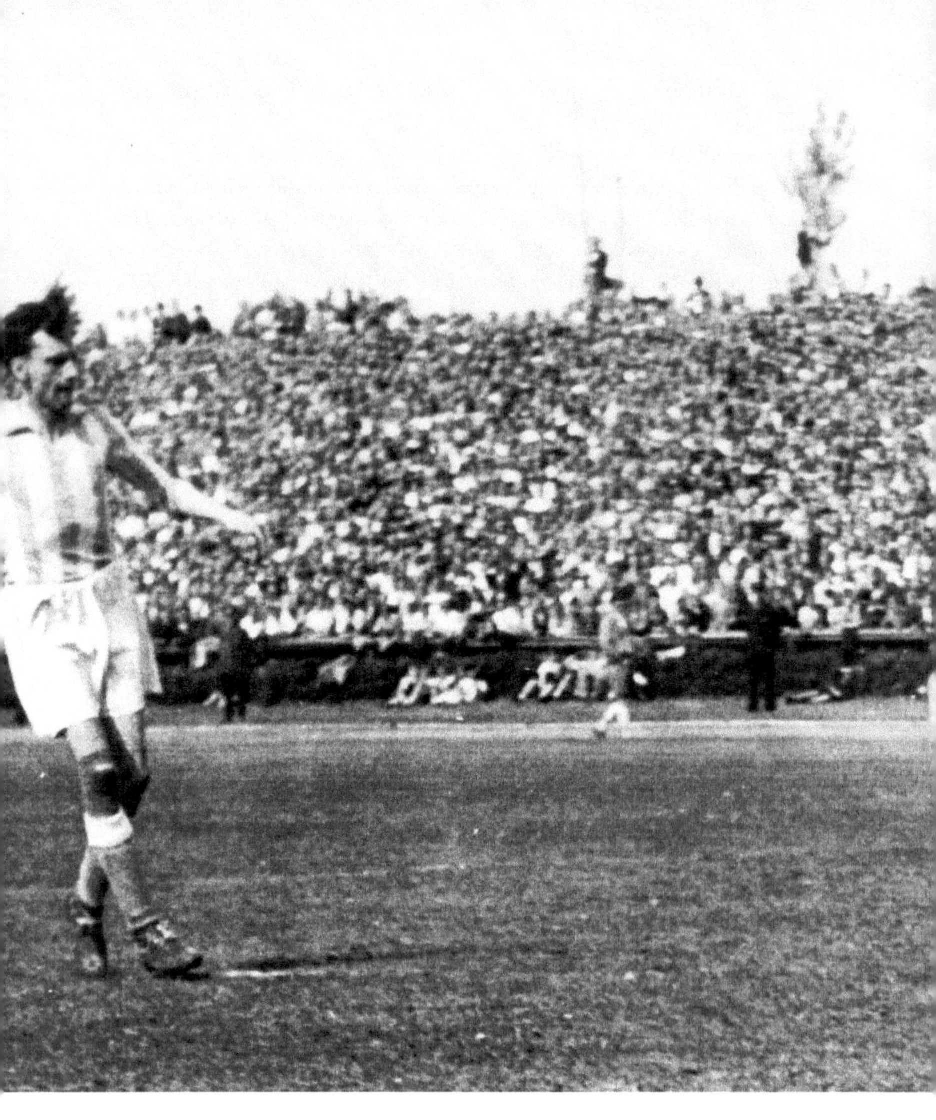

Der junge Max Morlock erzielt in einem Gauliga-Spiel gegen 1860 München einen Treffer.

hatte Aschaffenburg einen nicht spielberechtigten Akteur eingesetzt - als elfter Verein nachträglich in diese „fränkische Liga“ aufgenommen.

Im Winter 1942/43 fiel an der Ostfront die Entscheidung zugunsten der Alliierten. Ende November wurde die deutsche 6. Armee, bei der auch das große Club-Talent Alfred „Pipo“ Pfänder diente, in Stalingrad von der Roten Armee eingeschlossen. Am 31. Januar endete die Schlacht mit der Kapitulation der deutschen Truppen. Von rund 260.000 Soldaten war zu diesem Zeitpunkt

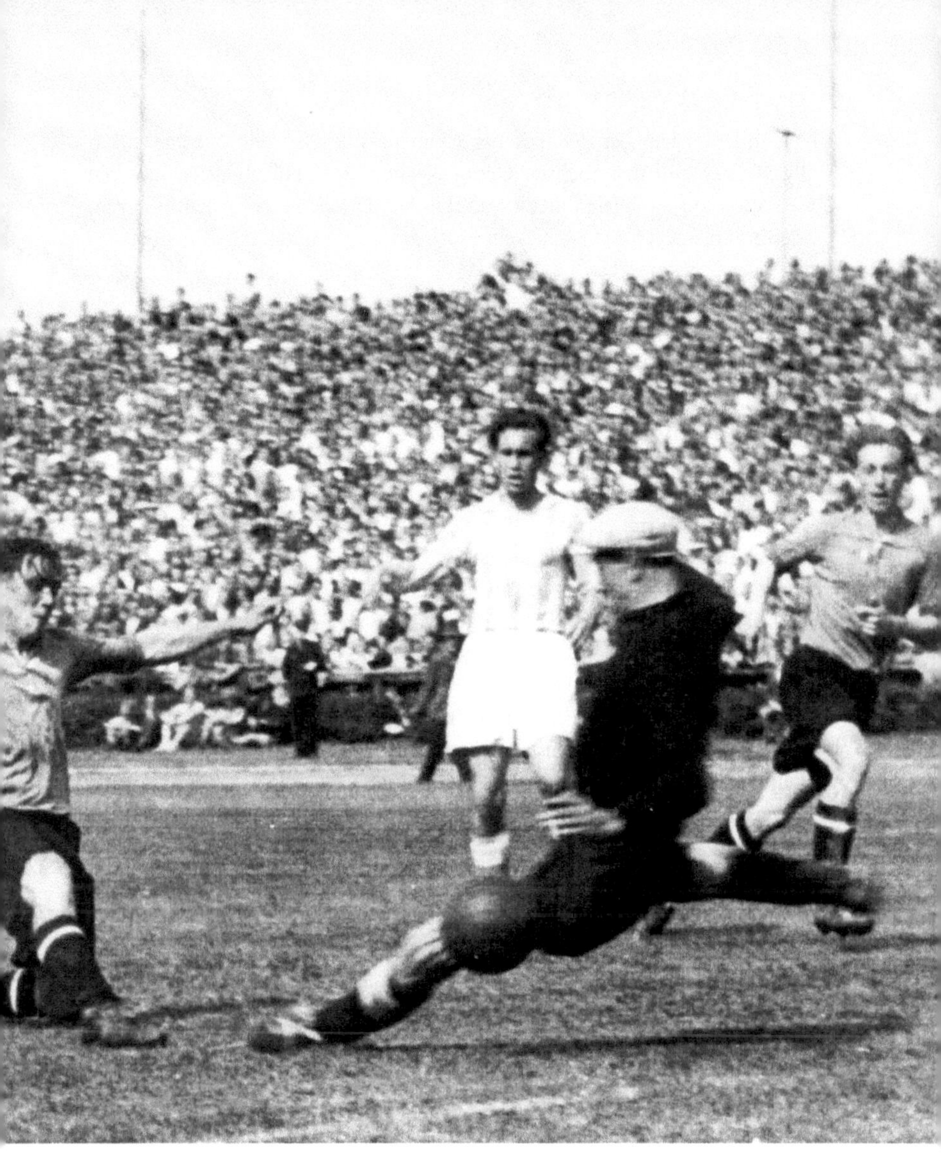

bereits mehr als die Hälfte im Kampf gefallen, erfroren oder an Erschöpfung gestorben. Einer der vielen Gefallenen war Alfred Pfänder. Wenig später, am 3. März 1943, wurde auch Schweinfurts Trainer Ludwig Leinberger ein Opfer des Krieges.

Trotz alledem ging es im Fußball weiter. Souverän holte sich die junge Clubelf die nordbayerische Gaumeisterschaft des Jahres 1943 mit 40:0 Punkten und 125:17 Toren. 54 der 125 Tore erzielte Max Morlock. Als höchster Sieg sprang ein 20:1 gegen Eintracht-Franken heraus.

„Bumbes" Schmidt war es gelungen, dank seiner geschickten Verhandlungen mit den Kompanieführern eine spielstarke Mannschaft zusammenzuhalten.

Unter anderem hatte er den Essener Clemens Wientjes, den Niedersachsen Willy Werner und den Sachsen Georg Neubert nach Nürnberg gelotst. Die „Integration" dieser Spieler, die des fränkischen Dialekts nicht mächtig waren, betrieb er brachial: „Ich verstehe kein Wort von eurem Schmarrn. Ihr habt so zu reden wie wir Nürnberger."

Bemerkenswert an dieser Saison war ansonsten die Aufholjagd der Würzburger, die viele Spiele nachholen mussten. Am letzten Spieltag schafften sie durch ein 4:2 über den VfR Schweinfurt den Klassenerhalt. Kurz darauf hatten die Kriegshandlungen auch Franken erfasst.

Als der Club Anfang Mai 1943 in der DM-Vorrunde zu Hause gegen den VfR Mannheim antrat, lagen bereits Teile der Nürnberger Altstadt in Schutt und Asche. In Anbetracht dessen war es eigentlich nur eine Nebensächlichkeit, dass der Club das Spiel mit 1:3 verlor. Dennoch wurmte die Spieler die Niederlage. Im Pokalfinale des Sportgaus Franken hatten sie am 1. August nach einem 7:0 über die SpVgg Fürth wieder Grund zum Jubeln. Es folgte in der Schlussrunde ein 5:1 beim sudetendeutschen Vertreter Militär SV Brünn, bevor im Oktober im Viertelfinale eine 2:3-Niederlage gegen den späteren Pokalsieger First Vienna FC das „Aus" bedeutete.

Der Club spielte da schon ohne Köhl im Tor, der eine Woche zuvor wieder an die Front beordert worden war und nicht mehr zurückkehren sollte. Der Club-Torhüter starb am 15. Januar 1944 an den Folgen einer schweren Infektion, die er sich nach einem Armdurchschuss zugezogen hatte. Er hatte sich – die weitere Torwartkarriere im Blick – strikt geweigert, den verletzten Arm amputieren zu lassen.

In der Gauliga Nordbayern der Saison 1943/44 behauptete der 1. FCN erneut die Tabellenspitze, war aber, vor allem wegen der kriegsbedingten Einschränkungen, lange nicht mehr so überlegen. Von Spiel zu Spiel musste immer mehr improvisiert werden, oft halfen die Alten Herren aus. Größter Konkurrent war neben dem Lokalrivalen VfL Nürnberg (Ex-ASN/Neumeyer) ein alter Bekannter aus den Gründungsjahren: der 1. FC Bamberg.

Die Bamberger, die seit ihrem Abstieg 1923 nicht mehr in der höchsten Liga aufgetaucht waren, hatten jetzt im Krieg sogar ihre sportlich erfolgreichste Zeit überhaupt. Verantwortlich dafür war, wie beim Club, auch ein Mann namens Schmidt: Karl Schmidt, der zuständige „Spieß" für alle Sportangelegenheiten des in Bamberg stationierten Panzerregiments.

Schmidt führte die besten Fußballer der Armee dem 1. FC zu, unter ihnen die Stürmer „Männe" Kästner von TB Berlin und Fritz Wilde, der später auch kurzzeitig bei der SpVgg Fürth spielen sollte. Im Lauf der Saison gewannen die „Violetten" gegen die SpVgg Fürth und den 1. FCN in ihrem kurz vor Kriegsbeginn ausgebauten und mit einer riesigen Tribüne versehenen Volksparkstadion jeweils mit 3:1.

In den Auswärtsspielen zeigten sie jedoch Schwächen, unter anderem verloren sie auf dem nach einem Luftangriff mit Bombentrichtern übersäten Platz des VfL (Neumeyer) Nürnberg mit 2:3. Die Saison wurde schließlich drei Spieltage vor Rundenende im Zabo entschieden: Weil die Panzersoldaten aus Bamberg fast alle im Feld standen, spielte der Club einen lockeren 12:1-Sieg heraus und landete am Ende mit 28 Punkten vor Bamberg (25) und dem VfL (22) auf Platz 1.

Kriegssportgemeinschaften im „totalen Krieg"

An der Runde 1943/44 hatten auch viele so genannte „Kriegssportgemeinschaften" (KSG) teilgenommen. Aus Schweinfurt war neben dem VfR und dem Soldatenverein WTSV (Wehrmacht-Turn und Sportverein) auch eine KSG FC 05/Luftwaffen SV zum Punktspielbetrieb angetreten. Für Würzburg startete gar eine um weitere Vereine ergänzte KSG aus den Lokalrivalen 04/ Kickers. Als besonders spielstark erwies sich in der Endrunde die KSG FV/ Altenkessel Saarbrücken. Der Vertreter des Gaues Westmark kam bis ins Viertelfinale und empfing dort im heimischen Kieselhumes den 1. FC Nürnberg. Der Club gewann mit 5:1, scheiterte aber anschließend im Halbfinale mit 1:3 an Vorjahresmeister Dresdner SC, der, wie es in der Kriegssonderausgabe des „Kicker/Fußball" hieß, „mit sorgfältig gesicherter Abwehr" zu imponieren wusste.

Die Dresdner waren einer der wenigen Vereine, denen es gelang, ihre Vorkriegsmannschaft fast komplett zusammenzuhalten. Im Team standen sieben Nationalspieler, darunter Torwart Willibald Kreß sowie die Stürmer Richard Hofmann und Helmut Schön. Der DSC wurde mit einem klaren 4:0 im Berliner Olympiastadion gegen den Luftwaffen-Sportverein Hamburg erneut Deutscher Meister. Ganz ohne Franken lief dieses Finale, zu dem trotz der Gefahr von Luftangriffen 70.000 Zuschauer gekommen waren, jedoch auch diesmal nicht ab. Als Gastspieler waren bei der Hamburger Soldatenmannschaft um Startorwart Willi Jürissen und Nationalverteidiger Reinhold Münzenberg mit dabei: Robert Gebhardt vom 1. FCN und der Ex-Fürther Ludwig Janda.

Am 1. August 1944 wurden alle überregionalen Sportveranstaltungen „im Zuge der weiteren Anpassung des deutschen Sports an die Erfordernisse der totalen Kriegsführung", so die Anordnung, abgebrochen. Auch der Pokal wurde nicht mehr ausgespielt. Auf regionaler Ebene jedoch kam es noch zum Anpfiff. In Bayern gab es sechs lokale Bezirksklassen, in denen zusammengewürfelte KSG-Mannschaften versuchten, ab Oktober einen Spielbetrieb aufrechtzuerhalten. Doch nach einigen Spielen sah man die Sinnlosigkeit des Unterfangens ein und brach die Saison endgültig ab.

Am 2. Januar 1945 flogen die Alliierten die bislang schwersten Luftangriffe auf Nürnberg. In dieser einen Nacht wurden rund 100.000 Menschen obdachlos, die Feuerwehr brauchte acht Tage, bis alle Brandherde unter

Kontrolle waren. Wenig später wurde Würzburg bei Bombenangriffen fast total zerstört. Wie in Nürnberg der Zabo wurde auch hier die Tribüne am Sportplatz an der Randersacker Straße ein Opfer der Flammen. Nicht viel besser sah es andernorts aus. Fußballspiele fanden aber auch unter diesen Bedingungen noch statt. Das letzte Derby vor Kriegsende gegen die SpVgg Fürth, das 149., stieg am 2. Februar. Der Club gewann mit 2:1.

Danach gab es keinen Fußball mehr, aber immer noch Kriegsopfer. Am 21. Februar fiel Karl Auer, Rechtsaußen der Fürther Meistermannschaft von 1926. Am 5. April starb das Club-Idol Hans Kalb „in Ausübung seines Dienstes als Militärarzt" an einer Blutvergiftung. Kurz darauf wurde Wolfgang Strobel, Rechtsaußen der Club-Meisterelf der 20er Jahre, beim Einmarsch der Alliierten mitten auf der Straße vom Fahrrad heruntergeschossen. Am 19. April erlag er im Krankenhaus von Bad Kreuznach seinen Verletzungen. Einen Tag später zelebrierten die Amerikaner in Nürnberg eine Siegesparade auf dem Hauptmarkt, dem ehemaligen Adolf-Hitler-Platz.

1945 – 1962

IM SÜDEN GANZ OBEN

Auferstanden aus Ruinen

Stunde Null in Franken: Im Fürther Ronhof die Tribüne nach einem Fliegerangriff ein Opfer der Flammen, Nürnberg abgebrannt, der Zabo zertrümmert, sein Rasen mit Bombenkratern übersät, am Schönbusch in Aschaffenburg dasselbe Bild. In Bayreuth ein Drittel der Häuser zerstört, Tausende von Flüchtlingen drängten sich in der Stadt, der Fußballplatz eine Wildnis. Auch Würzburg und Schweinfurt waren von Bombenangriffen schwer gezeichnet. In der Kugellagerstadt war die Einwohnerzahl, ursprünglich 60.000, fast um die Hälfte zurückgegangen. Als einzige größere Stadt in Franken ist Bamberg von Kriegszerstörungen weitgehend verschont geblieben.

Trotzdem gab es bald wieder Fußball. Überall packte man an und reparierte die zerstörten Sportplätze, und wo etwas fehlte, improvisierte man eben, so gut es ging, erzählt zum Beispiel das Bayreuther Fußball-Idol der Nachkriegszeit, Fritz Semmelmann: „Unsere ersten Sporthosen waren Hakenkreuzfahnen aus dem Dritten Reich. Das war ein roter Stoff. Und da haben wir Rot-Weiß gespielt. Obwohl unsere Farben ja Gelb-Schwarz waren."

Schauplatz des ersten großen Spieles in Franken war am 23. September 1945 der Fürther Ronhof. Der war zwar, genauso wie der Zabo, zunächst von den Amerikanern besetzt, doch da der zuständige Offizier Sohn eines gebürtigen Zirndorfers war, erhielten die Fürther, anders als die Nürnberger,

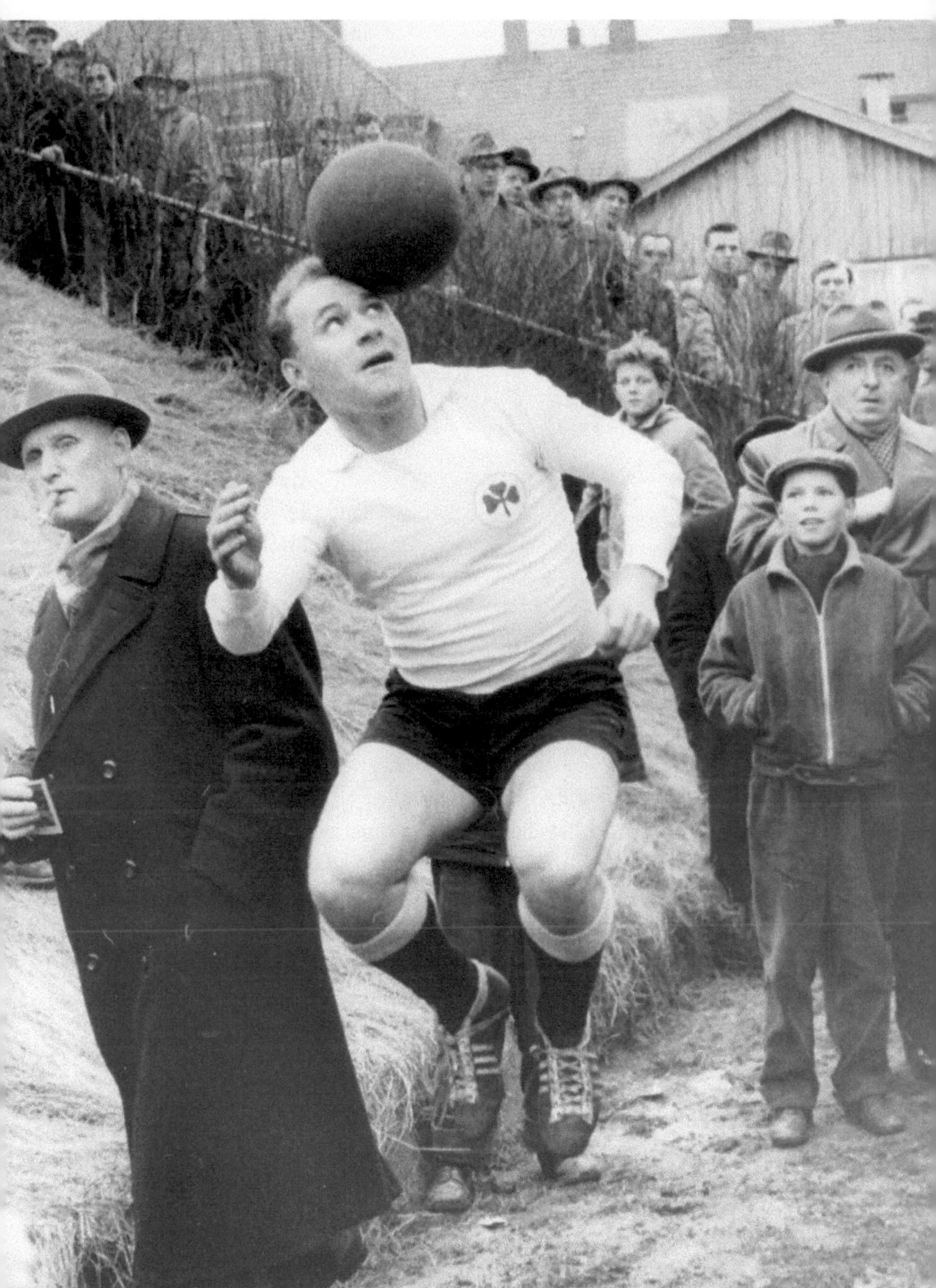

Herbert „Ertl“ Ehrhardt von der SpVgg Fürth. Auf dem Platz ist er der Meister des Tacklings, wie er selbst meint, „alles andere als ein Sensibelchen.“

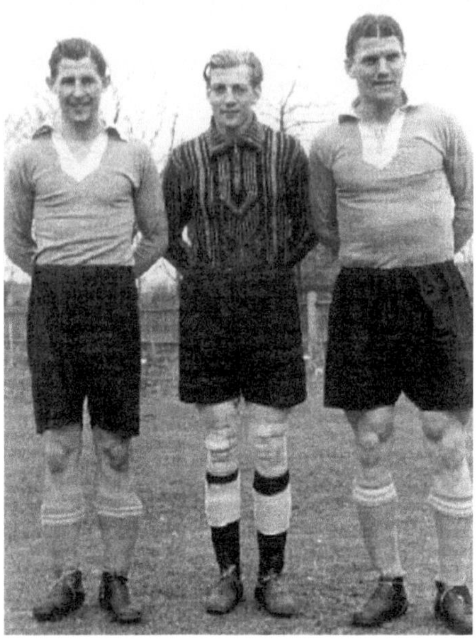

Georg Neubert, Kurt Then und Fred Hoffmann vom Bayerischen Landesligameister 1946, dem 1. FC Bamberg.

ihren Platz frühzeitig wieder zurück. Das erste Spiel war natürlich ein Derby. Vor 8.000 fußballhungrigen Zuschauern gewann der 1. FCN gegen die SpVgg mit 3:2.

Als die Kickers in Würzburg das erste Nachkriegsderby gegen den FV 04 gewannen, hatte die Saison in der neuen Fußball-Oberliga Süd bereits begonnen. Seine Heimspiele trug der Club zunächst im Fürther Ronhof aus. Wieder von Alv Riemke trainiert, fand der Altmeister schnell in die Erfolgsspur zurück und stürmte sofort an die Spitze. Nach einem Schnitzer zu Hause, also im Ronhof, gegen die Stuttgarter Kickers (0:5) schloss Schwaben Augsburg zum Club auf.

Beim Duell gegen den Verfolger Anfang Mai platzte der Ronhof aus allen Nähten. Als die Nürnberger mit 3:1 gewonnen hatten, lief alles auf ein Endspiel zwischen dem 1. FCN und dem VfB Stuttgart hinaus. Am 30. Spieltag, im direkten Vergleich mit dem VfB Stuttgart, zog der Club, durch einen Platzverweis von Goalgetter Hans Pöschl geschwächt, mit 0:1 den Kürzeren. Am Ende hatte der VfB mit einem Punkt die Nase vorn und war damit der erste Meister der Oberliga Süd. Schweinfurt 05 (7.) und die SpVgg Fürth (13.) spielten in dieser Saison mit, ohne besonders auffällig zu werden.

Als Unterbau der Oberliga waren ebenfalls bereits im November 1945 Landesligen geschaffen worden. Meister der eingleisigen Landesliga Bayern und damit Direktaufsteiger war der 1. FC Bamberg. Die Sportpresse fragte erstaunt: „Wer ist denn da eigentlich aus Bamberg?“ Den Aufstieg hatte der kurzfristig verpflichtete Trainer „Bumbes“ Schmidt mit alten Spezis wie Fritz Wilde, dem Essener Clemens Wientjes und dem Dresdner Fritz Machate bewerkstelligt.

Die „Domreiterelf“ – mit dem Bamberger Reiter auf violettem Hintergrund im neuen Vereinswappen – startete furios. Nach vier Spielen hatte man vier Siege auf dem Konto, darunter ein 2:1 gegen den 1. FCN. Dann brachen die „Violetten“ ein. Der Grund: Leistungsträger wie Machate und Wilde hatten sich dem FC St. Pauli angeschlossen, auch Wientjes, der es 1952 als Essener zu zwei Länderspielen bringen sollte, hatte den Verein wieder verlassen. Mit Spielern wie dem Fürther Fred Hoffmann und den ehemaligen Club-Spielern Ernst Luther und Hans Schäfer – der übrigens sowohl als Mittelstürmer wie als Torwart eine gute Figur machte – kämpften sie bis zum Schluss und landeten schließlich auf dem drittletzten Platz.

Zweiter fränkischer Aufsteiger des Jahres 1946 war Viktoria Aschaffenburg, der Gruppenmeister der Landesliga Hessen-Ost. Nach zwei Siegen über den SV Wiesbaden und zwei weiteren Entscheidungsspielen gegen den FC Rödelheim, die aus unerfindlichen Gründen angesetzt waren, hielten sie sich in der Oberliga Süd tapfer. Kurios war das 6:2 bei Phönix Karlsruhe: Die Aschaffenburger führten mit 2:1, da stellte plötzlich Phönix-Torwart Gauß die Arbeit ein und ließ völlig ungerührt vier weitere Bälle passieren – bis ihn seine eigenen Mitspieler endlich aus dem Tor jagten.

Obwohl sie 111 Gegentore kassierten, stiegen die Aschaffenburger nicht ab. Am Ende hatte die Viktoria fünf Punkte mehr als die Bamberger und damit den Klassenerhalt geschafft. Ihrerseits fünf Punkte mehr als Aschaffenburg sammelten die Kleeblättler und landeten damit genau in der Mitte der Tabelle (38:38 Punkte), Schweinfurt lag mit 40 Punkten einen Rang darüber.

Erster Meister nach dem Krieg

Die Schlagzeilen gehörten in der Saison 1946/47 nur einem: dem Club. Von Anfang an legten Pöschl, Morlock & Co. los und überrollten ihre Oberliga-Gegner. Markenzeichen war eine Überfalltaktik: Teilweise mit sieben Stürmern erzwang man die Entscheidung binnen weniger Minuten. Bereits fünf Spieltage vor Saisonschluss stand der 1. FC Nürnberg als Meister fest.

Am Saisonende hatte die Torfabrik aus Hans Pöschl, Max Morlock, Herbert Herbolsheimer, Julius Übelein und Zapf Gebhardt 108 Tore auf ihrem Konto. Pöschl holte sich mit 38 Treffern in 38 Spielen die Torjägerkrone. Getrübt wurde die Freude nur durch den Tod von Torhüter Schorsch Lindner. Der erstklassige Keeper starb mit 26 Jahren an TBC. Seine Stelle nahm der Schlesier Edi Schaffer ein, der zuvor beim VfL Neustadt bei Coburg im Tor stand.

Die Experten waren sich einig: Der Club hätte das Zeug zum Deutschen Meister. Doch eine Endrunde gab es noch nicht. Im nächsten Jahr war die Meisterschaft dann beschlossene Sache. Die Frage war nur: Würde es auch einen gesamtdeutschen Meister geben? Aber der Reihe nach.

Der 1. FCN eilte auch in der Saison 1947/48 von Sieg zu Sieg. Seppl Schmitt, Ex-Meisterspieler und nun Trainer, erläuterte das Erfolgskonzept pfiffig: „Wir spielen kein System, wir spielen Fußball, das ist unsere Zauberformel.“ Der Club, der laut Schmitt „mit Kopf und Beinen zuweilen auch mit halber Kraft zu gewinnen“ vermochte, blieb für den Rest der Saison ganz oben in der Oberliga

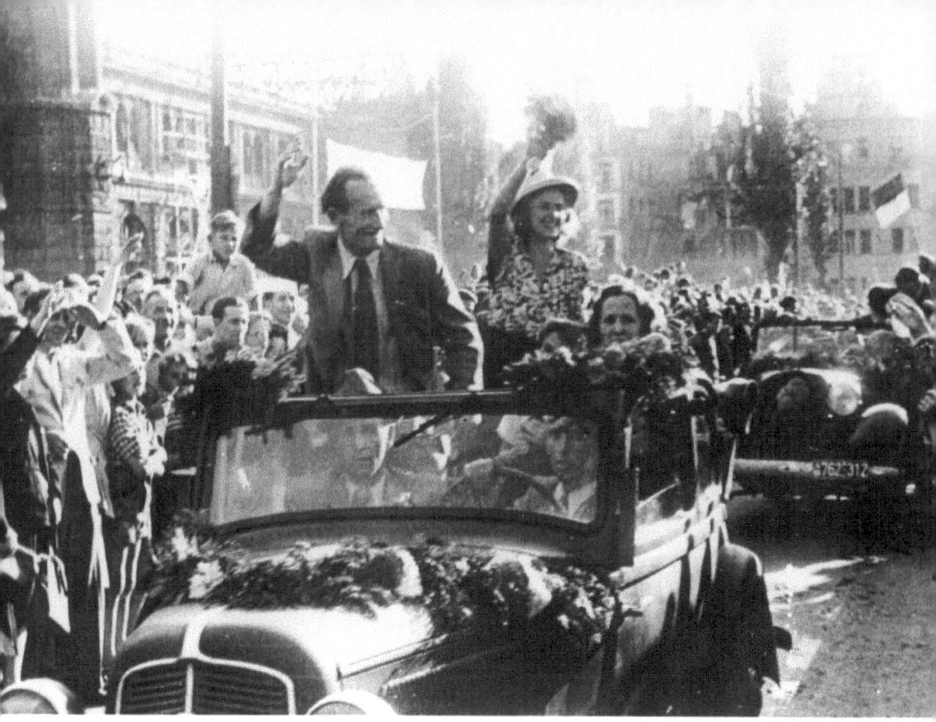

Abel Überlein beim Autokorso nach der Meisterschaft 1948

Süd und stand bereits Anfang Juni 1948 vorzeitig als Meister fest. Glänzend war nicht nur die Offensive mit dem treffsicheren Morlock (30 Tore), sondern auch die Defensive: In 38 Spielen ließ die Abwehr um den gefürchteten Schorsch Kennemann – „Wo ich gespielt habe, da war immer was los!" – lediglich 37 Gegentore zu.

In der Vorrunde um die Deutsche Meisterschaft war nun das Spiel 1. FCN gegen den Ostzonen-Meister SG Planitz angesetzt. Zu diesem Spiel kam es jedoch nicht. Die in den drei Westzonen durchgeführte Währungsreform hatte heftige Spannungen zwischen West und Ost hervorgerufen. Die Sowjets blockierten Berlin, die Amerikaner versorgten die Stadt per Luftbrücke, und die SG Planitz durfte nicht nach Stuttgart zum Spiel gegen den 1. FCN reisen.

So kam der Club spielfrei direkt ins Halbfinale. In Mannheim schlug er den FC St.Pauli nach Verlängerung knapp mit 3:2. Am 8. August stieg vor 70.000 Zuschauern im Müngersdorfer Stadion in Köln das Westzonen-Finale. Gegner war der Verein von Fritz Walter, der 1. FC Kaiserslautern. Im Angriff wie in der Verteidigung gleichermaßen überlegen, lag der Club durch Tore von Konrad Winterstein und Hans Pöschl bereits nach 24 Minuten mit 2:0 vorne. Erst in der zweiten Hälfte, als der Club die Sache gemütlicher angehen ließ, kamen die Lauterer zu Chancen.

Nachdem Abel Übelein in der 62. Minute einen Schuss unfreiwillig ins eigene Gehäuse abgefälscht hatte, drohte das Spiel zu kippen. Doch der Pfosten und ein überragender Torwart Edi Schaffer, der, wie die „Rheinpfalz“ hernach festhielt, „die schwersten Bomben aus den Ecken“ holte, retteten den Sieg und damit die erste Deutsche Meisterschaft nach dem Zweiten Weltkrieg..

Hunderttausende empfingen in Nürnberg die Meisterelf, die gegen Kaiserslautern in folgender Aufstellung angetreten war: Schaffer – Abel Übelein, Knoll – Bergner, Kennemann, Gebhardt – Herbolsheimer, Morlock, Pöschl, Winterstein, Hagen. Der Club war nach zwölf Jahren wieder da, wo er hingehörte: An der Spitze!

Durchstart von ganz Unten

Kurz nach dem Endspielsieg gaben die Amerikaner den Zabo wieder frei. Der Club durfte damit endlich wieder „richtige“ Heimspiele austragen und musste nicht mehr im ungeliebten Ronhof antreten. Schlecht bekommen aber war den Nürnbergern das „Heimrecht im Feindesland“ nicht. Ganz anders war es den Gastgebern ergangen. Während der 1. FCN seine siebte Meisterschaft feierte und sich wieder in dem Glanz sonnen konnte, alleiniger Rekordmeister zu sein, mussten die Fürther die bittere Pille des Abstiegs schlucken.

Negativer Höhepunkt war die Begegnung am 37. Spieltag gegen den VfB Mühlburg (dem heutigen Karlsruher SC), die unter skandalösen Umständen mit 2:3 verloren ging und heftige, allerdings vergebliche Proteste hervorrief. Schuld am Abstieg waren aber natürlich nicht nur die Vorkommnisse in Mühlburg. Ein Kommentator stellte die Diagnose, dass die Fürther „eine Sünde wider die eigene Natur“ begangen hätten, „indem sie vom Flachpass abgingen.“

Zusammen mit den Fürthern stieg auch die Aschaffenburger Viktoria ab, die den berühmten 65-fachen Nationalspieler Ernst Lehner als Spielertrainer verpflichtet hatte. In der Vorsaison hatte das „Fußball-Jahrbuch“ die Leistung der Mainstädter mit den Worten kommentiert: „In der Oberliga waren sie der Hecht im Karpfenteich. Heute schlugen sie den Club und morgen verloren sie 0:7 gegen die hinter ihnen rangierenden Neckarauer.“ Ein Jahr später lautete das Urteil: „Der Aschaffenburger Viktoria half auch Lehner nichts. Die Übermacht war zu groß, die innere Festigkeit der Elf nicht stark genug.“

Und zu den Schweinfurtern, die im Niemandsland der Tabelle herumeierten, meinte Hans Fiederer vom „Kicker“: „Blickt man nach Schweinfurt, so erhebt sich für viele die verwunderte Frage, dass eine Elf mit Spitzenkräften wie Kupfer-Kitzinger, dem Nationalspieler Bernard sowie den Auswahlspielern Gorski und Lotz bisher nicht zur Spitze vordrang.“ Der von Fiederer vermutete Grund: In Schweinfurt verzichtete man auf einen richtigen Trainer, sondern überließ die Sache den Altstars Kupfer und Kitzinger.

Von 1946 bis 1948, dem Abstiegsjahr der Fürther, war der Unterbau der Oberliga Süd die zweigleisige Landesliga. Meister in Nordbayern war 1947 Bayern Hof, 1948 der 1. FC Bamberg. Beide Vereine scheiterten jedoch in den

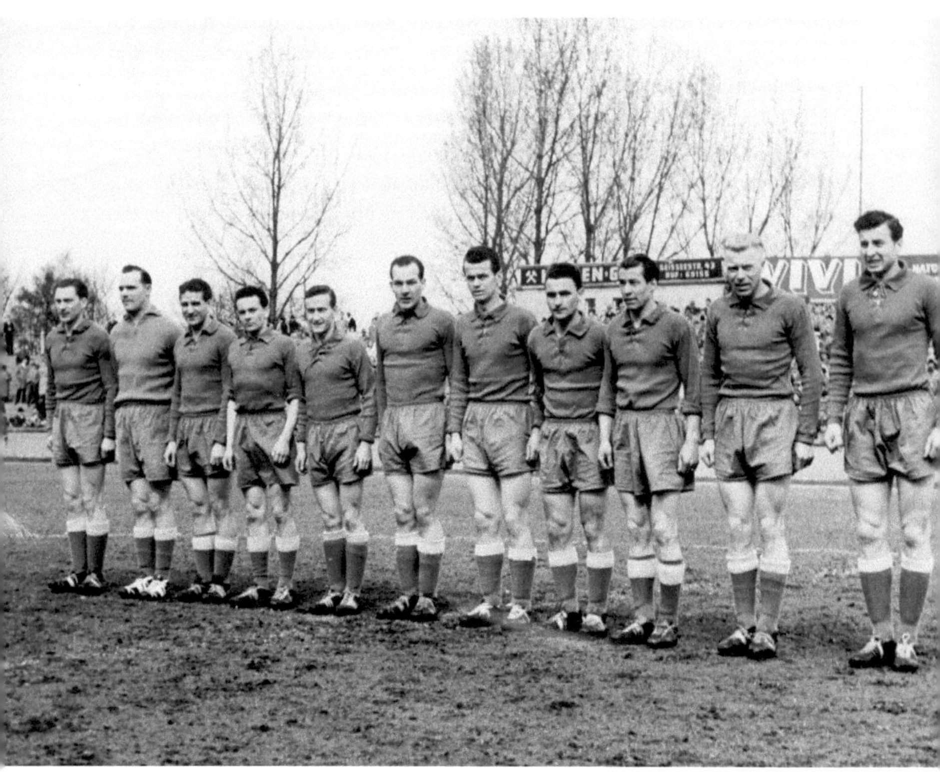

Die Mannschaft von Viktoria Aschaffenburg, die 1956 den größten Erfolg der Vereinsgeschichte erringt: 5. Platz in der Oberliga Süd. Von links: Budion, Fassler, Mirsberger, Hauner, O. Schmitt, Buller, Hoffmann, K. Schmitt, Rarrasch, Staab, Neuschäfer.

Aufstiegsduellen gegen die Vertreter Südbayerns, Wacker München bzw. BC Augsburg. In der neugegründeten Bayernliga, bis zur Einführung der 2. Liga Süd im Jahr 1950 Unterbau der Oberliga, kämpften sich die Fürther, die nun im Duell der Nachbarstädte nicht den 1. FCN, sondern den FSV Gostenhof 1883 zum Gegner hatten, mit Mühe nach oben. Die Gostenhofer landeten am Ende auf Rang 15, die Fürther hinter Regensburg auf Rang 2. In der Aufstiegsrunde lief das Fürther Kombinationsspiel dann besser. Gegen Kassel, Pforzheim und Zuffenhausen setzte man sich souverän mit 11:1 Punkten und 30:8 Toren durch.

Schweinfurt bewegte sich indessen in der Oberliga wie gewohnt im Mittelmaß und landete auf Platz 10. Das Besondere an diesem Ergebnis: Der 1. FCN, der amtierende Meister, rangierte am Ende der Saison noch einen Rang dahinter – mit negativem Punkt- und Torverhältnis (27:33 und 49:55). Grund für das schlechte Abschneiden waren nicht nur viele Verletzungen. Es war auch unübersehbar, dass Leistungsträger wie Schorsch Kennemann, Abel Übelein und Willi Billmann allmählich ihren Zenit überschritten hatten. Einziger Lichtblick der Saison war ein furioses 8:1 gegen Kickers Offenbach vor 40.000 Zuschauern in Nürnberg.

Im Jahr darauf mauserten sich die Kicker aus der Kleeblattstadt, die am Anfang der Saison noch belächelt wurden, zum großen Überraschungsteam. Angeführt von Spielertrainer Helmut Schneider starteten sie eine furiose Serie – nur gegen Schweinfurt gab es eine Heimniederlage - und landeten am Ende mit fünf Punkten Vorsprung vor dem Zweitplazierten VfB Stuttgart auf Platz 1. Torverhältnis: 77:39. 41 Treffer gingen allein auf das Konto der beiden Torjäger Horst Schade und Otto Brenzke. In dem wuchtigen Außenstürmer Horst Hoffmann und dem schussgewaltigen Supertechniker Max Appis hatten die Fürther weitere Offensivkräfte, die nicht nur spielen, sondern auch ins Tor treffen konnten.

Auch der wieder etwas stärkere Club, zu dem „Bumbes“ Schmidt als Trainer zurückgekehrt war, hatte dem nichts entgegenzusetzen. Am 6. November 1949 wurde der Club vor der Rekordzuschauerzahl von 30.000 mit 2:1 nach Hause geschickt, und auch im Rückspiel gewannen die Fürther mit 2:1.

In der Endrunde um die Deutsche Meisterschaft setzten die Fürther ihren Höhenflug mit einem 3:2 gegen Horst-Emscher und einem 2:1 gegen St. Pauli fort. Im Halbfinale kam schließlich der Absturz gegen den alten Rivalen VfB Stuttgart. Vor 60.000 Zuschauern in Frankfurt verloren die Kleeblättler deutlich mit 1:4. „Das Stuttgarter Rössle frisst den Klee, wie es ihn findet“, spotteten die Schwabenfans. Im Finale schlugen die Stuttgarter schließlich den Drittplatzierten der Oberliga Süd, die Offenbacher Kickers, mit 2:1.

Knapp vorbei ist auch daneben

Die Saison 1950/51 der Oberliga Süd sah drei Spieler aus drei verschiedenen fränkischen Vereinen an der Spitze der Torjägerliste: Es führte „Mister Club“ Max Morlock mit 28 Treffern vor dem Fürther Horst Schade (27) und dem Schweinfurter Fritz Meusel (23). Entsprechend war das Tabellenbild am Ende der Saison: Nürnberg auf Platz 1 vor Fürth, Schweinfurt erreichte mit Rang sieben das bisher beste Ergebnis in der Oberliga. Damit war die alte Hochburg Nürnberg/Fürth nach langer Zeit wieder einmal komplett in der Endrunde vertreten.

Zum Glanzstück der Toppteams aus Nürnberg und Fürth entwickelten sich neben dem Sturm vor allem die Läuferreihen. Bei Fürth waren es die von den alten Meisterspielern Konrad Krauß und Hans Hagen „großgezogenen“ Eigengewächse Herbert Erhardt und Richard Gottinger (Krauß’ Sohn), beim Club liefen nun neben dem kleinen Gerhard Bergner der Leipziger Gunter Baumann und der aus Schweinfurt gekommene Kurt Ucko auf. Seltsamerweise bekam Letzterer von den Einheimischen den Spitznamen „Ausländer“ verpasst.

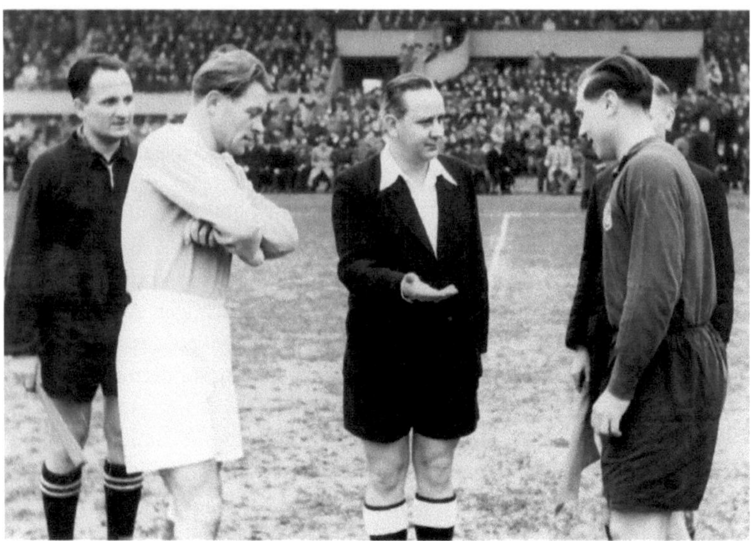

Dauerhaft in der Oberliga: Schweinfurt 05 gegen den 1. FC Nürnberg. Kupfer und Morlock vor dem Anstoß.

Die Meisterschafts-Endrunde wurde erstmals in zwei Gruppen ausgetragen, deren Sieger für das Finale qualifiziert waren. Die Fürther hielten in ihrer Gruppe zunächst gut mit – 2:2 in Kaiserslautern, 4:1 gegen St. Pauli -, scheiterten dann aber im Rückspiel gegen Kaiserslautern, als Max Appis einen Elfmeter verschoss, mit 1:3. Der Club machte es noch weitaus spannender. Erst ein ebenso sensationeller wie dubioser 8:2-Sieg von Preußen Münster bei Tennis Borussia Berlin am letzten Gruppen-Spieltag sorgte dafür, dass der Club haarscharf auf Platz zwei verwiesen und damit um seine Finalteilnahme gebracht wurde. Beide Vereine hatten 8:4 Punkte, deswegen musste, wie damals üblich, der Torquotient entscheiden (Plustore geteilt durch Minustore). Münsters Torquotient betrug 1,375 und war damit um knapp sieben Hundertstel besser als der vom Club (1,308). Immerhin verloren die Preußen anschließend zur Freude aller Franken im Finale gegen den 1.FC Kaiserslautern mit 1:2.

In der neuen Saison, nun wieder unter Alv Riemke, knüpfte der Club nahtlos an die Leistungen des Vorjahres an. Auch die wieder aufgestiegene Viktoria aus Aschaffenburg zeigte eine tolle Saison. Am heimischen Schönbusch verlor das von Spielertrainer Ernst Lehner getrimmte Team - oft mussten die Spieler im Training einen Mannschaftskameraden Huckepack nehmen und die Tribünenstufen rauf und runter rennen – kein einziges Spiel. „Die Mainbrücke war schwarz vor lauter Menschen" hieß es jedes Mal vor dem Anpfiff an den Spieltagen. Höhepunkt der Saison war ein 1:1 gegen den 1. FCN vor der Rekordzahl von 19.000 Zuschauern.

Dass die Gastteams im Hexenkessel am Schönbusch weiche Knie bekamen, war kein Wunder. Heinz Budion, ein technisch beschlagener Linksfuß, der als Spielmacher und Torschütze für seine Aschaffenburger so wichtig war wie Max Morlock für den Club: „Die Zuschauer waren so dicht am Platz, die konnten Spieler und Schiedsrichter berühren, wenn sie den Arm rausstreckten."

Nach dem letzten Spieltag fanden sich die Aschaffenburger Kopf an Kopf mit den Fürthern, deren Torfabrik ins Stocken geraten war, im Mittelfeld. Am Tabellenende konnten die Schweinfurter gerade noch so eben den Abstieg vermeiden, und an der Tabellenspitze ging es wieder einmal knapp aus. Erst im letzten Spiel holte sich der VfB Stuttgart mit einem 2:0-Heimsieg über den Club die Oberliga-Meisterschaft. In den Gruppenspielen um die Deutsche Meisterschaft hatte der Rekordmeister erneut Pech. Im letzten Spiel gegen den 1. FC Saarbrücken hätte ein Unentschieden zum Einzug ins Finale gereicht. Zur Halbzeit führte der 1. FCN 1:0, am Ende hieß es aber 1:3. Mit dem Ex-Bamberger Karl Bögelein im Tor schlug der VfB Stuttgart die Saarbrückener mit 3:2 und brachte seinen zweiten Meistertitel unter Dach und Fach.

Immer mit dabei

Den Aschaffenburgern ging nach drei Oberliga-Jahren 1954 die Luft aus. Als Tabellenletzter stiegen sie ab, kehrten allerdings nach nur einem Jahr Erstliga-Abstinenz wieder zurück und legten dann eine furiose Saison 1955/56 hin, die sie am Ende auf Platz 5 sah. Der neue Trainer Ludwig Janda hatte ein spielstarkes Team geformt: In der Abwehr den „einmaligen" Nationalspieler Rudi Hoffmann als Mittelläufer sowie Helmut Buller und der Ex-Cluberer Alfred Mirsberger als Verteidiger; im Mittelfeld Spielmacher Heinz Budion und der laufstarke Otto Schmitt; vorne Routinier Hubert Staab, sowie Hans Neuschäfer und Kurt Hauner. Kurioserweise überzeugten sie diesmal weniger mit ihrer Heimstärke, sondern mit der besten Auswärtsbilanz aller Oberligisten.

Mit nachlassender Leistung hielten sich die Aschaffenburger bis 1959/60 in der Oberliga. Da hatte gerade Ernst Lehner wieder das Kommando übernommen, und wieder musste er mit seinen „Aschebergern" absteigen. Es war äußerst knapp, denn wie beim Duell 1. FCN/Preußen Münster entschied auch hier der Torquotient: Aschaffenburg hatte gegenüber Ulm nur ein um zwei Hundertstel schlechteres Torverhältnis. (39:64 für Ulm, 43:73 für Aschaffenburg).

Während sich die Aschaffenburger als Fahrstuhlmannschaft erwiesen, überzeugten die Schweinfurter durch Konstanz. Die Nullfünfer stellten regelmäßig die älteste Mannschaft, sie brauchten während einer Saison nur wenige Spieler und gerieten, mit der Ausnahme von 1951/52, auch nie in Abstiegsgefahr. Als große Schwäche erwies sich immer wieder der Sturm. 1952/53 wurden die „Schnüdel" zwar Fünfter, hatten aber dennoch ein negatives Torverhältnis (40:51).

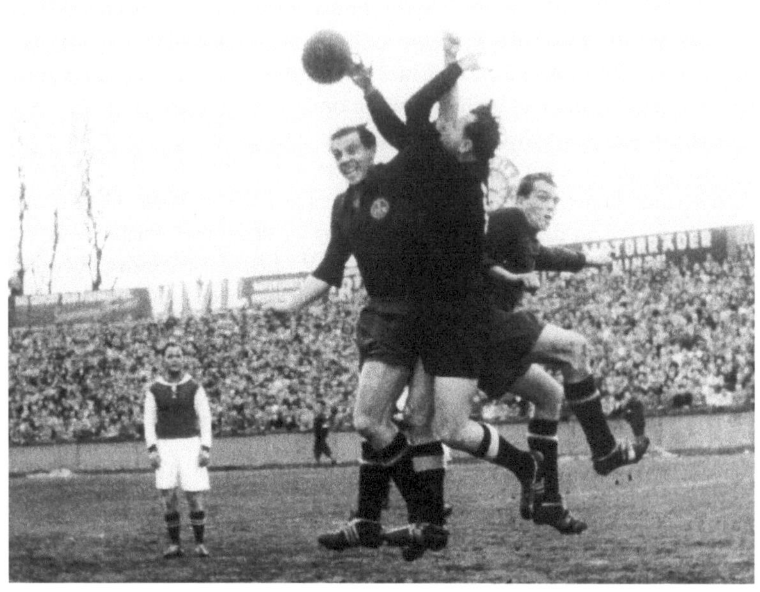

Turbulente Szene vor dem Tor von „Schnüdel"-Keeper Käser. Aus dem Spiel 1. FCN gegen Schweinfurt 05 am 27. März 1955. Der Club verliert am Ende mit 2:3.

1953, genau hundert Jahre nach der Einführung des Tretkurbelfahrrads und fünfzig Jahre nach der Erfindung der Torpedo-Freilaufnabe, kam mit dem Amtsantritt des Trainers Fritz Teufel frischer Schwung in die Kugellager-Stadt Schweinfurt. Nach Albin Kitzinger und Robert Bernard hängten mit Ander Kupfer und Paul Gorski die letzten großen Stars aus der Vorkriegszeit die Fußballschuhe an den Nagel. Es blieben die alten Kämpen Karl „Molli" Kupfer, ein Mann, der als Stürmer, Läufer und Verteidiger gleichermaßen taugte, der erstklassige Fritz Käser im Tor sowie der routinierte Abwehrspieler Ludwig Merz (mit 384 Spielen in der Oberliga Rekordmann der Nullfünfer).

Mit den „Alten" sowie jüngeren Spielern wie Walter Lang und Erwin Aumeier baute der neue Trainer nun das erfolgreichste Schweinfurter Team der Oberligazeit auf. 1954 landeten sie mit immerhin 53 Toren auf Rang acht (18 Treffer erzielte Heinz Rath), und 1955 wurden die „Schnüdel" punktgleich mit dem Zweiten SSV Reutlingen Dritter und waren damit bester bayerischer Verein. Die alten Stärken, Kampfkraft und Einsatz, hatten endlich einmal wieder Früchte getragen.

Im Jahr darauf verfiel man wieder ins Mittelmaß. Grund war die alte Schwäche: gegen die „Großen" spielte man gut - Höhepunkte der Saison waren ein 1:0 gegen den VfB Stuttgart und ein 3:0 gegen den Club - gegen

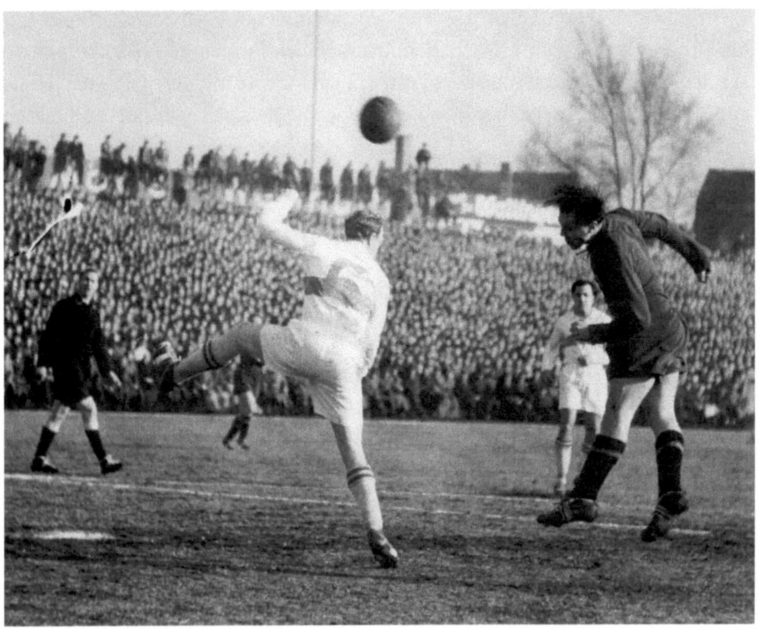

Max Morlock bringt gegen den Dauerrivalen des Clubs, den VfB Stuttgart, in typischer Manier einen Kopfball an. Das Club-Idol hält den absoluten Oberliga-Rekord: 451 Spiele und 286 Tore.

vermeintlich schwächere wie die Schlusslichter Reutlingen und 1860 München, leistete man sich Niederlagen. Auch in den letzten Oberligajahren spielten die Schweinfurter, die „Unabsteigbaren", wie immer unauffällig mit. Große Schlagzeilen produzierten sie nur noch dreimal: 1957 und 1958, als sie ins süddeutsche Pokalfinale gelangten, und 1962, als mit Torwart Günter Bernard der bislang letzte „Schnüdel" sich das Nationaltrikot überstreifen durfte.

Wenig Ruhm für die Altmeister

Immer mit dabei waren natürlich auch die beiden Altmeister aus Mittelfranken, aber sie leisteten sich in der ersten Hälfte der 50er Jahre nicht nur gegen die Schweinfurter Niederlagen. Weder die Fürther noch der 1. FCN bekleckerten sich bis 1956 mit Ruhm. Einzige Ausnahme war der überraschende Sieg der deutschen Nationalmannschaft bei der Fußball-WM 1954 in der Schweiz. Der zuverlässige Läufer Karl Mai aus Fürth, der im Verein bis 1952 noch als Stürmer aufgelaufen war, legte den ungarischen Starspieler Kocsis an die Leine, der Nürnberger Max Morlock brillierte als unermüdlicher Ballschlepper und Torjäger.

Im Endspiel gegen Ungarn war es sein wichtiger Anschlusstreffer zum 1:2, der für die Wende sorgte. Nach dem triumphalen Empfang in Nürnberg sagte er: „Ich habe jetzt nur noch einen Wunsch: Ich möchte mit dem Club nochmals eine Deutsche Meisterschaft holen." Morlock sollte sich noch lange gedulden müssen.

Der 1. FC Nürnberg hatte an dem zweimaligen unglücklichen Scheitern in der Meisterschaft schwer zu knabbern. Toni Kugler, der Verteidiger aus der Meisterelf der 20er Jahre, löste zwar Alv Riemke als Trainer ab, doch mit dem Altmeister ging es in der Saison 1952/53 abwärts: Im Oktober hatte er vorübergehend sogar die rote Laterne. Vor allem wegen der löchrigen Abwehr (61 Gegentore) reichte es am Ende zu nicht mehr als dem achten Platz. In der nächsten Saison wurde es dann besser. Horst Schade, der Fürther Torjäger, hatte die Fronten gewechselt. Mit 71 Treffern erzielte der Club-Sturm die meisten Tore im Süden, am Ende reichte es dennoch nur zum vierten Platz.

Unter dem neuen Trainer Bimbo Binder lief es 1954/55 mit Rang neun wieder äußerst mäßig. Tiefpunkt war eine 0:6-Pleite beim VfB Stuttgart, einigermaßen versöhnlich war nur der letzte Spieltag: Ein 6:1 über den FC Bayern besiegelte den Abstieg der Münchner. Auch in der darauffolgenden Oberliga-Saison erwies sich der Nürnberger Sturm im gegnerischen Strafraum meist nur als ein laues Lüftchen. Am Ende standen nur 42 Tore auf der Habenseite, absoluter Minusrekord im gesamten Oberliga-Dasein des Clubs. Mehr als Rang sieben war mit dieser Bilanz nicht zu haben.

Die Fürther hatten vor allem den Weggang des Ausnahmefußballers Horst Schade zu verkraften. Gelang 1952/53 mit 22 Toren von Schade noch ein respektabler dritter Rang, so reichte es ohne den Torjäger in der Saison darauf nur mehr zum 11. Platz. Der schoss zwar wieder 22 Tore, nur zählten die diesmal für seinen neuen Verein, den 1. FC Nürnberg.

Auch in den nächsten zwei Spielzeiten kamen die Fürther über Mittelfeld-Plätze nicht hinaus. Schuld war vor allem der schwache Sturm. Der einzige Spieler, der in den Torschützenranglisten auftauchte, war Mittelfeld-Ass Max Appis. Als die Fürther 1955/56 mit Trainer „Bumbes" Schmidt sogar in den Abstiegsstrudel gerieten, stellte er kurzerhand die beiden Nationalspieler Ertl Erhardt und Karl Mai in den Sturm. Wie schon in der Abstiegssaison 1947/48 gab es auch diesmal große Aufregung, als die Fürther bei den mitgefährdeten Schwaben in Augsburg ein Abseitstor hinnehmen mussten: Alle Spieler verließen aus Protest vorzeitig das Feld. Am 0:2 war durch diese Aktion natürlich nichts mehr zu ändern. Immerhin erreichte man am Ende noch knapp das rettende Ufer.

Fürther Sturm im Zabo

Am 11. Spieltag der Saison 1956/57 lag der Club gut im Rennen – Platz 2 –, in zehn Spielen hatte er erst drei Gegentreffer hinnehmen müssen. Dann kam am Sonntag, dem 1. Oktober, der Tabellenvierte SpVgg Fürth in den Zabo. Es war wohl das sensationellste Derby in der langen Geschichte der Auseinandersetzungen zwischen den beiden Nachbarstädten. Im heimischen Stadion verloren die Nürnberger sage und schreibe mit 2:7. Der Schock der Niederlage hielt glücklicherweise nicht allzu lange an.

Der Club leistete sich keine weiteren Aussetzer und stürmte an die Tabellenspitze. Schon Anfang Mai 1957, zwei Spieltage vor Saisonende, stand der 1. FCN als Süd-Meister fest. In der Endrunde zur Deutschen Meisterschaft scheiterte er dann deutlich – es reichte nur zu Platz drei in Gruppe 1 -, aber schon zu Beginn der neuen Saison zeigte sich, dass die langfristig angelegte Aufbauarbeit von Trainer „Bimbo“ Binder Früchte trug. Zug um Zug baute er junge Talente – nach Heiner Müller folgten Torwart Roland Wabra und Richard Albrecht - in die Mannschaft ein.

Das zahlte sich aus. Günter Glomb (14), Max Morlock (14) und Heiner Müller (13) schossen mehr als die Hälfte der insgesamt 74 Tore dieser Saison. Das reichte für den zweiten Platz hinter dem Karlsruher SC und für den erneuten Einzug in die DM-Endrunde. Dort kam beim 4:3 gegen den 1. FC Köln erstmals Strehl zum Einsatz und zeigte als Rechtsaußen seine Qualitäten.

Glombs Hattrick gegen die Geißböcke nutzte jedoch nichts, denn nach einem Unentschieden gegen den FK Pirmasens verlor man wieder, wie schon im Vorjahr, gegen den Hamburger SV. Im Finale waren die Norddeutschen beim 0:3 gegen Schalke 04 jedoch ohne Chance. Die Schalker sicherten sich damit ihren siebten Titel und zogen wieder mit dem Club gleich.

Schalke 04, Hamburger SV, 1. FCN – die traditionsreichen Namen zählten wieder etwas im Konzert der Großen. Nur ein Name wollte nicht mehr ganz oben auftauchen: der des Altmeisters SpVgg Fürth. Der Kantersieg über den Erzfeind aus Nürnberg vom 1. Oktober 1956 war für die Kleeblättler so etwas wie ein letztes Aufleuchten einstiger Größe. Zwar hätte man 1957/58 noch einmal ganz nach oben kommen können, doch im entscheidenden Spiel gegen den Karlsruher SC gab es im Ronhof eine 1:2-Niederlage. Trainer Csaknady hatte vor dem Spiel Torjäger Kuhnert und Routinier Mai in die Reserve verbannt. So reichte es nur für Platz vier. In den Jahren danach bis zum Ende der Oberliga im Jahr 1963 kam man aus der unteren Tabellenhälfte nicht mehr heraus.

Nachdem der Sturm des Meisterteams von 1950 quer über Franken zerstreut war – Otto Brenzke und Horst Schade waren zum 1. FCN, Hans Nöth zu Schweinfurt 05 abgewandert -, hatten die Kleeblättler in der Offensive nichts Gleichwertiges mehr aufzubieten. Was blieb war eine eingespielte Defensive – Hans Bauer, Richard Gottinger und Herbert Erhardt brachten es zusammen

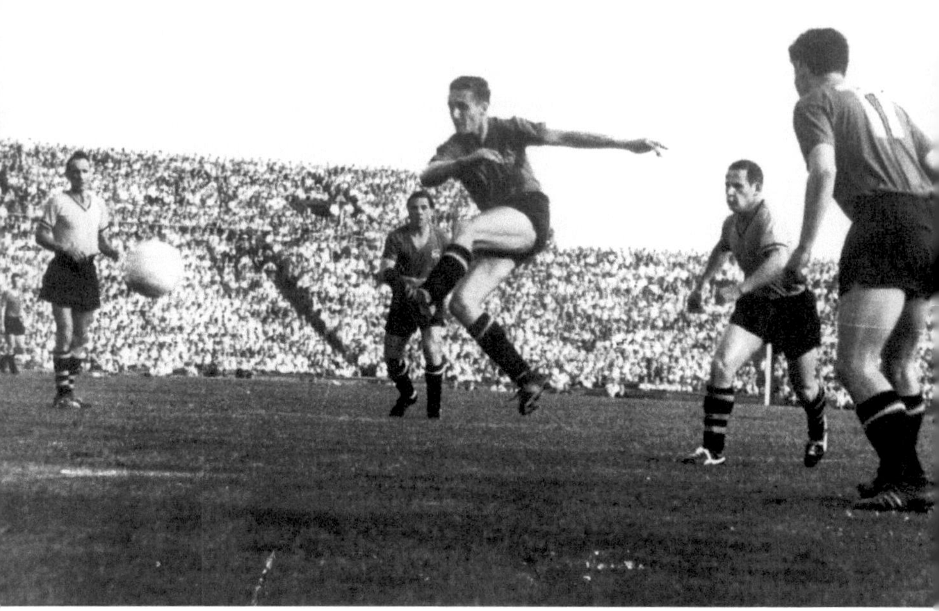

Heiner Müller, Schütze zum 2:0 im Endspiel 1961.

auf fast 1.000 Oberligaspiele . „Wir hatten zwar meistens eine der besten Abwehrreihen im Süden", so der eisenharte Routinier Herbert Erhardt, „schossen aber wenig Tore."

Der Weggang der beiden Ikonen des Fürther Fußballs markiert schließlich das endgültige Ende der großen Zeiten der Kleeblättler. 1958 wechselten Weltmeister „Charly" Mai und Torjäger Klaus Kuhnert zu Bayern München, 1962 folgte ihnen Rekordnationalspieler Herbert „Ertl" Erhardt. 50.000 DM Handgeld hatten die Münchener geboten, und Erhardt griff zu, weil er im Herbst seiner Karriere endlich auch mal ein bisschen was verdienen wollte.

Die jungen Wilden

Der Club setzte in dieser Zeit nicht auf teure Transfers, sondern vertraute weiter auf Eigengewächse. 1958/59 erzielten die Nürnberger mit 80 Toren zwar die meisten Treffer der gesamten Oberliga Süd, doch es reichte am Ende nur zum dritten Platz hinter Frankfurt und Offenbach. Im nächsten Jahr stellte Trainer Binder den jungen Heinz Strehl in die Sturmmitte. Mit 30 Treffern wurde der 20-Jährige auf Anhieb Torschützenkönig des Südens.

Paul Derbfuß und Helmut Hilpert bildeten zusammen mit dem jungen „Nandl“ Wenauer die Verteidigung, zwei Neunzehnjährige, Tasso Wild und Gustl Flachenecker, unterstützen die Offensive. Schon nach wenigen Spieltagen eroberte der Club die Tabellenspitze. Als dann aber Morlock fünf Monate pausieren musste, kam die Mannschaft aus dem Tritt und gewann bis zum Jahresende kein Spiel mehr.

Vor der Saison 1960/61 holte der Club einen neuen Trainer: Herbert Widmayer. Er blieb bei Binders „Jugendstil“. Aus der Club-Jugend kamen Steff Reisch, Kurt Haseneder und später noch Karl-Heinz Ferschl und Horst Leupold in die erste Mannschaft. Angeführt von Senior Morlock (36), der nach monatelangen Beschwerden wegen eines Senkfußes nun mit Einlagen spielte und wieder wie ein Junger auftrumpfte, stürmten die „jungen Wilden“ von Sieg zu Sieg.

Im Schnitt schossen die Nürnberger 3,2 Tore pro Spiel. Vor allem Strehl (22 Treffer), Flachenecker (16) und Wild (15) wirbelten die gegnerischen Abwehrreihen gehörig durcheinander. 23 Siege bei fünf Niederlagen und zwei Unentschieden und 96:30 Tore bedeuteten am Ende einen Vorsprung von sieben Punkten vor dem Tabellenzweiten Eintracht Frankfurt.

In der DM-Endrunde bissen sich Hertha BSC, der 1. FC Köln und Werder Bremen die Zähne am Club aus. Ungeschlagen wurde er Gruppenerster und ließ auch im Finale den Routiniers von Borussia Dortmund keine Chance (3:0). Kurt Haseneder per sehenswerten Flugkopfball, Heiner Müller und Heinz Strehl sorgten für die Treffer. Der Club war wieder ganz oben. Und mit dem achten Titel war er auch wieder alleiniger Rekordmeister. „Eure Meisterschaft“, jubelte Torwart-Legende Heiner Stuhlfauth, „wird mein Leben um zehn Jahre verlängern.“

Der Club im Pokalfieber

In der nächsten Saison wurde der Club erneut Südmeister und blieb in der Endrunde ohne Niederlage. Dann aber kam im Endspiel mit dem 1. FC Köln ein übermächtiger Gegner. Doch trotz des 0:4 ließ man sich nicht unterkriegen. Knapp vier Monate später holte der ohne Morlock angetretene 1. FCN mit einem 2:1 nach Verlängerung gegen Fortuna Düsseldorf zum dritten Mal den Pokal. Tasso Wild erzielte den Siegtreffer in der 93. Minute. Steff Reisch erinnerte sich später an die Szene: „Manni Krafft stoppt im eigenen Fünfmeterraum den Ball, zögert, und ehe er ihn wegschlagen kann, spurtet Tasso Wild von hinten heran und spitzelt den Ball über die Linie.“

Zu diesem Zeitpunkt hatte der Club auch im Europapokal für Aufsehen gesorgt. Am 1. Februar 1962 gelang, nach leichten Siegen gegen Drumcondra Dublin und Fenerbahce Istanbul, im Europapokal-Viertelfinalspiel gegen Benfica Lissabon ein sensationelles 3:1. An allen drei Toren war der beste Mann

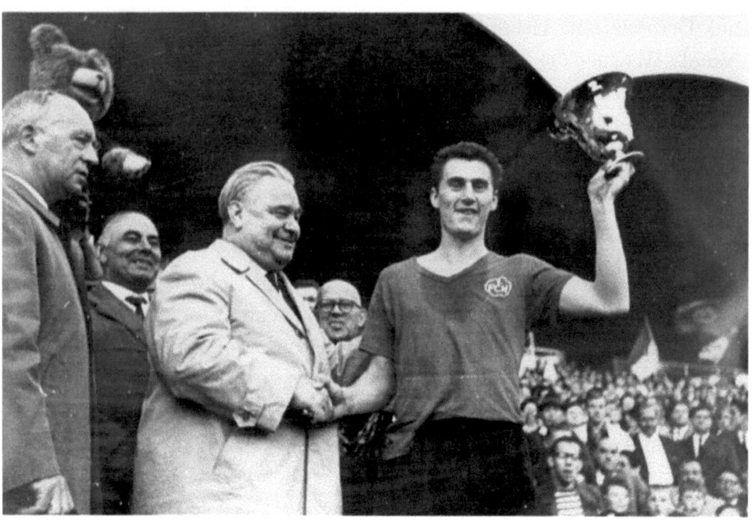

Nandl Wennauer hält am 29. August 1962 triumphierend den Pokal in die Höhe.

des Tages, Gustl Flachenecker, beteiligt: Zwei schoss er selbst, das dritte durch Strehl bereitete er mustergültig vor. Erst im Rückspiel drei Wochen später kam der Club mit 0:6 kräftig unter die Räder.

Der Traum vom Gewinn des Europapokals der Landesmeister war damit vorbei, doch nach dem Sieg im DFB-Pokal hatte man nun im Europapokal der Pokalsieger des Spieljahres 1962/63 die Chance zur Wiedergutmachung. Nach Erfolgen über AS St.Etienne (0:0 und 3:0) und BK Odense (6:0, 1:0) stand der Club bereits im Halbfinale. Dort traf er am 10. April 1963 vor ausverkauftem Haus im Städtischen Stadion auf den spanischen Pokalsieger Atletico Madrid. Mit dabei war wieder Max Morlock, der kurz zuvor seinen „Rücktritt vom Rücktritt" erklärt hatte.

Morlock konnte den frühen Rückstand nicht verhindern, doch dann trieb er seine Jungs nach vorne. Tasso Wild gelang es schließlich, mit zwei Toren das Blatt noch wenden. Die Spanier wehrten sich nun mit allen Mitteln. Nach vom Schiedsrichter ungeahndeten Tätlichkeiten gegen Strehl und Reisch stürmten einige Clubfans wutentbrannt auf das Spielfeld. Erst nach einer längeren Unterbrechung konnte das Spiel noch zu Ende gebracht werden.

Nach den Vorkommnissen in Nürnberg waren die Messer für das Rückspiel gewetzt. Vor 115.000 Zuschauern spielten die Spanier wie aufgedreht und lagen bis zur 57. Minute mit 2:0 vorne. Der Club gab in der letzten halben Stunde alles, scheiterte aber immer wieder an Torwart Madinabeytia. Das eine Tor, das ein Entscheidungsspiel bedeutet hätte, wollte nicht fallen. Trainer Herbert Widmayer jammerte nach dem Abpfiff: „Der Club war einem Europacup-Endspiel nie zuvor so nahe."

Während der 1. FC Nürnberg es im Europapokal versäumte, den vielen Erfolgen des Vereins einen weiteren hinzuzufügen, gelang es ihm in der Oberliga, hinter dem TSV 1860 München den zweiten Platz zu erobern. Auf Platz drei – und damit nicht in der Bundesliga – landeten die Bayern.

Auch ein 1:0 in Fürth, das pikanterweise auch noch vom als „Verräter" beschimpften Herbert Erhardt erzielt wurde, hatte ihnen am Ende nichts genützt. Der Traum des 1. FCN, letzter „Endrundenmeister" zu werden, scheiterte deutlich. Erneut war der 1. FC Köln der Stolperstein, und erneut gab es eine Niederlage mit vier Toren Unterschied – 0:4 hatte man im Vorjahr verloren, 2:6 lautete das Ergebnis diesmal.

Der Letzte in der ersten Klasse

Der letzte fränkische Verein, der den Aufstieg in die Oberliga Süd schaffte, war der FC Bayern Hof. Schon zweimal (1947 und 1950) waren die Oberfranken

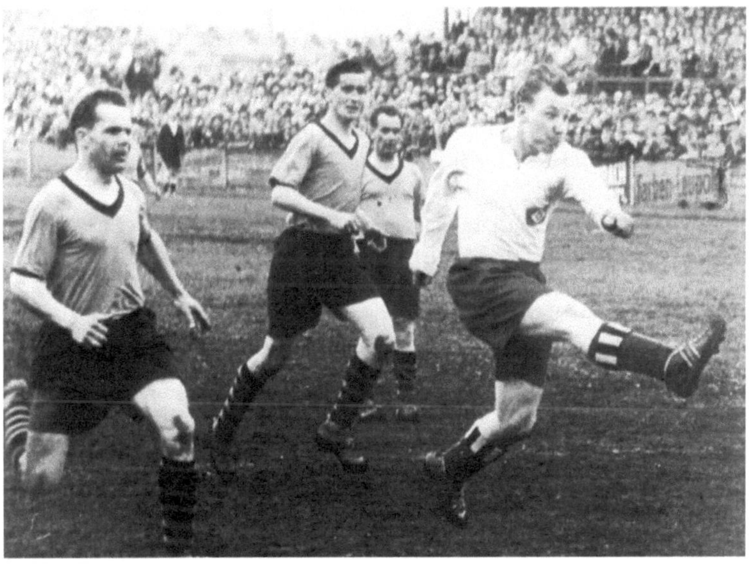

Hoher Besuch auf der „Grünen Au" in Hof: Im Juni 1954 spielen die Bayern in einem Freundschaftsspiel gegen den Hamburger SV (2:4).

knapp in der Aufstiegsrunde gescheitert. Das „Wunder", der Oberliga-Aufstieg eines Vereins, der im letzten Winkel Westdeutschlands lag, sozusagen „am Arsch der Welt", gelang dann 1959. Bis dahin war der FC Bayern und die Stadt Hof in Deutschland nahezu unbekannt gewesen. Bei Auftritten der Fußballer aus Oberfranken hieß es manchmal, dass es sich um einen Verein aus dem „Bayerischen Wald" oder gar aus der „Ostzone" handele.

Trainer war seit 1956 der Ex-Aschaffenburger Fred Hoffmann. Er war ein Übungsleiter, der auf die Kondition seiner Spieler besonderen Wert legte: „Als ich nach Hof kam, war die Hälfte der Mannschaft zu dick. Deshalb musste ich erst einmal den Speck abtrainieren."

Engagiert hatte den Erfolgstrainer der Mann, der als der eigentliche „Vater" des Hofer Fußball-Wunders gilt: Armin „Papa" Möbius. Der gebürtige Sachse, der 1949 in den Westen „rübergemacht" und danach in Hof und kurzzeitig beim 1. FCN gekickt hatte, war 1956 zum Spielausschussvorsitzenden gewählt worden. „Was will denn der Sachsenbeutel hier", hatten sich die alten Kämpen aus der Sängerabteilung, namentlich Karl Panzer, beschwert. Möbius' Antwort: „Drei Jahre müsst ihr mir Zeit geben. Wenn ich es nicht schaffe, dann könnt ihr mich wegschicken." Nach dreieinhalb Jahren waren die Hofer aufgestiegen. „Die Sängerabteilung hat sich entschuldigt. Und ich war der König hier."

Da sich die Bayern aufgrund ihrer chronischen Finanzschwäche keine großen Sprünge erlauben konnten, betätigte sich Möbius vor allem in der unmittelbaren Nachbarschaft als Talentejäger. Das Gros des in der Oberliga erfolgreichen Teams stellten gebürtige Hofer, von denen viele aus dem „Verdl", dem Arbeiterviertel, stammten. Die wichtigsten Spieler waren die Brüder Winterling (Hans der Torhüter, Heinz der Läufer), Regisseur Waldi Greim, Erwin Saalfrank, Werner Winterstein. Andere Spieler holte Möbius aus der Umgebung, z.B. Alfred Horn (VfB Bayreuth) und Torjäger Siegfried Stark (FC Lichtenfels), der es in den drei Hofer Oberliga-Spielzeiten auf 85 Einsätze und 28 Treffer brachte.

In ihrem ersten Oberligajahr mussten die Hofer ordentlich Lehrgeld bezahlen: 0:11 bei Eintracht Frankfurt und 1:10 beim KSC. Armin Möbius richtete die Spieler auf: „Ihr könnt viel mehr, als es in den bisherigen Ergebnissen zum Ausdruck kommt!" Auch die Zuschauer nahmen der Mannschaft die Niederlagen nicht übel. Bei jedem Spiel war das Stadion „Grüne Au" proppenvoll, die 1.335 Sitzplätze auf der 72 Meter langen überdachten Holztribüne auf der Nordseite, die 1949 von dem Vereinsvorsitzenden und Holzhändler Heinz Landscheidt initiiert worden war, waren jedes Mal ausverkauft.

Die Fußballer im gelben Trikot taten alles, um die Begeisterung der Zuschauer mit sportlichen Erfolgen zu belohnen: In der Rückrunde konnten sie viele Siege, darunter ein 1:0 gegen den Europapokal-Finalisten Eintracht Frankfurt, und schließlich am Ende den Klassenerhalt bejubeln. Im Mai 1960 schrieb die Münchner „Abendzeitung": „Das ist die große Überraschung: Deutschlands fußballfreudigste Städte liegen nicht im Westen, sondern im Süden. Die fußballfreudigste Stadt ist weder Köln noch Gelsenkirchen oder eine andere Großstadt, sondern Hof im bayerischen Franken. Die Stadt hat nur 57.000 Einwohner, aber 173.000 Personen kamen zu den Heimspielen des FC Bayern Hof. Mit anderen Worten: Jeder Einwohner, angefangen vom Säugling bis zum Greis, war mehr als dreimal auf dem Fußballplatz. ... Man muss die Fußballbegeisterung in Hof ehrlich bewundern."

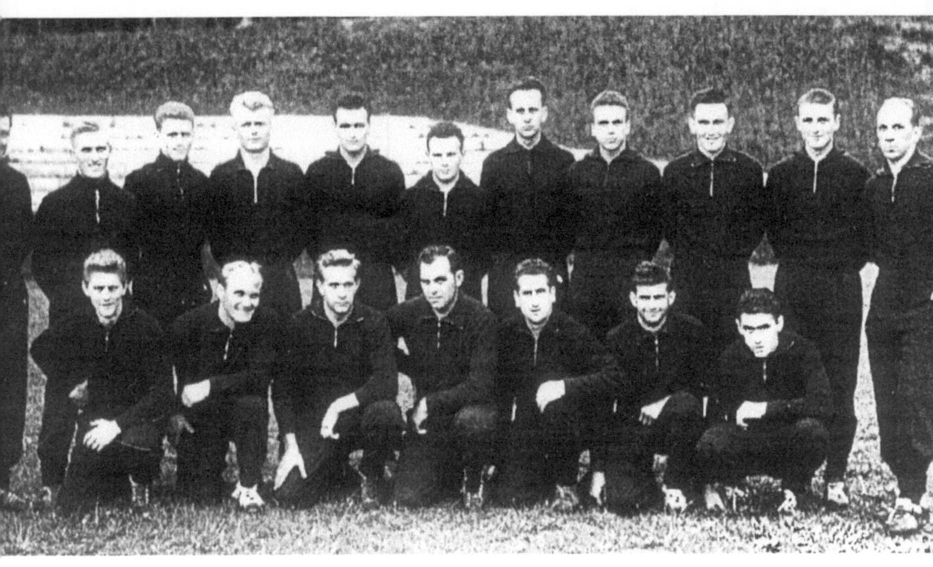

In der Saison 1959/60 trainiert Fritz Walter (ganz links) den VfL Neustadt/Coburg und bewahrt die Oberfranken vor dem Abstieg aus der 2. Liga Süd.

Auch im zweiten Jahr gab es noch deftige Niederlagen, so ein 0:8 beim Club am dritten Spieltag. Trotzdem stiegen die Bayern nicht ab. Regisseur „Waldi" Greim betont, dass man stolz darauf gewesen sei, in der Oberliga „gegen Mannschaften mit fünf, sechs Nationalspielern" zu spielen. Dass man vor denen nicht übertrieben viel Respekt haben muss, lernten die Spieler unter Hoffmanns Nachfolger Gunter Baumann, der unentwegt schachbrettartige Spielzüge einüben ließ: „Lasst nur den Ball laufen, die Stars laufen nicht hinterher und bemühen sich."

1961/62 waren die lauf- und kampfstarken Hofer für ihr traumwandlerisch funktionierendes Direktpassspiel bereits gefürchtet und erreichten Rang sechs. Herausragendes Ergebnis der Saison war ein 5:0 beim Namensvetter FC Bayern München. Der Sieg erschien dem Rundfunksprecher so unfassbar, dass er zunächst einen überlegenen „Bayern-Sieg" verkündet hatte. Er hatte die Münchner Bayern gemeint. Hinterher musste korrigiert werden. Nicht 5:0 für Bayern, sondern 0:5 für Bayern war das richtige Ergebnis. Gewonnen hatten die „kleinen" Bayern aus Hof durch Tore von Klaus Fischer (2), Siegfried Stark (2) und „Waldi" Greim.

Das anschließende 3:1 im Heimspiel gegen den Tabellenführer 1. FC Nürnberg war dann in Anbetracht dieses Ergebnisses gar nicht mehr eine so große Sensation. Nicht mehr ganz so toll, nämlich ohne Auswärtssieg und nur auf dem 13. Platz, beendeten die Gelb-Schwarzen die letzte Oberliga-Saison 1962/1963.

Topp in Liga zwei und drei

Die namhaftesten fränkischen Vertreter in der 2. Liga Süd waren neben den Hofern, die vor ihrem Aufstieg immer im oberen Tabellendrittel zu finden waren und zweimal den Torschützenkönig der Liga stellten (1954 Huttner, 26 Tore, 1959 Horn, 27 Tore), die beiden „Fahrstuhlmannschaften" Aschaffenburg (entweder erstklassig oder zweitklassig) und Bamberg (entweder zweitklassig oder drittklassig). Leistungsträger der Bamberger war bis zu seinem Weggang nach Stuttgart im Jahr 1951 Torwart Karl Bögelein. Der ehemalige „Dom im Tor der Bamberger" bestritt als Stuttgarter noch im selben Jahr ein Länderspiel und wurde 1952 mit dem VfB Meister.

Ihre beste Saison spielten die Bamberger 1952/53, als sie mit den Hofer Bayern um den Aufstieg konkurrierten. Das Schlagerspiel gegen Hof am Ostersamstag 1953 endete vor vollem Haus im Volkspark-Stadion mit 1:1. Am Ende landeten die Domstädter zwar vor Hof, aber nur auf dem Nichtaufstiegs-Rang drei. Ab 1960, nach ihrem dauerhaften Abstieg aus der 2. Liga Süd, spielten die Bamberger in der Amateurliga Nordbayern eine gute Rolle. Mit dem Amateur-Nationalspieler Dieter Zettelmaier hatten sie einen Torjäger, der in den drei Spielzeiten von 1961 bis 1963 sagenhafte 108 Tore erzielte.

Hof, Aschaffenburg und Bamberg waren nicht die einzigen fränkischen Topp-Vereine in der zweiten Klasse. Acht Jahre blieb zum Beispiel der VfB Helmbrechts aus dem oberfränkischen Textilstädtchen im Vertragsfußball. Legendär waren vor allem die Derbys gegen den FC Bayern Hof. 1955, als die Kicker aus Helmbrechts zur Einweihung der eben ausgebauten „Grünen Au" eingeladen waren, gelang ihnen vor 12.000 Zuschauern ein 1:1 gegen die Gelb-Schwarzen. Und 1959 hätten sie den Hofern mit einem 3:2-Sieg vor 11.000 Zuschauern auf dem heimischen Frankenwald-Sportplatz beinahe noch den Aufstieg in die Oberliga verpatzt.

Auf neun Jahre Ligazugehörigkeit brachte es der VfL Neustadt/Coburg, aus dem auch mehrere Amateur-Nationalspieler hervorgingen (Pohl, Wittig). Regelmäßig kamen Tausende von Zuschauern in das VfL-Stadion, das nur wenige hundert Meter von der damaligen Zonengrenze entfernt lag. Manchmal wurde dem Schiedsrichter gedroht, dass er „über die Grenze" gebracht werde, wenn er nicht ordentlich pfeift.

Im Jahr 1962 hätte der VfL Neustadt im Pokalwettbewerb beinahe eine sportliche Sensation vollbracht. Nach Siegen über Bayern Hof (3:0), die SpVgg Fürth (1:0) und Kickers Offenbach (1:0) mussten die Neustädter in München gegen 1860 antreten. Bis zur 65. Minute lagen die Neustädter mit 3:1 vorne, dann erzielten die Sechziger noch vier Tore. Tragischer Held war der torgefährliche Paul Breitschuh: Zweimal traf der Stürmer für seinen VfL, einmal bugsierte er den Ball ins eigene Netz. Berühmtester Name in Diensten der Neustädter war jedoch nicht der spätere Fürther Breitschuh, sondern kein

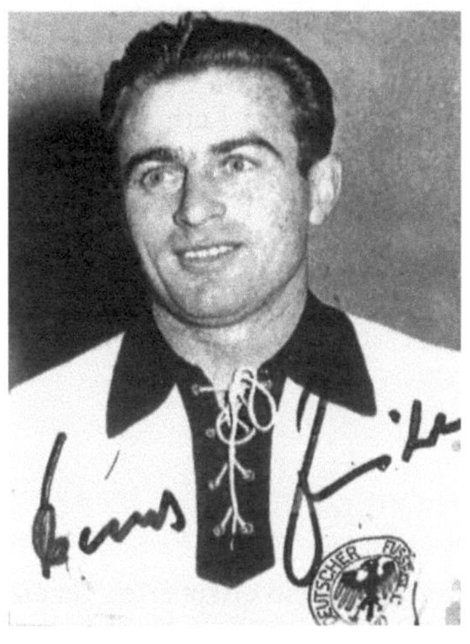

Hans Zeitler, Nationalspieler des VfB Bayreuth.

Geringerer als der Ehrenspielführer der Nationalmannschaft und Weltmeister von 1954, Fritz Walter. Im Spieljahr 1959/60 bewahrte er den VfL als Trainer vor dem drohenden Abstieg aus der 2. Oberliga Süd.

Einer der Konkurrenten des VfL Neustadt in dieser Saison war die eben aufgestiegene SpVgg Bayreuth. Erst kurz zuvor hatte die SpVgg, die „Altstadt", innerhalb Bayreuths den bis dahin führenden Vereinen 1. FC und VfB den Rang abgelaufen. Im Sommer 1951, als die Elf von Schalke 04 komplett zur Wiedereröffnung der Wagner-Feiern auf dem Grünen Hügel erschienen war, hatten die Fußballer aus dem Ruhrpott ihre Reisekosten durch ein Match gegen das damals beste Team aus der Wagnerstadt, den 1. FC Bayreuth eingespielt.

Wegen seines Nationalspielers Hans Zeitler überregional bekannt war auch der VfB. Als der jedoch zur Saison 1958/59 zur SpVgg wechselte und diese sich in der Amateurliga Nordbayern gegen die lokalen Konkurrenten durchsetzte – die SpVgg landete auf Platz eins, die Konkurrenten 1. FC und VfB auf den Rängen zwei und drei – hatte sich der Machtwechsel in Bayreuth vollzogen.

Bei den Altstädtern bildete der kraftvolle und schnelle Hans „Jumbo" Zeitler zusammen mit Fritz Semmelmann in der 2. Liga Süd ein exzellentes Stürmerduo einer Mannschaft, die sich insbesondere durch ihren Zusammenhalt auszeichnete. „Jumbo" Zeitler: „Wir haben uns nicht vorgedrängt, dass wir gesagt haben, wir sind die Stars. Sondern wir haben gesagt: Wir sind die SpVgg Bayreuth und wir machen das miteinander."

Im Jahr 1961 wurde der 1. FC Haßfurt Meister der Amateurliga Nordbayern und drang bis ins Halbfinale der Deutschen Amateurmeisterschaft vor. Die Rekordzahl von 12.000 Zuschauern wollte das Spiel gegen den SV Siegburg (4:5) im Stadion an der Flutbrücke sehen. In der darauffolgenden Spielzeit gelang den Haßfurtern als Aufsteiger der Sprung auf Rang zehn in der 2. Liga Süd. Kapitän Herbert Kreh war ein gefürchteter Torjäger, der in der Saison 1961/62 mit 30 Treffern Schützenkönig wurde. Anders als Kreh fand das Haßfurter Abwehr-Ass Ludwig Müller den Weg ins Rampenlicht der Erstklassigkeit. Mit dem 1. FCN und Borussia Mönchengladbach wurde „Luggi" später Deutscher Meister und sechsfacher Nationalspieler.

Neben den genannten Klubs klopften noch drei weitere Vereine – ATS Kulmbach, VfB Bayreuth und 1. FC Lichtenfels – an der Tür zur 2. Liga, scheiterten dann aber in den Aufstiegsrunden. Auch wenn er immer „nur" Drittligist blieb, kann vor allem der 1. FC Lichtenfels mit einer beeindruckenden Bilanz aufwarten. Kontinuierlich flochten die Kicker aus der Korbmacherstadt an ihrem Siegerkranz: Mit deutlichem Vorsprung führen sie die „ewige Tabelle" der von 1953 bis 1963 bestehenden 1. Amateurliga Nordbayern an.

1963 – 1982

BUNDESLIGA-TRÄUME

Das letzte Meisterstück

Lange Jahre hatte man am Nürnberger Zabo zu dem heiß diskutierten Thema „Bundesliga" eine eindeutige ablehnende Haltung. „Zur Struktur unserer Vereine passt das Profitum so wenig wie zum Journalismus das Pferdestehlen", lautete zum Beispiel eine Meinung aus dem Vorstand des 1. FCN. Für die Vertreter der meisten anderen Klubs hingegen war zu Beginn der 1960er Jahre klar, dass die zunehmende Professionalisierung des Spitzensports die Konzentration der besten Vereine und Spieler in einer eingleisigen Ersten Liga unumgänglich macht.

Am 28. Juli 1962 beschlossen die Delegierten von 129 Vereinen auf dem DFB-Bundestag in Dortmund mit 103:26 Stimmen die Einführung der Bundesliga. 42 Vereine machten sich Hoffnung auf die Zulassung zur neuen Eliteklasse des deutschen Fußballs und reichten zum Stichtag 1. Dezember 1962 ihre Bewerbungsunterlagen ein. Als einsamer Spitzenreiter der ewigen Tabelle der Oberliga Süd (1348:754 Tore, 739:381 Punkte) gehörte der 1. FC Nürnberg zu den neun Vereinen, die sich im ersten Durchgang qualifizierten. 15 Vereine wurden sofort abgelehnt. Unter ihnen war die SpVgg Fürth. Nur fünf Bewerber aus der ehemaligen Oberliga Süd sollten zugelassen werden, und die Kleeblättler lagen in der Tabelle der Bundesliga-Kommission lediglich auf Rang acht der dreizehn Bewerber aus dem Süden. Für alle anderen Vereine aus Franken war von vorneherein klar, dass eine Bewerbung völlig sinnlos wäre.

Am 24. August 1963 startete die Bundesliga daher mit nur einem einzigen Verein aus Nordbayern: dem Altmeister 1. FC Nürnberg. Die neue Epoche begann für den Club zunächst sehr vielversprechend: 5:1 Punkte holte man gegen Hertha BSC, Bremen und Frankfurt. Dann aber verlor man Spiel um Spiel. Der Schuldige war schnell gefunden: Trainer Herbert Widmayer. Am 30. Oktober wurde der Meistermacher von 1961 als erster Fußball-Lehrer der Bundesliga überhaupt entlassen. Sein Nachfolger wurde der Ungar Jenö Csaknady, zwischen 1957 und 1959 schon mal mit leidlichem Erfolg Trainer der SpVgg Fürth.

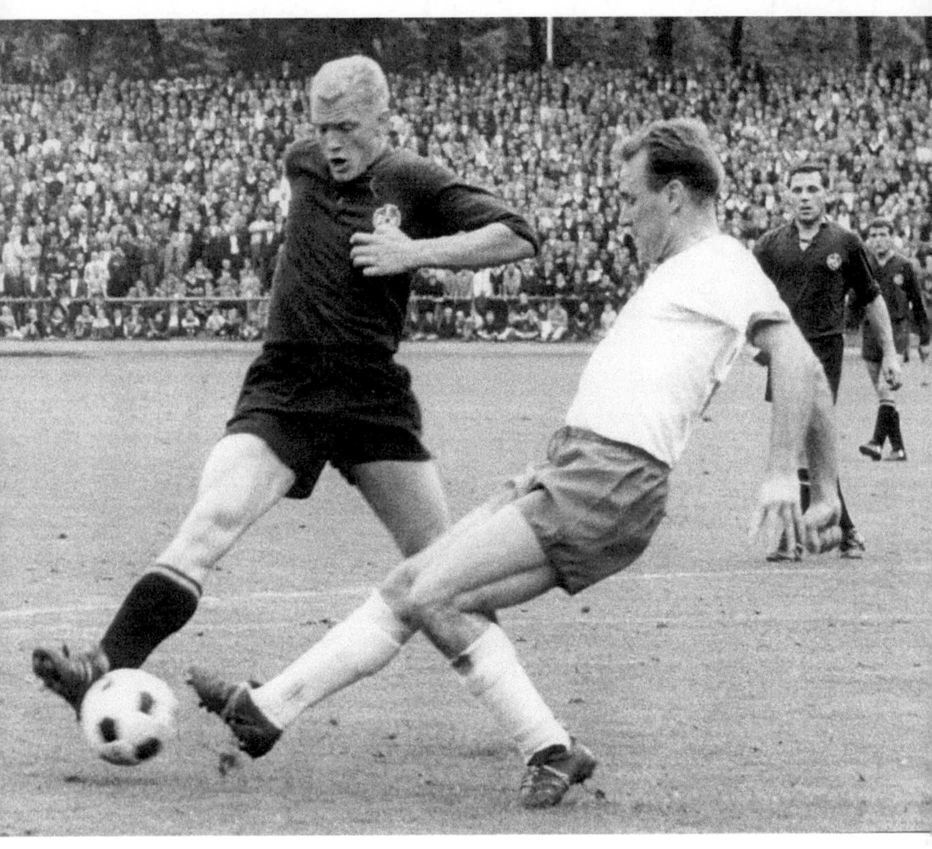

In der Bundesliga am Ball: Club-Torjäger Heinz Strehl am 31. August 1963 im ersten Heimspiel gegen Werder Bremen. Zum 3:0-Sieg steuerten Strehl und der immer noch aktive Max Morlock (im Hintergrund rechts erkennbar) je einen Treffer bei.

Wie schon in der Nachbarstadt geriet der philosophisch bewanderte Theoretiker auch in Nürnberg wegen seiner autoritären Methoden in die Kritik. Nach einer durchwachsenen Saison (Platz neun) nahm er freiwillig seinen Hut. Unter seinem Nachfolger, dem ehemaligen Oberliga-Spieler Gunter Baumann, kam der Club besser in Fahrt (Platz sechs), doch Differenzen mit Club-Präsident Luther führten zum Abschied Baumanns und zu der für alle Beobachter überraschenden Verpflichtung des neuen/alten Trainers Csaknady.

Der Ungar wiederholte die Platzierung seines Vorgängers, und auch im Pokal scheiterte die Mannschaft wie im Vorjahr im Halbfinale. In der anschließenden Bundesliga-Saison, die der Club nach dem Abbruch des alten Zabo erstmals komplett im Städtischen Stadion bestritt, ging es dann, trotz guten Beginns, rapide bergab. Csaknady musste gehen, doch auch seinem Nachfolger,

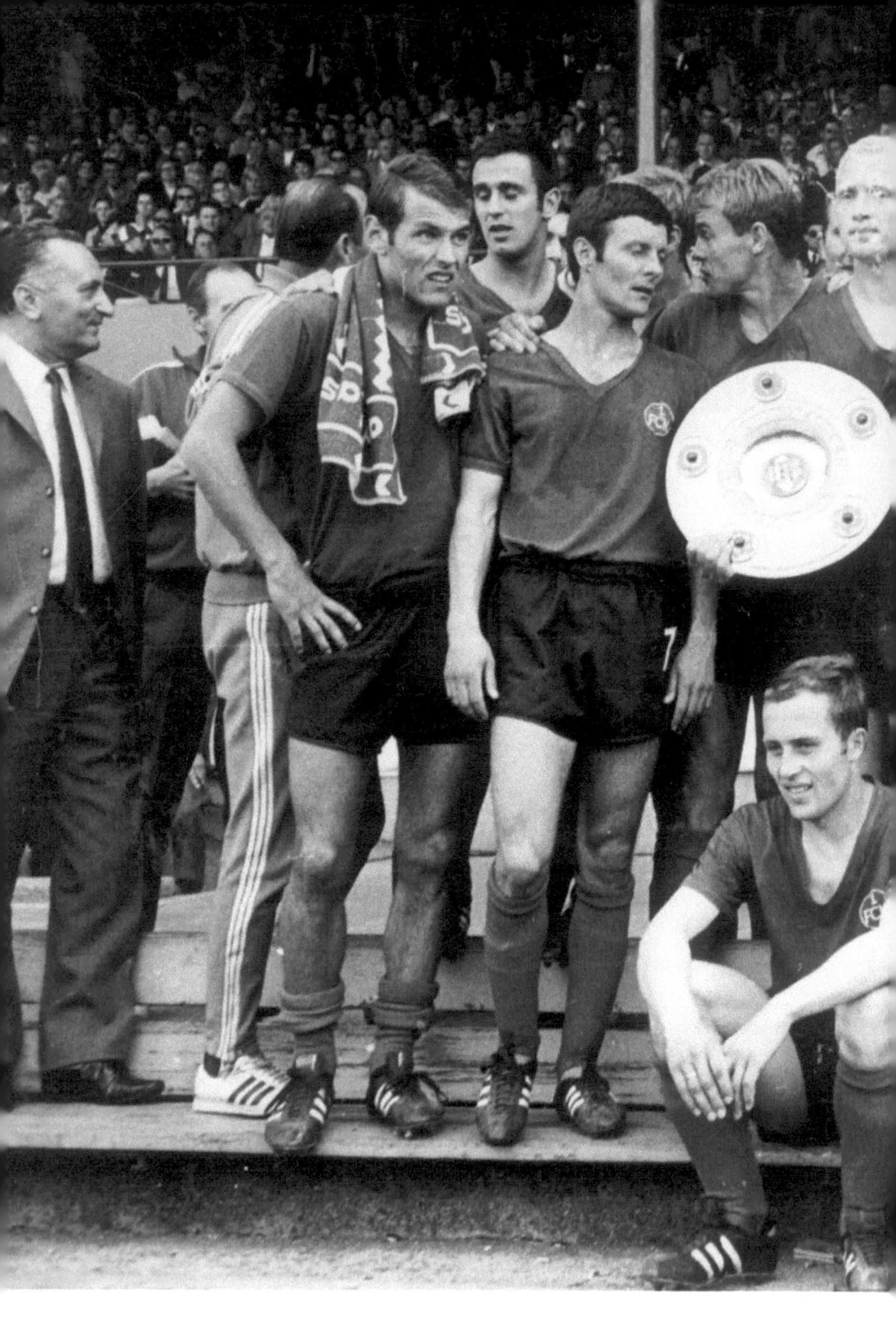

Die Meistermannschaft präsentiert die „Salatschüssel". Hinten von links: Volkert, Starek, Cebinac, Heinz Müller, Strehl, Hilpert, Trainer Merkel, Luggi Müller, Schöll.

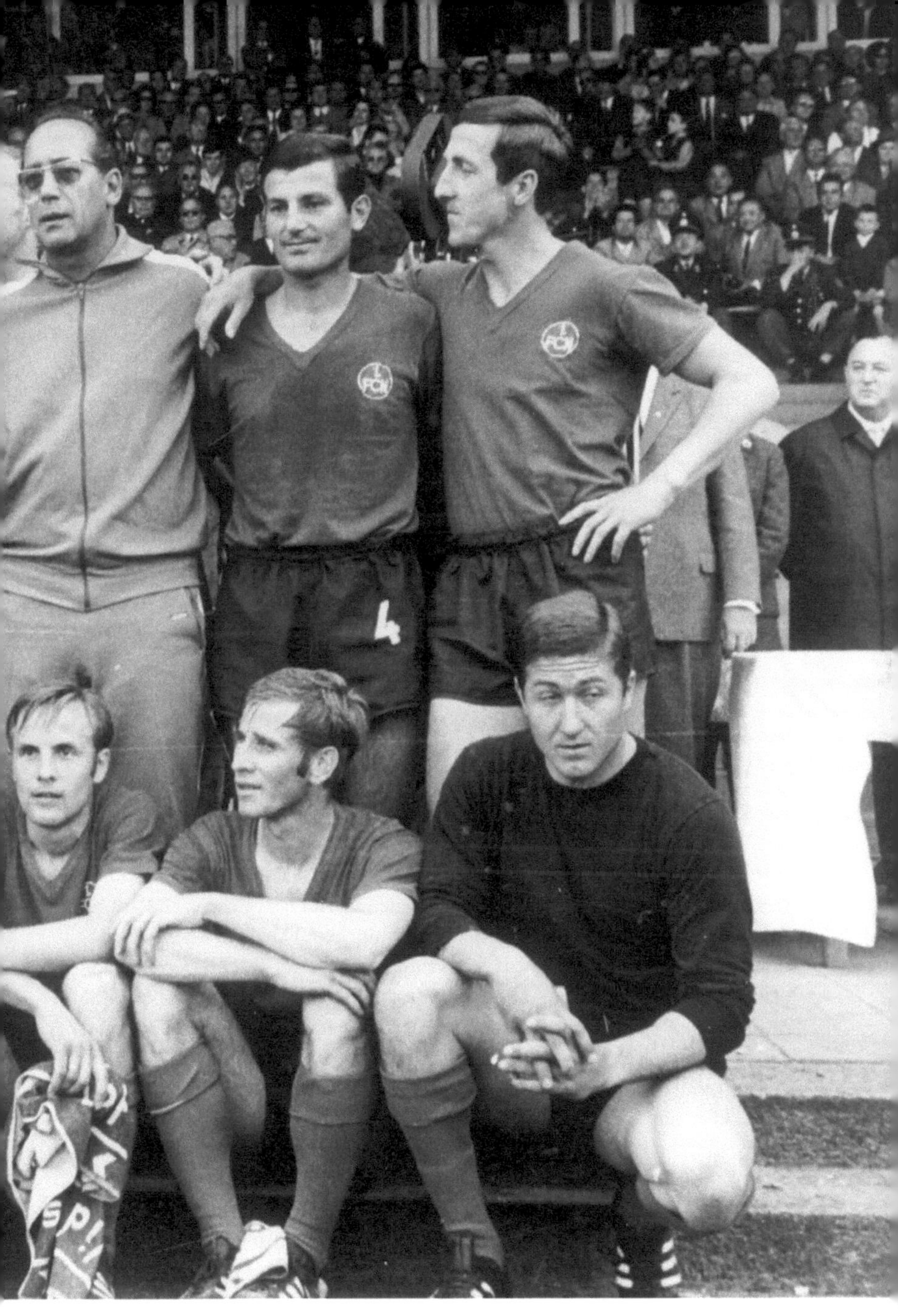

Vorne: Leupold, Ferschl, Popp, Toth. Nicht im Bild: Wenauer (von Volkert verdeckt), Wabra.

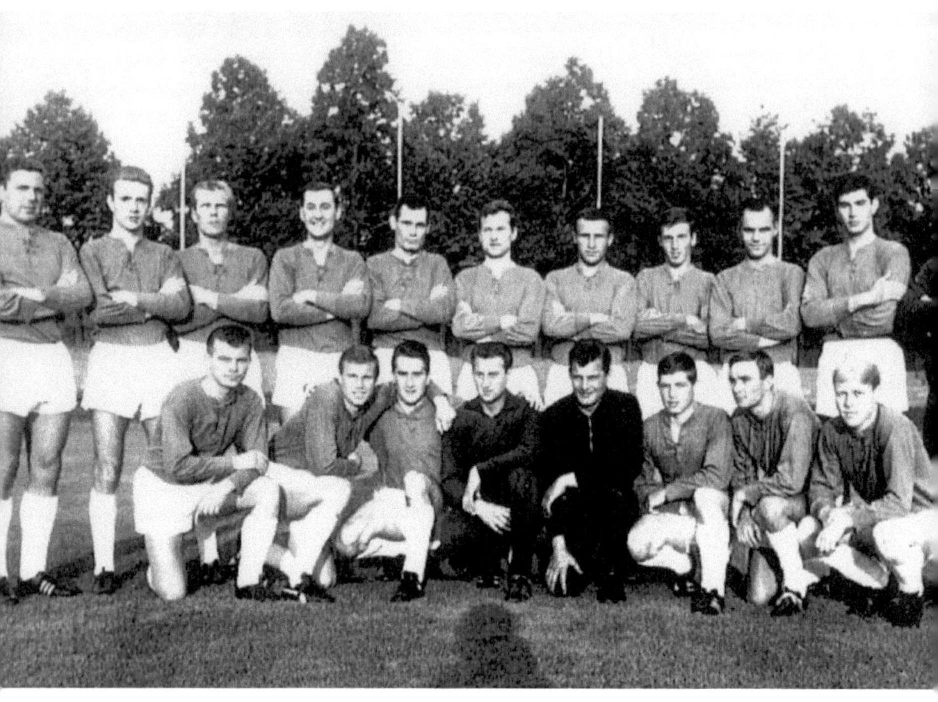

Regionalliga-Meister 1966: der FC Schweinfurt 05.

dem Coach der Club-Amateure Jenö Vincze, gelang keine Besserung. Ende Dezember 1966 zierte der Club das Tabellenende. Auf der Suche nach Rettung richtete man in Nürnberg die Blicke nach München. Dort war Max Merkel – mit 1860 Meister und im Endspiel des Europapokals der Pokalsieger – gerade gefeuert worden. Präsident Luther zahlte das für damalige Verhältnisse horrende Monatsgehalt in Höhe von 11.000 DM, der Wiener kam und zeigte, wie man lahme Clubspieler mit „Zuckerbrot & Peitsche“ wieder munter macht.

Neu motiviert und angeleitet von einem einfachen fußballerischen-Rezept – schneller und direkter spielen, auch ohne Ball viel laufen – erarbeitete sich die Mannschaft zielstrebig den Klassenerhalt. Zum letzten Saisonspiel in Braunschweig hatte sich der 1. FCN bereits einen sicheren Platz im Mittelfeld (34:32 Punkte) erobert. Dass die Eintracht mit 4:1 gewann, war also nicht weiter tragisch. Ärgerlich aber war es schon. Voller Neid mussten die Clubspieler dabei zusehen, wie die biederen Kicker aus Niedersachsen die Meisterschale in Empfang nahmen. Auf der Rückfahrt im Zug berichtete Kapitän Wenauer den Journalisten von der Trotzreaktion der Mannschaft, die als „Rütli-Schwur“ in die Geschichte des Club eingegangen ist: „Wir Alten haben es uns in die Hand versprochen, dass wir uns in der kommenden Saison noch einmal zusammenreißen. Unser Ziel ist die neunte Deutsche!“ Für einige der „Alten“ kam der Schwur freilich zu spät. Im Sommer 1967 entließ Merkel u.a. die 1961er Meisterspieler Heiner Müller, Steff Reisch und Gustl Flachenecker. Dafür kamen Zvezdan Cebinac und Gustl Starek. Mit viel Wiener Schmäh und geschickter Psychologie sorgte der Trainer dafür, dass die Mannschaft immer „heiß“ war. Prämien – für jeden Sieg gab's 1000 DM – händigte er den Spielern in der darauffolgenden Woche persönlich aus. Hatte einer seiner Meinung nach schlecht gespielt, musste sich der Sünder das Geld auf der Geschäftsstelle abholen – und war enorm motiviert, dass ihm das nach dem nächsten Spiel nicht noch einmal passierte.

Schnell entschied sich Merkel für eine Stammformation: Wabra – Leupold, Popp – Ludwig Müller, Wenauer, Ferschl – Cebinac, Strehl, Brungs, Heinz Müller, Volkert. Schon am dritten Spieltag war der Club mit 5:1 Punkten bereits Tabellenführer. Am 11. Spieltag lautete die Bilanz: 19:3 Punkte, keine Niederlage, fünf Punkte Vorsprung vor dem FC Bayern. Am 2. Dezember, eine Woche nach der ersten Saisonniederlage beim MSV Duisburg, kam der Verfolger nach Nürnberg. Es sollte der Tag werden, an den sich jeder Clubfan bis heute mit Freudentränen in den Augen erinnert. 7:3 lautete das unfassbare, zur Legende gewordene Ergebnis. „Goldköpfchen“ Franz Brungs erzielte allein fünf Tore, entgegen seiner sonstigen Gewohnheit alle mit dem Fuß. Schorsch Volkert, neben Heinz Strehl ebenfalls Torschütze an diesem denkwürdigen Tag, meinte hinterher: „Von diesem Tag an strotzten wir nur so vor Selbstbewusstsein.“

Tatsächlich ließ der Club nichts mehr anbrennen, führte am Ende der Vorrunde mit sieben Punkten Vorsprung. Das Meisterstück gelang am vorletzten Spieltag, wiederum gegen die Münchner. Für die Tore beim 2:0-Sieg in der Landeshauptstadt sorgte das Torjäger-Tandem Brungs und Strehl. 43 der 71 Club-Treffer gingen allein auf ihr Konto. Die beiden kopfballstarken Blondschöpfe, versorgt von der Flankenfabrik Cebinac/Volkert, waren der ganz große Trumpf auf dem Weg zur neunten Meisterschaft.

Acht Jahre nach dem Siegeszug der jungen Wilden konnte in Nürnberg erneut gefeiert werden. Beim großen Festakt auf der Nürnberger Burg, dem berühmten Wahrzeichen der alten Reichsstadt, begeisterte Bayerns Ministerpräsident Alfons Goppel die Jubelversammlung mit den Worten: „Es soll nicht nur heißen: 1. FC Nürnberg, sondern auch FC Nürnberg Erster.“

Zur Zweitklassigkeit verdammt

Während der Club in der Bundesliga nach stotterndem Beginn seinen Traum vom Titelgewinn hatte wahrmachen können, mussten alle anderen fränkischen Vereine kleinere Brötchen backen. Mit Einführung der Bundesliga im Jahr 1963 waren als Unterbau fünf Regionalligen geschaffen worden. In der Regionalliga Süd, die bis 1974 Bestand hatte, waren der FC Bayern Hof, die SpVgg Fürth und der FC Schweinfurt 05 Stammgäste. Je 388 Regionalliga-Spiele bestritten diese Vereine innerhalb von elf Jahren. Immer wieder träumte man in Schweinfurt, in Fürth und in Hof von der 1. Bundesliga. Aber immer wieder scheiterte man daran, oftmals nur sehr knapp, den Traum zur Wirklichkeit werden zu lassen.

Den besten Start in die Regionalliga-Zeit erwischten die Nullfünfer aus Schweinfurt. In den ersten beiden Spielzeiten rissen sie, wie die Fürther und die Hofer auch, keine großen Bäume aus. In der Saison1965/66 legten die Schnüdel dann aber völlig überraschend eine sensationelle Runde hin. Unter Trainer Gunter Baumann („Wir müssen wie beim Schachspiel durch eingeübte Spielzüge zum Erfolg kommen.") landeten die Schnüdel mit 49:19 Punkten und 74:39 Toren auf Platz eins. Möglicht gemacht hatte den Triumph pikanterweise der alte Arbeitgeber Baumanns, der FC Bayern Hof. Am letzten Spieltag fegten die Gelb-Schwarzen auf der „Grünen Au" den Aufstiegsanwärter aus Hessen mit 5:0 vom Platz.

Herausragende Kräfte des Meisterteams waren der unermüdliche Läufer Werner Rumpel und der wuchtige Stürmer Rolf Schweighöfer. Und natürlich waren, wie in Schweinfurt üblich, auch wieder einige Söhne von ehemaligen Stars dabei. Kapitän des Teams war Rolf Kupfer, der Sohn des Schweinfurter Idols Ander Kupfer, mit dabei war auch Gerd Brunnhuber, ein Nachkomme des Vorkriegs-Haudegens Sepp Brunnhuber. Höhepunkt der Saison war ein grandioser 5:4-Erfolg im Fürther Ronhof. In der Aufstiegsrunde zur Bundesliga wurden die Grün-Weißen dann allerdings deutlich von den Mitkonkurrenten Rot-Weiß Essen, St. Pauli und Saarbrücken distanziert. Lediglich gegen die Hamburger gelang ein Sieg.

Die Saison 1966 hatte die SpVgg Fürth, mit elf Punkten Rückstand hinter Meister Schweinfurt, auf Rang vier der Tabelle abgeschlossen. Im Jahr darauf, als die Club-Legende Robert „Zapf" Gebhardt das Traineramt im Ronhof übernommen hatte, durfte man nach einer Siegesserie zum Saisonende auch in der Kleeblattstadt eine Zeitlang vom Aufstieg träumen. In der Endabrechnung hatten jedoch Meister Kickers Offenbach und der Zweitplazierte Bayern Hof je zwei Punkte mehr auf dem Konto als die Kleeblättler (48:20).

Das beste Torverhältnis der Liga war da nur ein schwacher Trost. Zwei Punkte mehr auf dem Konto, und die Fürther wären wegen des besten Torquotienten in der Aufstiegsrunde mit dabei gewesen. Vergeblich war auch der Versuch, Goalgetter Bernd Windhausen zu halten, der sich mit 32 Treffern die Torjäger-Krone gesichert hatte. Er folgte dem Ruf des Geldes und wechselte zum 1. FC Kaiserslautern in die Bundesliga.

Weder die Fürther noch die Schweinfurter kamen in den folgenden Jahren über mittelmäßige Platzierungen hinaus. Toni Wolf, 1962/63 Vorstandsmitglied der SpVgg Fürth, hatte schon frühzeitig eine Begründung für das unbefriedigende Abschneiden geliefert: „Das größte Problem war: Die Fürther Wirtschaft konnte nicht dazu bewogen werden, sich bei der SpVgg zu engagieren.

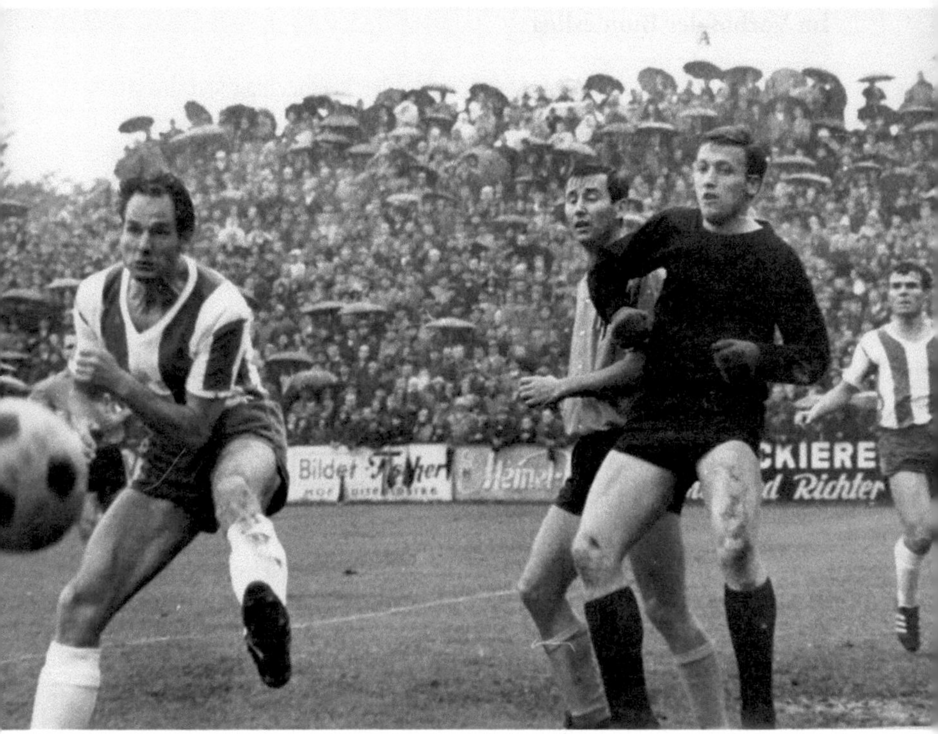

Am 14. Juni 1967 schlägt Bayern Hof in der Aufstiegsrunde Hertha BSC mit 2:1. Herthas Schimmöller (links) klärt per Kopf zur Ecke. In der Mitte lauert Hofs Stürmer Siegfried Stark.

Ganz ähnlich sah es in Schweinfurt aus, wo die finanziellen Mittel traditionell knapp waren. Stareinkäufe konnte sich der ärmste Klub der Liga nicht leisten. Er musste sich beim eigenen Nachwuchs bedienen oder beim VfR, dem Lokalrivalen. Hatte man mal viel versprechende Talente in seinen Reihen – etwa den Stürmer Klaus Nahlik, der 1970/71 stattliche 20 Treffer in der Regionalliga Süd erzielte -, so musste man sie nach kurzer Zeit an zahlungskräftigere Konkurrenten wie den 1. FCN abgeben. Mehr als respektable Mittelfeldplätze waren unter diesen Bedingungen nicht drin.

Finanzschwache Vereine wie Fürth und Schweinfurt, so schien es, waren zur Zweitklassigkeit geradezu verdammt. Zu dicken Einnahmen kam es für beide Traditionsklubs nur dann, wenn ihnen im DFB-Pokal ein attraktiver Gegner zugelost wurde. So wie den Kleeblättlern der HSV, der im Wettbewerb 1963/64 nach einem 1:1 in Hamburg sich beim Wiederholungsspiel im Ronhof eine 1:2-Niederlage abholte. Oder wie den Schweinfurtern die Frankfurter Eintracht, die 1968 erst in der Verlängerung mit 2:1 die Oberhand behielt.

Im Vorhof der Bundesliga

Der Verein, der trotz magerer Geldbörse in der Regionalliga Süd die größte Konstanz an den Tag legte und immer wieder mit tollen Ergebnissen für Furore sorgte, war der FC Bayern Hof. Für die Gelb-Schwarzen war die erste Zeit in der neuen Regionalliga Süd zunächst nicht einfach. Nachdem Trainer Gunter Baumann und viele der besten Spieler den Verein verlassen hatten, konzentrierte man zunächst alle Kräfte darauf, den drohenden Abstieg zu vermeiden. Wiederholt musste Armin Möbius als Interims-Trainer das Schlimmste verhüten.

Das eine oder andere Erfolgserlebnis gab es dennoch: Zweimal gingen die „großen" Bayern aus München auf der „Grünen Au" gegen die „kleinen" Bayern aus Hof als Verlierer vom Platz. Ab 1965/66, als die Hofer mit Wolfgang „Bobby" Breuer einen Neuzugang zu verzeichnen hatten, der noch für viele Schlagzeilen sorgen sollte, ging es dann steil bergauf. Der vom B-Klassen-Verein Tuspo Bayreuth geholte Stürmer brachte es gleich in seinem ersten Spieljahr auf 27 Tore. Darüber hinaus revolutionierte er auch noch die Körperpflege in der Umkleidekabine auf der „Grünen Au": Er soll der erste Spieler in Hof gewesen sein, der seinen Haaren nach der Nassdusche regelmäßig eine „Heißluftdusche" mit dem Föhn gönnte.

In der Saison 1966/67 waren Bobby Breuer (27 Tore) und Siegfried Stark (21 Tore) die zwei besten Torjäger der Liga. Ihre Treffer ermöglichten es, dass die von Heinz Elzner trainierten Gelb-Schwarzen auf Platz zwei der Tabelle landeten. Da die beiden Erstplatzierten der fünf Regionalligen für die in zwei Gruppen ausgetragene Aufstiegsrunde qualifiziert waren, stand Hof damit erstmals im „Vorhof der Bundesliga". Schwarz-Weiß Essen, Arminia Hannover, Borussia Neunkirchen und Hertha BSC hießen die Gegner. Drei Siege, vier Niederlagen und ein Unentschieden reichten am Ende aber nur für den vierten Platz.

Trotzdem waren die Aufstiegsspiele ein Höhepunkt in der Hofer Vereinsgeschichte. Bei fast allen Begegnungen auf der „Grünen Au" gab es ein volles Haus. Dennoch: Das eindrucksvollste Ereignis der Runde fand nicht zu Hause statt, sondern im Berliner Olympiastadion vor der Traumkulisse von 70.000 Zuschauern. Ein unglückliches Eigentor des sonst so zuverlässigen Vorstoppers „Sigi" Sieber und ein glücklicher Weitschuss der Berliner besiegelten zwar eine 0:2-Niederlage, aber die Gelb-Schwarzen hatten eine gute Vorstellung geboten.

Am 27. Januar 1968 trafen die Gelb-Schwarzen, diesmal im Pokalwettbewerb, erneut auf einen namhaften Gegner: Zu Gast auf der schneebedeckten Grünen Au war Borussia Mönchengladbach. Durch einen irregulären Treffer - Torschütze Laumen hatte Bayern-Keeper Strich gefoult – ging der Bundesligist in Führung, in der zweiten Halbzeit stürmten die Gastgeber, konnten aber, zumal Bobby Breuer in Berti Vogts seinen Meister fand, am Ergebnis nichts mehr ändern.

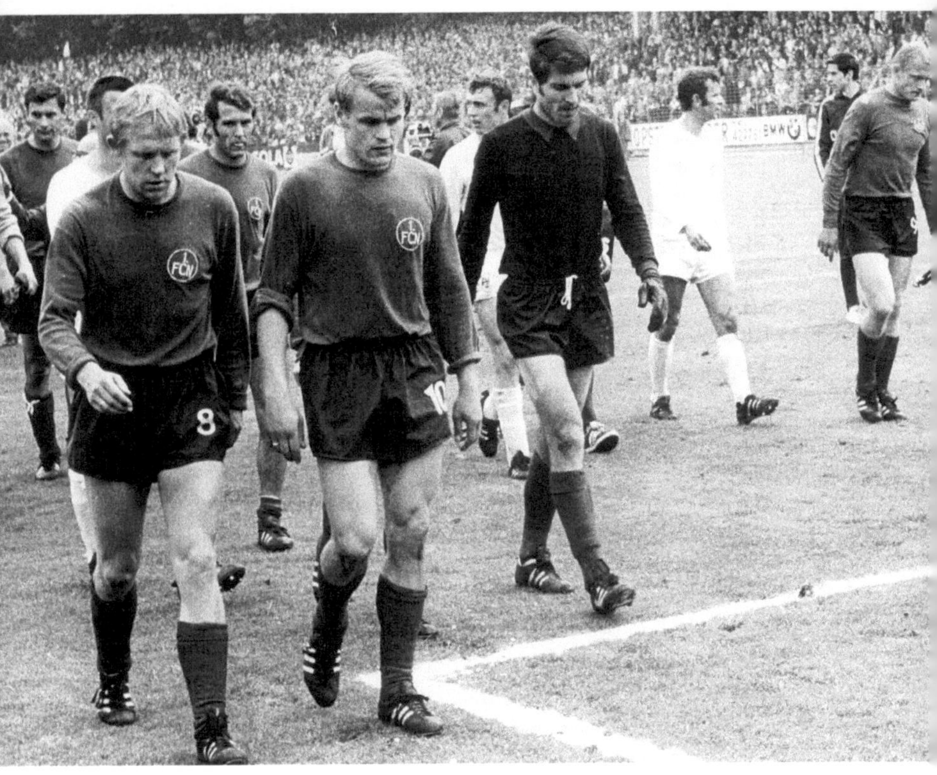

Nach der 0:3-Niederlage am 7. Juni 1969 in Köln verlassen die Clubspieler mit hängenden Köpfen das Spielfeld. Von links erkennbar: Wenauer, Küppers, Volkert, Heinz Müller, Torwart Rynio, Strehl.

In der Liga war indessen erneut das Duell Bayern Hof gegen Offenbacher Kickers entbrannt. Am vorletzten Spieltag standen die beiden Kontrahenten wie im Vorjahr punktgleich an der Spitze. Und diesmal hatten die Gelb-Schwarzen die Nase vorne. Mit einem 3:0 gegen Darmstadt 98 auf heimischem Rasen sicherten sich die Bayern die Meisterschaft in der Regionalliga Süd.

Wieder hießen die süddeutschen Teilnehmer in der Aufstiegsrunde Offenbach und Hof. Während die Kickers in ihrer Gruppe den 1. Platz erreichten und damit den Aufstieg sicher stellten, scheiterten die Hofer Bayern erneut. Diesmal hießen die Gegner Rot-Weiß Essen, SV Alsenborn, SC Göttingen und erneut Hertha BSC. Bei fünf Niederlagen, einem Unentschieden und nur zwei Siegen in den Heimspielen gegen Alsenborn und Göttingen blieben die Hofer chancenlos. Immerhin gab es einen bis heute gültigen Zuschauerrekord auf der „Grünen Au": 19.100 Besucher wollten am 22. Mai 1968 das Spiel gegen Rot-Weiß Essen sehen, das durch einen Treffer von „Ente" Lippens unglücklich mit 0:1 verloren ging.

Da die Berliner nach diesem Spiel bereits als Aufsteiger feststanden, konnten die Gelb-Schwarzen im letzten Match gegen Göttingen befreit aufspielen. Mit 5:1 entschädigte man die Fans für entgangene Bundesliga-Freuden, vier Tore davon schoss allein Bobby Breuer. Armin „Papa" Möbius, der Spielausschussvorsitzende, reagierte gefasst auf die Enttäuschung: „Wir hätten natürlich alles bis zur letzten Konsequenz für den Aufstieg versucht, aber mehr als ein, zwei Jahre wäre der FC Bayern wohl kaum drin geblieben."

In der Saison 1968/69 verpassten die Kicker aus Oberfranken die Aufstiegsrunde nur knapp. Am Ende landeten sie auf dem dritten Platz, nur einen Punkt hinter dem Karlsruher SC und dem FC Freiburg. Dass sie erneut besser waren als die Konkurrenz aus Mittelfranken und Unterfranken – Fürth und Schweinfurt hatten je sechs Punkte Rückstand – war nach den Erfolgen der letzten Jahre geradezu selbstverständlich. Auch wenn manche Journalisten im Ruhrgebiet immer noch von den „Holzhackern aus dem Bayerischen Wald" schrieben – dass in Hof guter Fußball gespielt wurde, wusste man nach den Erfolgen der letzten Jahre nun in ganz Deutschland.

Für den entgangenen Aufstieg erhielt der FC Bayern vom DFB als kleinen Trostpreis eine Anmeldung zum internationalen „Alpenpokal", einem Wettbewerb, in dem eigentlich nur Klubs aus der Ersten Liga zugelassen waren. Mit je einem Unentschieden gegen Hellas Verona und den FC Bologna sowie einem Sieg gegen Lausanne Sports zog man sich achtbar aus der Affäre. Anschließend gab es den ganz großen Höhepunkt des Jahres: Der FC Bayern Hof startete, als erste deutsche Fußballmannschaft überhaupt, zu einer Gastspielreise nach Israel.

Wiedersehen im Unterhaus

Der Deutsche Meister 1. FC Nürnberg startete in die Bundesliga-Saison 1968/69 ohne zehn altgediente Akteure – darunter Ferschl, Starek und Brungs –, dafür mit 13 neuen Spielern. Trainer Merkel wollte aus der „Bauernkapelle", so nannte er die Meistermannschaft, ein „Sinfonieorchester" machen. Die neu formierte Mannschaft, die auf dem neuen Trainingsgelände am Valznerweiher trainierte, konnte die Erwartungen bei weitem nicht erfüllen. Bei Abschluss der Vorrunde stand der amtierende Meister schon auf einem Abstiegsplatz.

In der Rückrunde kam es schließlich zum bis dahin dramatischsten Abstiegskampf überhaupt. Drei Spieltage vor Saisonende – Merkel hatte das sinkende Schiff bereits verlassen, mittlerweile war Kuno Klötzer als Retter im Amt - betrug der Abstand zwischen dem Zweiten, Alemannia Aachen, und dem Letzten, Kickers Offenbach, ganze zehn Punkte. Der Club hatte bis zuletzt Hoffung. Im direkten Duell gegen die mitgefährdeten Dortmunder Borussen hätte ein Sieg den Abstieg verhindert. Doch den Cluberern gelang nur ein 2:2. Das 0:3 im letzten Spiel in Köln bedeutete schließlich das endgültige „Aus".

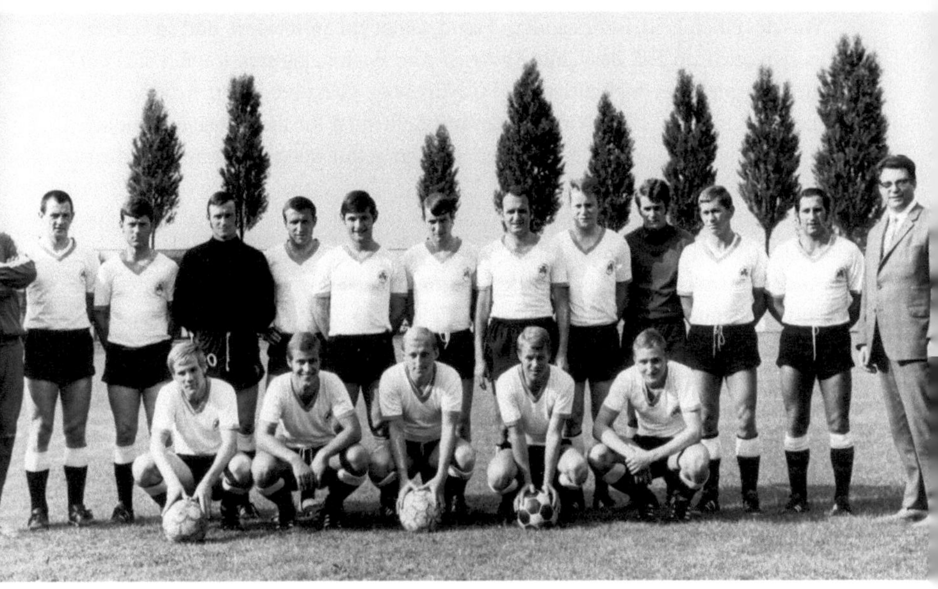

Das Regionalliga-Team der SpVgg Fürth in der Saison 1969/70. Links Trainer Fred Hoffmann.

Das Unfassbare war geschehen, der amtierende Meister war abgestiegen. Hemmungslos heulend verließen die Clubspieler das Müngersdorfer Stadion. Ganz Franken war erschüttert.

War der von Max Merkel vorgenommene Umbruch der Mannschaft zu plötzlich und zu brutal? Der geschasste Franz Brungs: „Wenn der Club mich nicht verkauft hätte, wäre er niemals abgestiegen". War das Vorbereitungstraining im kleinen Walsertal zu hart, hat Trainer Merkel, mit seinen Geschäften ausgelastet, den Kontakt zu den Spielern verloren? „Die Spieler sind ausgemerkelt", lautete jedenfalls einer der beliebtesten Sprüche während der Saison. Oder war am Ende sogar Bestechung im Spiel? Nandl Wenauer: „Bekannt ist, dass Borussia Dortmund unseren Torhüter Jürgen Rynio eingekauft hat, der im Schicksalsspiel, dem 2:2 gegen Dortmund, zumindest einen vermutlich haltbaren Treffer passieren ließ."

Egal, was letztlich entscheidend war, der Club musste 1969/70 in der Regionalliga antreten. Viele Spieler hatten den Verein verlassen. Abwehrrecke Luggi Müller zum Beispiel hatte noch am Tag der Katastrophe in Köln mit Tränen in den Augen auf der Kühlerhaube eines Autos einen neuen Vertrag bei Borussia Mönchengladbach unterzeichnet. Andere Meisterspieler - Leupold, Heinz Müller, Popp, Wenauer und Strehl – hielten ihrem Club die Treue. Zusammen mit Trainer Kuno Klötzer versuchten sie, das Projekt „sofortiger Wiederaufstieg" in Angriff zu nehmen.

Was des einen Leid, ist des andern Freud, lautet ein Sprichwort, und so verhielt es sich auch im Fall des Club-Abstiegs. Alle Regionalligisten freuten sich auf die Gastspiele des zugkräftigen 1. FC Nürnberg. Ganz besonders fieberte man natürlich in Fürth dem Wiedersehen mit dem alten Rivalen entgegen. Endlich würde es wieder ein „gescheites" Derby geben, selbst wenn es nur im Unterhaus stattfindet.

Tatsächlich gab es nach langer Zeit im Ronhof wieder einmal ein volles Haus. 20.000 Zuschauer sahen bei strahlendem Sonnenschein die erste Auseinandersetzung zwischen den Altmeistern. Sie endete mit einem recht enttäuschenden 0:0. Zu einem neuen Höhenflug führte das Derby-Revival in Fürth allerdings nicht. Bis zur Auflösung der Regionalliga Süd im Jahr 1974 krebsten die von „Altmeister" Fred Hoffmann gecoachten Fürther meist im Niemandsland der Tabelle herum.

Bundesweite Schlagzeilen machte der Ronhof nur noch am 21. Januar 1973, als das Spiel gegen den Club nach dem Abschuss einer Leuchtrakete, die direkt neben dem Schiedsrichter niedergegangen war, und nach einer Platzbesetzung durch die Zuschauer abgebrochen wurde.

Auch die anderen fränkischen Vereine hatten Mühe, ein dauerhaft hohes Spielniveau zu erreichen. Für die SpVgg Bayreuth, dem Bayernliga-Meister des Jahres 1969, war das Abenteuer Regionalliga bereits nach nur einer Saison wieder vorbei. Ganz genauso erging es ein Jahr später dem Aufsteiger aus der Hessenliga, Viktoria Aschaffenburg. Während die Mainstädter die bittere Pille des Abstiegs schlucken und sich für lange Zeit in der Drittklassigkeit einrichten mussten, war den Wagnerstädtern 1971 das sofortige Comeback gelungen.

Bereits die überlegen gewonnene Bayernliga-Meisterschaft – 15 Punkte Vorsprung vor dem Zweiten, der SpVgg Weiden – hatte gezeigt, dass ihre Spielstärke diesmal für die Regionalliga ausreichen könnte. Tatsächlich war für die Bayreuther der Klassenerhalt in den nächsten Jahren kein Thema. Neben dem FC Bayern Hof, dem zweiten oberfränkischen Klub, der Gelb und Schwarz als Vereinsfarben erkoren hat, entwickelten sie sich zum ernsthaftesten Gegner und Aufstiegskonkurrenten des ruhmreichen 1. FC Nürnberg.

Gelb-Schwarz gegen Rot-Schwarz

In seiner ersten Regionalliga-Saison belegte der Club am Ende der Vorrunde punktgleich mit dem Tabellenführer Kickers Offenbach Rang zwei. In der Rückrunde sorgte dann aber ein 0:3-Patzer beim VfR Mannheim dafür, dass der Karlsruher SC noch am 1. FCN vorbeiziehen und sich für die Aufstiegsspiele qualifizieren konnte.

Die Hofer Bayern beendeten die Spielzeit 1969/70 direkt hinter dem Bundesliga-Absteiger auf einem respektablen vierten Platz. Vorübergehend waren die Gelb-Schwarzen dem Tabellenende bedrohlich nahe gekommen, doch der auf die Grüne Au zurückgeholte Trainer Gunter Baumann hatte wieder für frischen Wind gesorgt. In der nächsten Saison wurde daraus, zumindest für den Club, ein regelrechter Sturm.

In Nürnberg war es der junge Trainer Barthel Thomas, der für die Aufstiegs-Brise sorgen sollte. Tatsächlich gelang gleich zu Saisonbeginn eine Sensation, als die Rot-Schwarzen mit einem temperamentvollen Auftritt vor 60.000 Zuschauern Bayern München mit 2:1 aus dem Pokalwettbewerb warfen (Tore: Roland Stegmayer, Rudi Kröner). In der Regionalliga blieb der Club sagenhafte 27 Spiele in Folge ungeschlagen, und hätte am 10. April 1970 vor knapp 18.000 Zuschauern in Hof die Regionalliga-Meisterschaft bereits perfekt machen können.

Der Club ging durch Manfred Drexler rasch in Führung. Doch dann spielten die Gelb-Schwarzen, wie der „Kicker" schrieb, die Rot-Schwarzen „glatt an die Wand". Mit einer herausragenden Leistung wartete insbesondere der langjährige Kapitän und Regisseur Walter Greim auf. Trainer Baumann hatte gut daran getan, den vor der Saison bereits aussortierten „Oldie" wieder zurückzuholen. Noch vor dem Halbzeitpfiff gelang „Charly" Zapf der Anschlusstreffer, kurz vor dem Abpfiff markierte Linksaußen Lippert nach einem unwiderstehlichen Solo das entscheidende Tor zum 2:1. „Hof hat es geschafft", hieß es Tags darauf in der „Bild am Sonntag": „Die tollste Siegesserie, die es je im bezahlten deutschen Fußball gegeben hat, ist zu Ende."

Trotz der Schlappe in Hof war der Club auf seinem Triumphzug nicht mehr zu stoppen. Mit zehn Punkten Vorsprung wurde er Meister und qualifizierte sich zusammen mit dem KSC für die Aufstiegsspiele. Psychisch allerdings hatte die Erfahrung der Niederlage die lange Zeit so überragend auftrumpfenden Nürnberger offenbar geschockt. In der Aufstiegsrunde setzte es in sechs Spielen vier Niederlagen.

Nach dem deprimierenden Saisonausklang versuchte man es in Nürnberg mit neuen Trainern – zunächst Boba Mihailovic, dann Fritz Langner - und einem neuen Präsidenten – Hans Ehrt löste Walter Luther ab -, doch statt der Spitze der Tabelle steuerte man deren Ende an. Der im Dezember von den Münchner Bayern als Hoffnungsträger verpflichtete Tschik Cajkovski, konnte nur das Schlimmste verhindern.

Obwohl Trainer Cajkovski die richtige Einstellung mitgebracht hatte - „Clubfan war ich schon, als ich noch die Bayern trainierte" – kamen seine Spieler im Verlauf der gesamten Saison 1971/72 aus dem Mittelmaß nicht heraus. Indessen entbrannte an der Tabellenspitze das alte/neue Duell Kickers Offenbach gegen Bayern Hof. Mit Kampfkraft und wirkungsvollem Doppelpassspiel gaben die mit dem Ex-Nürnberger Ludwig Schuster enorm verstärkten Hofer auf der regelmäßig gut gefüllten „Grünen Au" – mehrmals kamen über 16.000 Zuschauer – nicht nur dem Club das Nachsehen (2:1), sondern auch den Münchner Löwen (5:2). Nur Konkurrent Offenbach erwies sich als zu stark und ertrotzte sich ein Remis (2:2). Am Ende hatten die Hessen fünf Punkte Vorsprung, und die Gelb-Schwarzen waren als Tabellenzweiter wieder für die Aufstiegsrunde qualifiziert.

Im ersten Spiel errangen die von Herbert Wenz gecoachten Bayern mit mutigem Offensivspiel einen verheißungsvollen 3:1-Sieg gegen Borussia Neunkirchen. Dann aber versäumten sie es, ihre spielerische Überlegenheit in Tore umzumünzen. Es reichte nur noch zu einem Sieg im letzten Spiel gegen Tasmania Berlin. Der fiel zwar mit 6:0 sehr hoch aus, war aber bereits bedeutungslos. Wieder war es nichts mit der Bundesliga. Zum dritten Mal, nach 1967 und 1968, waren die Bayern in der Aufstiegsrunde gescheitert.

Immerhin: Auch ohne Torjäger Bobby Breuer, der die Oberfranken nach drei erfolglosen Aufstiegsversuchen in Richtung Innsbruck verlassen hatte, blieben die Hofer in der Saison 1972/73 nicht ohne Erfolgserlebnisse. Zwar reichte es am Ende nur zu einem 12. Platz, aber dem Breuer-Nachfolger Hartmut Werner gelang gleich zum Saisonauftakt ein Hattrick beim 4:1 gegen 1860 München, und dann gab es, zum ersten Mal nach dem Sieg der Panzer-Elf im Jahr 1930, wieder einen Auswärtssieg in Nürnberg. Für die drei Treffer am 18. November 1972 sorgten Uli Pechthold, Reinhard Lippert und der überragende Ludwig Schuster.

Eigentliche Überraschungsmannschaft der Saison waren allerdings nicht die Gelb-Schwarzen aus Hof, sondern die aus Bayreuth. Bereits im Vorjahr hatten die Altstädter mit zwei Unentschieden gegen den 1. FC Nürnberg auf sich aufmerksam gemacht. Nun landeten sie, im zweiten Jahr nach dem Wiederaufstieg, auf Rang vier und damit einen Platz vor dem 1. FCN. Nach dem Abschluss der Saison 1972/73, in der sie sich beinahe für die Aufstiegsspiele zur Bundesliga qualifiziert hätten, wählte der „Sportkurier“ gleich vier Bayreuther – Manfred Größler, Rolf Kaul, Ewald Schäffner und Torwart Adi Ruff – in die „Elf der Besten“.

Besonders bemerkenswert waren die beiden Begegnungen gegen den 1. FCN. In Nürnberg glückte ein sensationelles 2:1, zuhause gab es wegen eines Torbruchs große Aufregung. Das mit Verspätung angepfiffene Match entschied der Club durch ein Tor des unermüdlichen Mittelfeld-Rackerers Dieter Nüssing mit 1:0 für sich.

Auch 1973/74, in der letzten Saison der Regionalliga Süd, blieben die Gelb-Schwarzen aus Bayreuth der größte Konkurrent der Rot-Schwarzen aus Nürnberg. Mit den Neuzugängen Klaus Brand, Herbert Heidenreich und Torwart Wolfgang Mahr erreichten sie Platz fünf. Höhepunkt der Saison war wie immer das Spiel gegen den Club, der sich am letzten Spieltag vor 30.000 Zuschauern ein 1:1 erzitterte und sich so mit einem Punkt Vorsprung vor dem TSV 1860 München den Platz zwei in der Tabelle sicherte.

Die Derbys Oberfranken gegen Mittelfranken bzw. Gelb-Schwarz gegen Rot-Schwarz waren also die großen Highlights in der elfjährigen Geschichte der Regionalliga Süd. Die Gesamtabrechnung zeigt, dass der Club nur äußerst knapp die Oberhand behielt. In zehn Spielen gegen Hof gewann er fünfmal, in acht Begegnungen gegen Bayreuth landete er drei Siege. Dem stehen vier bzw. zwei Niederlagen gegenüber. Der 1. FC Nürnberg, der einst so ruhmreiche Rekordmeister, war, wie insbesondere auch das Torverhältnis gegen Hof zeigt (15:15), in der Regionalliga keineswegs die unumschränkte Nummer eins des fränkischen Fußballs.

Frankenboom und „Emma-Tore"

Voller Hoffnung fieberten die Clubfans im Mai 1974 der Bundesliga entgegen. Nach fünf entbehrungsreichen Jahren sollte endlich die Rückkehr ins Oberhaus gelingen. Im ersten Spiel der letztmals nach dem alten Modus ausgespielten Aufstiegsrunde lief es für den seit Saisonbeginn vom ehemaligen Nationaltorhüter Hans Tilkowski trainierten Club noch gut. Gegen Eintracht Braunschweig ließ ein sehenswerter Nüssing-Kopfball zum 1:0 die Fans schon von der Bundesliga träumen, wenig später aber hatte das 0:5 einer desolaten Mannschaft bei Wacker 04 Berlin die Euphorie bereits gebremst.

Zwar gelang nach Siegen über Saarbrücken und Wattenscheid eine eindrucksvolle 9:1-Revanche gegen Wacker – Dieter Nüssing (2), Peter Geyer (2), Rudi Sturz (2), Slobodan Petrovic, Jasch Majkowski und Rudi Hannakampf sorgten für das Schützenfest –, doch nach einer Niederlage in Braunschweig mussten noch zwei Siege her. Gegen Wattenscheid glückte ein knappes 1:0, doch das letzte Spiel in Saarbrücken endete 2:2-Unentschieden. Am Ende fehlte dem Club zur Erstklassigkeit ein einziger Treffer gegenüber den punktgleichen Braunschweigern.

Der 1. FC Nürnberg blieb auch in der nächsten Saison weiterhin zweitklassig, als „Bundesligist" durfte er sich jetzt aber dennoch bezeichnen. Aus den bisherigen fünf Regionalligen wurden nämlich im Jahr 1974 zwei Zweite Bundesligen gebildet. Alle fränkischen Vereine aus der alten Regionalliga schafften den Sprung in die neue Liga. Obwohl Bayern Hof in der Gesamttabelle der alten Regionalliga Süd den ersten Platz einnahm (761:554 Tore und 447:329 Punkte in 388 Spielen), wurde die Qualifikations-Rangliste von den Ex-Bundesligisten1860 München und 1. FC Nürnberg angeführt. Bayern Hof kam auf Rang fünf, gefolgt von der SpVgg Bayreuth (7.), der SpVgg Fürth (9.) und dem FC Schweinfurt 05 (10.).

Auch in der neuen 2. Liga Süd, die bis 1981 Bestand hatte, spielten die fränkischen Vereine eine respektable Rolle. Der 1. FCN, der sich zwischenzeitlich in die 1. Liga verabschiedete, war in 192 Spielen dabei. Alle sieben Spielzeiten der Liga, insgesamt je 268 Spiele, machten die SpVgg Bayreuth und die SpVgg Fürth mit. Bayern Hof konnte sich bis 1978 mit einer positiven Bilanz in der Liga behaupten. Das Feld der fränkischen Zweitligisten wurde komplettiert durch

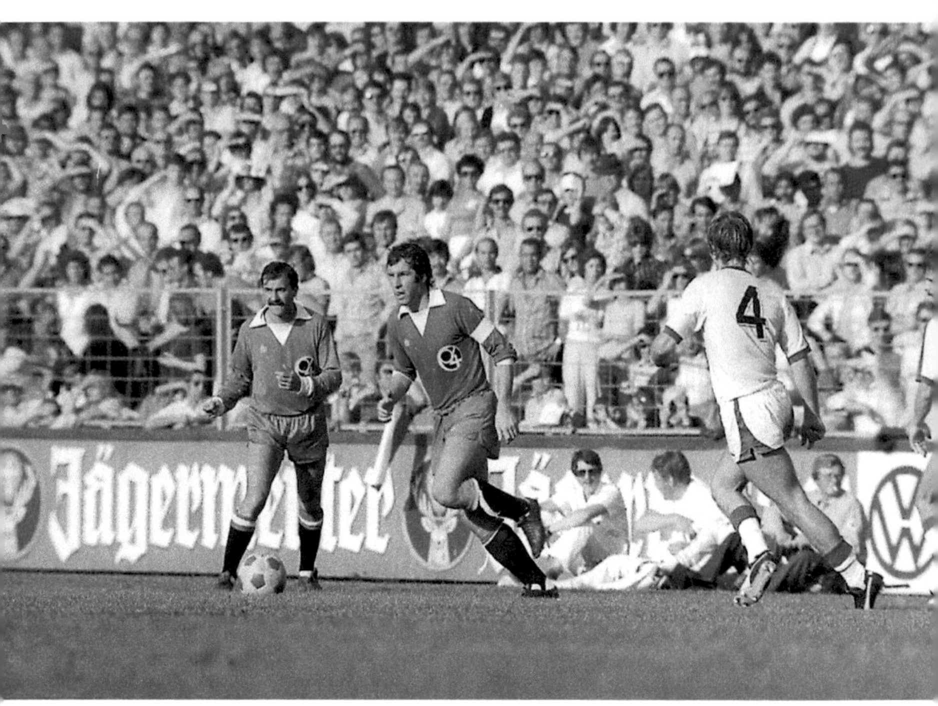

Der ehemalige Dortmunder Lothar Emmerich kickte 1974 bis 1976 für Schweinfurt 05, 1976 bis 1978 war er für den FV Würzburg 04 am Ball (im Bild). Danach spielte er noch ein paar Monate für die Würzburger Kickers.

den 1976 abgestiegenen FC Schweinfurt 05 sowie durch die beiden Würzburger Vereine FV 04 (1976-80) und Kickers (1977/78).

Der erste fränkische Verein, der in der neuen Liga für Furore sorgte, war der FC Schweinfurt 05. Prominentester Spieler in den Reihen der Kugellagerstädter war der ehemalige Nationalspieler und Dortmunder Bundesliga-Torschützenkönig der Jahre 1966 und 1967, Lothar Emmerich. Der Torjäger war von Austria Klagenfurt gekommen.

Auftakt einer tollen Saison war das Pokalspiel am 8. September 1974 gegen den 1. FC Kaiserslautern. In der Halbzeitpause jubelten 14.000 Zuschauer über eine 3:0-Führung gegen den Bundesligisten, die Rainer Skrotzki (19.) und eben Lothar „Emma" Emmerich (25., 33.) hergestellt hatten. Als Torjäger Emmerich kurz nach Wiederanpfiff einen Elfmeter gegen Lauterns schwedischen Torwart Hellström vergab, nahm ihm das kaum jemand übel. Was sollte denn noch passieren?

Doch plötzlich drehte der Bundesligist auf, am Ende verloren die Schnüdel mit 3:4. Nichts war es mit der Pokalsensation. In der Liga konnten die Schweinfurter den starken Pokalauftritt bestätigen. Vor Bayern Hof (4.) und dem 1. FCN (6.), der trotz des für die Rekord-Ablöse von 666.666 DM aus Bochum verpflichteten Torjägers Hans Walitza (21 Treffer) nicht in die Erfolgsspur fand, erreichten sie den dritten Platz. Sie lagen nur zwei Punkte hinter dem Meister KSC, zum punktgleichen Zweiten FK Pirmasens fehlten ihnen lediglich sieben Tore.

In der Tatsache, dass die Schweinfurter nur wegen des schlechteren Torverhältnisses die Qualifikation zu den Aufstiegsspielen verpassten, lag eine gewisse Ironie. Denn die von Istvan Sztani trainierten Schnüdel hatten in dieser Saison ihren wohl besten Sturm aller Zeiten. Mit Harald Aumeier (15 Tore), Werner Seubert (16 Tore) und eben Lothar Emmerich (16 Tore) stellten sie in der 2. Liga Süd gleich drei Stürmer in den „Top Ten" der Torjäger. In der nächsten Saison zeigte der bereits 34-jährige „Emma" erneut, dass er noch nicht zum Alten Eisen gehörte. Der Mann mit der berühmten „linken Klebe" traf 21 Mal ins Schwarze und zeichnete damit beinahe für die Hälfte der Schweinfurter Tore verantwortlich. Den Sturz auf den Abstiegsrang 18 konnte er dennoch nicht verhindern. Es war kaum zu begreifen: Nur ein Jahr nach dem Höhenflug waren die Nullfünfer statt in der Bundes- in der Bayernliga gelandet.

An Stelle der Schweinfurter kickte in der Saison 1976/77 der FV 04 Würzburg als Vertreter Unterfrankens in der 2. Liga Süd. Die nach dem Verzicht des Bayernliga-Meisters FC Wacker München aufgestiegenen Nullvierer kickten munter mit und beendeten ihre erste Zweitliga-Saison auf einem respektablen 13. Platz. Hauptverantwortlich für den fußballerischen Höhenflug war auch diesmal Lothar Emmerich. Obwohl er in der Schweinfurter City eben erst ein Fachgeschäft für Freizeitmoden eröffnet hatte, war er vom Absteiger Schweinfurt 05 zu Würzburg 04 gewechselt, wo der ehemalige Regionalliga-Coach der Hofer Bayern, Herbert Wenz, als Trainer angeheuert hatte. Der Mann mit der eingebauten Torgarantie erzielte 24 der 49 Würzburger Treffer und war damit Torschützenkönig der 2. Liga Süd.

Durch den Aufstieg der Würzburger Kickers erhöhte sich 1977/78 die Anzahl der fränkischen Vereine in der 2. Liga auf sechs. Dieser regelrechte „Frankenboom" im deutschen Profifußball war jedoch nur von kurzer Dauer. Obwohl sie Altstar Lothar Emmerich vom Lokalrivalen FV 04 abgeworben hatten, reichte es bei den Kickers nur zu einem einjährigen Gastspiel in der 2. Liga Süd. „Emma" erzielte zwar nochmals neun Tore, trotzdem landeten die „Roten" am Ende abgeschlagen auf dem vorletzten Platz.

Die „Blauen" hingegen, die in Klaus Sterz einen würdigen Emmerich-Nachfolger gefunden hatten (15 Tore), sicherten sich Rang elf und erreichten damit einen der größten Erfolge der Vereinsgeschichte. Auch im direkten Duell „Blau" gegen „Rot" hatte der FV 04 in dieser Saison die Nase vorn. 4:0 gewannen die „Blauen" im eigenen Stadion an der Frankfurter Straße, das Derby im Dallenberg-Stadion der Kickers endete vor 12.000 Zuschauern 2:2 unentschieden.

Aufstiegsjubel in Essen

Trotz der durch Emmerich in Schweinfurt und Würzburg herbeigeführten Fußball-Renaissance wurde in der Südliga das Geschehen an der Tabellenspitze weiterhin vom 1. FC Nürnberg bestimmt. Die Vorstandschaft um Präsident Hans Ehrt hatte an Trainer Hans Tilkowski festgehalten. 1976 wurde dieses Vertrauen belohnt. Hinter dem Tabellenersten Saarbrücken qualifizierte sich der Club als ungefährdeter Tabellenzweiter für die Entscheidungsspiele gegen den Nordzweiten Borussia Dortmund.

Erneut erfüllten sich jedoch die Hoffnungen auf den Aufstieg nicht. Am 17. Juni verlor die Tilkowski-Elf vor 55.000 Zuschauern im Städtischen Stadion die erste Auseinandersetzung mit 0:1. Der Sturm, der in diesem Spiel eine einzige Enttäuschung war, machte es dann im Rückspiel zwar besser – Rudi Sturz und Hans Walitza konnten die Dortmunder Führung zweimal egalisieren -, am Ende aber hieß es 3:2 für die von Otto Rehhagel trainierten Borussen.

Die Enttäuschung über die zum dritten Mal verpasste Chance auf Bundesliga-Fußball saß tief. Unter dem neuen Trainer Horst Buhtz blieb der Club zwar in der darauffolgenden Saison lange Zeit ungeschlagen, verspielte aber mit unnötigen Unentschieden seine Aufstiegschancen. Nach einer 0:4-Niederlage gegen den VfB Stuttgart am 16. April 1977 hatten die leidgeprüften Clubfans endgültig die Nase voll. Zum letzten Heimspiel der Saison trotteten gerade noch 1.743 Unentwegte ins Stadion – absoluter Minusrekord in der Vereinsgeschichte.

Ein Minus hatte der Club nach dieser Saison auch in der Vereinskasse. Ohne die Leistungsträger Nüssing, Pechthold, Geinzer und Hannakampf, die in der Not für billiges Geld verscherbelt wurden, startete der Club ohne große Hoffnungen in die neue Saison. Horst Buhtz formte um die Routiniers Manni Müller, Dani Petrovic und Hans Walitza eine jugendliche Mannschaft, die, so meinte man, erst einmal Erfahrung sammeln müsse.

Es passierte, womit kaum einer gerechnet hatte: Mit jungen Spielern wie Horst Weyerich, Peter Stocker, Norbert Eder, Reinhold Schöll und Bertram Beierlorzer mischte der 1. FCN die ganze Liga auf. Als der Club im Oktober die Tabellenspitze erklommen hatte, schwärmte die Lokalpresse vom Elan des „Club '77". In der zweiten Halbserie ließ der Elan zwar etwas nach, aber es gelang dennoch, die Qualifikation für die Aufstiegsspiele vorzeitig unter Dach und Fach zu bringen. Ein 1:3 im letzten Heimspiel gegen Waldhof Mannheim gefährdete den zweiten Platz zwar nicht mehr, führte aber zur Entlassung von Trainer Horst Buhtz. Der neue Präsident Lothar Schmechtig versprach sich von einem neuen Mann – es kam der junge, Assistenztrainer des FC Bayern München, Werner Kern – frischen Wind für die Aufstiegsspiele gegen Rot-Weiß Essen. Kerns Generalprobe im letzten Saisonspiel in Hof ging gründlich daneben. Der Club holte sich nicht nur seine traditionelle Niederlage ab, sondern wurde beim 0:4 geradezu vorgeführt.

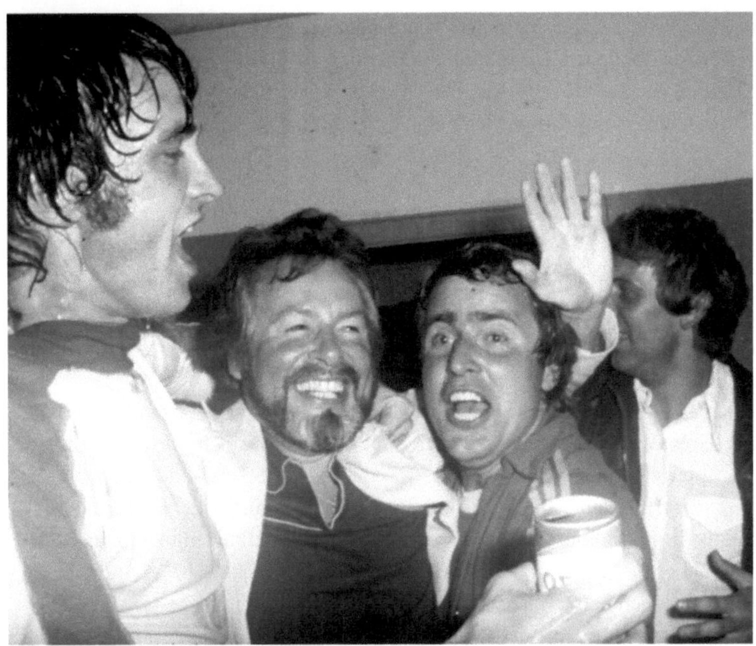

Nürnberger Aufstiegsjubel in der Kabine. Von links: Co-Trainer Tauchmann, Präsident Michael A. Roth und Hans Walitza.

Trotzdem glückte im Städtischen Stadion der erste Akt des Aufstiegsdramas. Hans Walitza sorgte in der 79. Minute per Kopf für ein knappes 1:0. Beim Rückspiel im Essener Georg-Melches-Stadion ging die Kern-Mannschaft durch Petrovic und Walitza zweimal in Führung, doch zweimal kamen die Essener wieder heran. In der Schlussphase berannten die Rot-Weißen pausenlos das Clubtor, doch am Ende reichte es dank eines überragenden Manni Müller, der in der 82. Minute sogar einen Elfmeter von Horst Hrubesch parierte. Der 1. FC Nürnberg war wieder erstklassig! Beim Feiern in der Kabine mit dabei war auch der Extra aus Berlin eingeflogene ehemalige Club-Kapitän Dieter Nüssing: „Mich hat es wahnsinnig gefreut, dass der Club wieder in der Bundesliga war."

Abstiegstrauer in Hof

Die Aufstiegssaison des 1. FC Nürnberg war zugleich die Abstiegssaison des FC Bayern Hof. Unter Trainer Istvan Sztani stolperte man in der Vorrunde zielstrebig dem Tabellenende entgegen. Auch Siegfried Stark, der im Januar 1978 Sztani ablöste, gelang keine grundlegende Besserung. Am letzten Spieltag konnte die Mannschaft zwar noch einmal, siehe oben, mit einem 4:0-Heimsieg über den Club brillieren, das rettende Ufer jedoch wurde dadurch nicht mehr erreicht. Der mitgefährdete KSV Baunatal gewann ebenfalls, und so fehlte den Hofern am Ende ein Punkt auf den rettenden 16. Tabellenplatz.

Die Bayern mussten den harten Weg in die Bayernliga antreten. Der enttäuschte Armin Möbius legte nach 22 Jahren sein Amt als Manager nieder. Als ob er geahnt hätte, dass seinen Verein nun eine ebenso lange Zeit der Erfolglosigkeit erwartete.

Überraschen konnte die Entwicklung niemanden. Die Hofer, namentlich der Vorsitzende des FC Bayern, Peter Scherdel, hatten sich immer gegen die Einführung einer zweigleisigen 2. Liga ausgesprochen: „Aus den Mitgliederbeiträgen und den Spieleinnahmen können wir die erhöhten Kosten nicht decken. Wir sind deshalb auf die Unterstützung der Wirtschaft und der Stadt Hof angewiesen." Die blieb jedoch aus.

Als besonders schwerwiegend erwies sich nun auch der Standort-Nachteil der Grenzstadt Hof „am Ende der Welt". Solange man in Nordbayern noch die unangefochtene Nummer Eins war, hatte man Spieler und Zuschauer aus ganz Oberfranken auf die „Grüne Au" locken können. Es wurde „kritisch", meint Armin Möbius, seit in Bayreuth ein starker Konkurrent heranwuchs. Der Zuschauerdurchschnitt, der im letzten großen Erfolgsjahr 1971/72 noch knapp 9.000 betragen hatte, war 1977/78 auf unter 3.000 gefallen.

Sportlich hatte sich der Niedergang des FC Bayern langsam, aber stetig vollzogen. 1974/75 konnte man in der neuen Liga an die hervorragenden Leistungen, die man in der alten Regionalliga gezeigt hatte, noch anschließen. Wie üblich besiegte man zu Hause den 1. FCN (3:0). Auch der künftige Meister KSC und der TSV 1860 München holten sich auf der „Grünen Au" Niederlagen ab. Höhepunkt der Saison war das Rückspiel gegen die Löwen am 8. Juni 1975 im Münchener Olympiastadion vor 70.000 Zuschauern. Beide Vereine hatten noch Chancen auf den zweiten Tabellenplatz. Nach dem 0:0 lagen die Hofer am vorletzten Spieltag punktgleich mit Pirmasens und Schweinfurt auf dem zweiten Platz. Dann aber ging das Heimspiel gegen Darmstadt 98 unglücklich mit 1:2 verloren.

Bayern Hof landete hinter Schweinfurt auf dem vierten Platz. Dennoch war man zufrieden und sah keinen Grund, Trübsal zu blasen. Vor Beginn der Saison 1975/76 mussten die Bayern wegen akuter Finanznöte ihren Stürmer Ludwig Schuster an den Krösus FC Bayern München verscherbeln. Ohne den Goalgetter lief es wesentlich schlechter, am Ende sprang aber wenigstens ein Platz im Mittelfeld heraus.

In der nächsten Saison lief es noch schlechter. Man verlor zuhause gegen die SpVgg Bayreuth mit 0:3, eine 1:5-Niederlage im Rückspiel am 26. Februar 1977 bei dem oberfränkischen Rivalen war schließlich Anlass für die Trennung vom langjährigen Erfolgstrainer Heinz Elzner. Unter Siegfried Stark, der als Interimstrainer einsprang, konnte man die Saison immerhin noch einigermaßen glimpflich beenden. Man erreichte Rang zwölf. Zwei Plätze dahinter rangierte die SpVgg Bayreuth. Es sollte das letzte Mal sein, dass die Hofer im Profifußball den oberfränkischen Rivalen übertrumpfen konnten.

Neues in Altstadt

Das erfolgreiche Abschneiden in den letzten drei Jahren der alten Regionalliga und die damit verbundene sportliche Qualifikation zur neuen 2. Bundesliga Süd hatte in Bayreuth eine regelrechte Fußball-Euphorie ausgelöst. Es bildete sich ein Gönnerkreis der „Altstadt-Freunde", der die wirtschaftliche Sanierung des Vereins sicher stellte. Fehlten nur noch Verstärkungen für die vom „Urgestein" Manfred Größler angeführte Mannschaft. Bayreuths sportbegeisterter Oberbürgermeister Hans-Walter Wild rief im Sommer 1974 kurzerhand bei Bobby Breuer in Innsbruck an, um den verlorenen Sohn zurückzuholen.

Tatsächlich sagte der Torschützenkönig der ersten österreichischen Liga zu. Und in der darauffolgenden Saison waren Breuer und Größler die unumstrittenen „Altstadt-Leitwölfe". Die Bayreuther sollten nun eine hervorragende Rolle in der neuen 2. Liga spielen. Obwohl im neuen Städtischen Stadion am Ellrodtweg nicht mehr die Atmosphäre wie auf der alten „Jakobshöhe" aufkam, ermöglichte es bei Topp-Spielen eine Verdoppelung der Zuschauerzahl auf 20.000.

Die erste Saison war noch nicht allzu vielversprechend. Herausragend war lediglich der 3:1-Heimsieg vor über 14.000 Zuschauern gegen den 1. FC Nürnberg. Die Bayreuther hatten aber mit dem körperbetonten Spiel in der Liga Probleme. Trainer Jenö Vincze wurde entlassen. Unter dem Nachfolger Gerhard Happ wurde es besser und vor allem lustiger. Zu den speziellen Methoden des Trainers zählte es, so Torwart Wolfgang Mahr, die Mannschaft singen zu lassen: „Am Anfang haben wir sehr laut gesungen, weil er gesagt hat, wer nicht mitsingt, wird nicht aufgestellt." 1975/76 hatten sich die fidelen Altstädter immerhin auf Rang fünf empor gesungen.

Die ganz große Zeit der Spielvereinigung begann allerdings erst, als der Ex-Hofer Erfolgscoach Heinz Elzner ab Sommer 1977 aus dem Altstädter Fußball-Chor ein Ensemble formte, das auch auf dem grünen Rasen einen funktionierenden Taktik-Kanon aufzuführen wusste und sensationeller Herbstmeister wurde. In der Rückrunde kam man dann etwas ins Stolpern. Besonders dramatisch verlief die Begegnung am 27. Februar 1978 in Nürnberg. Mit Breuer und Brand verlor die Spielvereinigung gleich zwei Spieler durch Platzverweis, und so ging das Spiel mit 2:3 in die Binsen.

Am Ende sprang in der Tabelle ein vierter Platz heraus. Es war der bis dahin größte Erfolg der Vereinsgeschichte! Die Altstädter waren nun im oberfränkischen Fußball die Nummer Eins. Auch in der Derby-Bilanz aus den vier Zweitligajahren, die die Hofer und Bayreuther zwischen 1974 und 1978 gemeinsam bestritten, hatten die Altstädter die Nase klar vorne (11:5 Punkte und 16:6 Tore).

Während sich die Hofer 1978/79 in der Bayernliga vergeblich am direkten Wiederaufstieg versuchten, griffen die Bayreuther in der 2. Liga Süd nach den Sternen. Einem 3:1-Auftaktsieg bei 1860 München folgte eine tolle Serie, so dass die Mannschaft um Torwart Wolfgang Mahr, Torjäger Uwe Sommerer (24 Treffer), Stratege „Ruuudi" Hannakampf sowie den Altstars Manni Größler und Bobby Breuer von Anfang an ganz vorne mitspielte. Am 37. Spieltag verpassten es die Elzner-Schützlinge, die Tabellenspitze zu erobern, als sie sich mit einem 2:4 gegen den FSV Frankfurt die einzige Heimniederlage leisteten. Sie beendeten die Saison als Vizemeister hinter den „Löwen" aus München.

Trotz des knapp verpassten Direktaufstiegs blieb den Altstädtern noch die Chance, im Entscheidungsspiel der Zweitliga-Vizemeister den Aufstieg perfekt zu machen. Gegner des Südzweiten Bayreuth war der Nordzweite Bayer Uerdingen. Im ersten Qualifikationsspiel am 14. Juni 1979 vor der Rekordkulisse von 23.000 Zuschauern – das Stadion war blitzschnell ausgebaut worden – reichte es trotz überlegenem Spiel und einer 1:0-Führung durch einen Größler-Elfmeter nur zu einem 1:1. In der Grotenburg-Kampfbahn stand es bis kurz vor dem Abpfiff ebenfalls 1:1. Doch dann vertändelte ausgerechnet Größler im Mittelfeld das Leder. Ein Uerdinger schnappte sich den Ball und setzte ihn zum entscheidenden Treffer ins Netz. Torwart Wolfgang Mahr: „Es war ein Sonntagsschuss. Damit war der Traum von der Bundesliga ausgeträumt."

Nicht nur die Glücksgöttin, auch der gegenüber den Uerdingern sehr nachsichtige Schiedsrichter, so hieß es hinterher, habe die Gelb-Schwarzen benachteiligt. „Es entstand der Eindruck", schrieb der Bayreuther Anzeiger, „dass der DFB lieber einen Klub aus dem Ruhrpott als einen aus dem oberfränkischen Raum, nahe der Grenze zur DDR und CSSR, in der Bundesliga sehen wollte."

Auf und Ab in Liga zwei

Am Ende hatte den Altstädtern in der besten Saison ihrer Vereinsgeschichte das letzte Quäntchen Glück gefehlt. Pech hatte in der Saison 1978/79 aber auch die SpVgg Fürth. Eine starke Abwehr um das Torhüter-Idol Peter Löwer und die Libero-Legende Bernhard Bergmann sowie ein torgefährlicher Sturm, in dem ein überragender Edi Kirschner für den Zweitliga-Rekord von 33 Treffern sorgte, bescherten den Anhängern der Spielvereinigung eine tolle Saison. Das „Aus" im Titelrennen kam für die von Hannes Baldauf trainierten Kleeblättler erst durch eine 2:3-Niederlage am 35. Spieltag beim FC Hanau 93. Die Fürther landeten schließlich auf Rang vier, mit nur vier Punkten Rückstand auf den Meister 1860 München.

Dort, wo die anderen Franken gerne hinwollten, nämlich in der Bundesliga, hatte 1978/79 der 1. FC Nürnberg kicken dürfen. Der Erstliga-Auftritt des immer noch als Rekordmeister firmierenden Vereins war allerdings alles andere als ruhmreich geblieben. Mit nur 36 Treffern hatte der Club den schlechtesten Sturm der Liga. Vor allem der mit riesigen Erwartungen verpflichtete Weltmeister Uli Hoeneß war alles schuldig geblieben, hatte in seinen elf Einsätzen kein einziges Mal ins Schwarze getroffen.

Die Saison 1979/80 sah den 1. FCN nun wieder in der Zweitklassigkeit. Auch jetzt hielten die Probleme an. Bewährte Kräfte wie Dani Petrovic, Manni Müller und Hans Walitza mussten ersetzt werden durch Neuzugänge wie Torwart Bernhard Hartmann und die beiden Österreicher Reinhold Hintermaier und Franz Oberacher. Nach einem misslungenen Start – 1:5 Punkte – wurde der neue Trainer Jeff Vliers schnell wieder entlassen, „Zapf“ Gebhardt kehrte zurück.

Unter dem alten Kämpen beendete der 1. FCN als Tabellenzweiter die Vorrunde. Vier Tage vor Schluss wies der Club als Spitzenreiter sechs Punkte Vorsprung vor dem KSC auf. Als Bertram Beierlorzer am 25. Mai beim Auswärtspiel gegen den MTV Ingolstadt in der 63. Minute das 1:0 schoss, war der Aufstieg perfekt.

Während der 1. FCN in die Bundesliga durchstartete, geriet der „Club-Schreck“ Bayern Hof ins Trudeln. Nach dem misslungenen Versuch, den sofortigen Wiederaufstieg zu erreichen, hatten Trainer Siegfried Stark und die meisten der alten Zweitliga-Spieler den Verein verlassen. Seine Nachfolger Egon Herlan und Erwin Saalfrank konnten den freien Fall nicht stoppen. Die Bayern landeten in der Bayernliga auf dem letzten Platz und stiegen in die Landesliga ab. 1980 musste sogar das Stadion „Grüne Au“ an die Stadt verkauft werden.

Auch in Würzburg hing der Fußball-Himmel voller Gewitterwolken. 1976 waren die Kickers abgestiegen, zwei Jahre danach war das Abenteuer 2. Liga auch für den FV 04 Würzburg vorbei. Wie zuvor die Schweinfurter und die Kickers hatten sich die „Blauen“ finanziell übernommen. Es drückte eine Schuldenlast von 2,5 Millionen Mark. Während der Absteiger von 1976, Schweinfurt 05, und die Absteiger von 1978, Bayern Hof und Würzburger Kickers, allesamt bis in die Landesliga durchgereicht wurden, verschwand der FV 04 komplett von der Bildfläche. Am 15. Mai 1981, als der Abstieg aus der Bayernliga bereits feststand, erfolgte der Gang zum Konkursrichter. Auch das klassische Würzburger Derby hatte damit ein Ende. Von 1908 bis 1981 standen sich die Würzburger Vereine 121 Mal gegenüber. 50 Siege stehen für die Kickers zu Buche, 48 für 04, 23 Mal trennte man sich Remis.

Die einzigen beiden fränkischen Vereine, die 1980/81 in der siebten und letzten Saison der 2. Liga Süd noch mitkickten, waren die SpVgg Bayreuth und die SpVgg Fürth. Noch vor Saisonbeginn, am 12. Januar 1980, gelang den Altstädtern der letzte große Erfolg in ihren „Goldenen Zeiten“. Vor 21.000 Zuschauern warfen sie Bayern München durch einen von Uwe Sommerer in der 22. Minute per artistischem Spagat erzielten Treffer mit 1:0 aus dem Pokal.

Danach waren Trainer Heinz Elzner, Bobby Breuer und Reinhard Brendel zu Gast im „Aktuellen Sportstudio“. Erst im Viertelfinale ereilte die Altstädter gegen Schalke 04 das „Aus“ (1:3). In der Liga landeten die Elzner-Schützlinge auf Rang neun und waren damit für die neue eingleisige 2. Liga qualifiziert. Selbiges schafften auch die Kleeblättler, obwohl sie wieder eine Saison im grauen Mittelfeld hinter sich gebracht hatten.

Kein Aufstieg und kein Pokal

Die einzigen fränkischen Klubs, denen zwischen 1963 und 1981 – also in den Jahren zwischen der Einführung der Regionalliga und dem Ende der 2. Liga Süd - der Aufstieg aus der Bayernliga gelang, waren die beiden Würzburger Vereine Kickers und FV 04 sowie die SpVgg Bayreuth, für die das Altstädter Idol Manni Größler 1967 und 1968 als Torschützenkönig brillierte (34 bzw. 35 Treffer). Pech hatte der ASV Herzogenaurach. Obwohl Bayernliga-Meister des Jahres 1974, kam für ihn wegen der Umstrukturierung des Ligasystems – Zusammenfassung der fünf Regionalligen in zwei Zweite Ligen – ein Aufstieg nicht in Frage.

Das Meisterjahr des ASV war im Übrigen zugleich das Abstiegsjahr des Lokalkonkurrenten, des Puma-Klubs FC Herzogenaurach. Der ASV folgte 1977. Zwei Spielzeiten später lieferten sich beide Klubs in der Landesliga Mitte ein brisantes Duell um den Aufstieg. Eine wichtige Figur war dabei der spätere Weltmeister, Weltfußballer und Rekordnationalspieler (150 Länderspiele) Lothar Matthäus. Er gab als 17-Jähriger am 12. August 1978 beim FC Herzogenaurach seinen Einstand in der ersten Mannschaft und schoss beide Tore zum 2:1-Sieg gegen den FC Passau. Im Juni 1979 bestritt er beim 4:1 gegen den ASV Cham sein letztes Spiel für seinen Heimatverein, bevor er in die Bundesliga zu Borussia Mönchengladbach wechselte. Vor dem Lokalrivalen ASV stieg der von Franz Brungs trainierte FC Herzogenaurach in die Bayernliga auf.

Auch bei anderen fränkischen Vereinen, die in der Bayernliga eine gute Rolle spielten, kickten exzellente Fußballer. So schnürte zum Beispiel der Bayern-Auswahlspieler und spätere Club-Profi Kurt Geinzer für den BSC Erlangen (SpVgg Büchenbach) seine Schuhe, im Trikot des VfB Helmbrechts wurde der spätere Unterhachinger Erfolgstrainer Lorenz-Günter Köstner zum Amateur-Nationalspieler. Erfolgreiche Zeiten in der Bayernliga erlebten auch Klubs wie der 1. FC Lichtenfels, der 1. FC Bamberg, der VfB Coburg oder der ATS Kulmbach.

Der bemerkenswerteste Coup gelang jedoch dem 1. FC Haßfurt. 1972 aus der Bayernliga ab- und 1976 wieder aufgestiegen, schaffte der Luggi-Müller-Klub 1978 mit der Bayernliga-Meisterschaft den Anschluss an die erfolgreichen 60er Jahre. Da man jedoch Angst hatte, sich auf das Abenteuer 2. Liga einzulassen, verzichtete man auf den Aufstieg und ließ dem Zweitplatzierten MTV Ingolstadt den Vortritt. Vielleicht hat so mancher im Verein diesen Schritt bereut. Drei Spielzeiten nach diesem tollen Erfolg mussten die Kicker aus dem Mainstädtchen am Fuße der Hassberge wieder zurück in die Landesliga Nord.

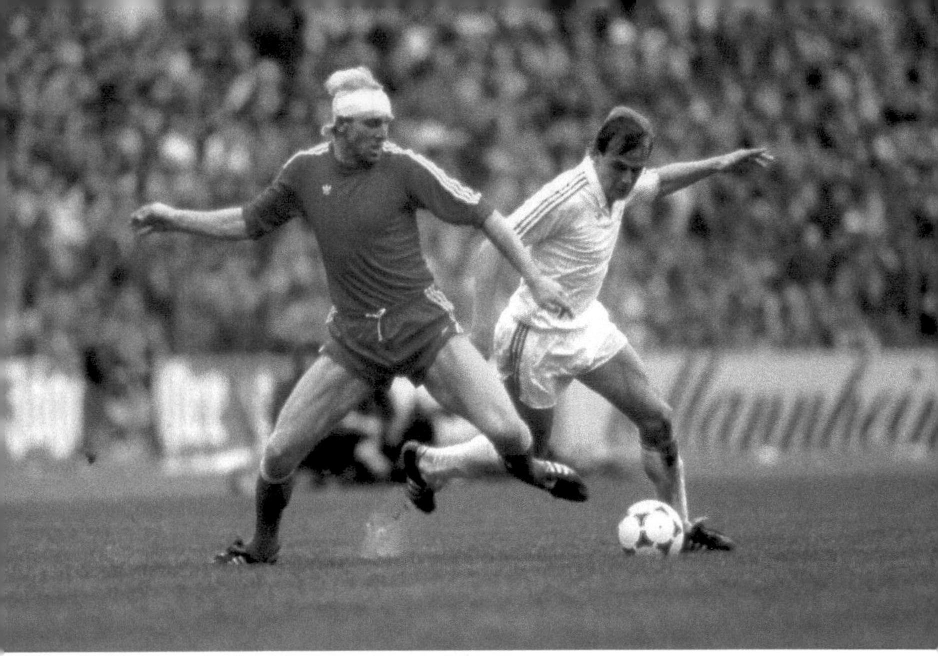

Schockte in einem denkwürdigen Pokalfinale den Club: der nach einer Verletzung mit einem „Turban" weiterspielende Bayern-Stürmer Dieter Hoeneß. Per Kopf besorgte er den Endstand von 4:2 für die Münchner.

Nur ein kleiner Trost war, dass sie kurz nach dem Abstiegsdrama, am 29. August 1981, in der 1. Hauptrunde des DFB-Pokals den Bundesligisten 1. FC Nürnberg empfangen durften. Der hatte, nach einer Saison mit Hängen und Würgen und vielen Krisen, den Abstieg gerade mal so eben vermeiden können.. Vor 5.000 Zuschauern im Stadion an der Flutbrücke lagen die Gastgeber zur Halbzeit nach Toren von Norbert Schlegel und Dieter Lieberwirth mit 0:2 hinten. Dabei blieb es.

Der 1. FC Haßfurt hatte sich damit 45 Minuten lang nicht schlechter angestellt als im Jahr darauf der FC Bayern München. Der nämlich lag im Finale dieser DFB-Pokalrunde am 1. Mai 1982 in Frankfurt gegen denselben 1. FC Nürnberg, nach einem sagenhaften Fernschuss von Reinhold Hintermaier und einem Tor von Werner Dreßel, zur Halbzeit ebenfalls mit 0:2 hinten.

Doch anders als den Haßfurtern gelang es den Bayern, das Spiel in der zweiten Halbzeit noch umzudrehen. Karl-Heinz Rummenigge und Wolfgang Kraus sorgten für den Anschluss zum 2:2, ein zweifelhafter Elfmeter in der 72. Minute, den Paul Breitner verwandelte, brachte die Bayern mit 3:2 in Führung. Den Schlusspunkt setzte schließlich „Eisenschädel" Dieter Hoeneß, der seit einem Zusammenprall mit Club-Vorstopper Alois Reinhardt in der 13. Minute mit einem „Turban" spielte. Per Kopf vollendete er in der 89. Minute zum 4:2 und schockte damit die Clubspieler, die schon davon geträumt hatten, der großen Trophäensammlung des ruhmreichen 1. FCN nach vielen mageren Jahren endlich wieder mal einen Pott hinzufügen zu können.

1983 – 2003

NICHT NUR ERSTE KLASSE

Alljährlich ein Abstieg

In Richard Wagners Festspiel „Parsifal" wird unter anderem thematisiert, wie der Held wegen einer Verfehlung aus der Tafelrunde der Ritter des König Artus ausgeschlossen wird. Die Uraufführung des Stückes fand 1882 im Bayreuther Festspielhaus statt. Genau hundert Jahre später wurde die SpVgg Bayreuth wegen einer Verfehlung – schlechtem Fußball – aus der 2. Liga ausgeschlossen. Im Oktober 1981 hatte Altstar Lothar Emmerich das Traineramt übernommen, konnte allerdings den freien Fall nicht stoppen. Nicht anders erging es dem Ur-Altstädter Manni Größler, der im April 1982 als Spielertrainer das Kommando übernommen hatte, um das Ruder noch einmal herumzureißen. 22:54 Punkte und 40:76 Tore bedeuteten den 20. und letzten Platz.

„Das ganze Weh der Menschheit", heißt es in einem Standardwerk zur Geschichte der deutschen Literatur, sei „im Parsifaldrama symbolisiert". Im Anschluss daran könnte man sagen, dass das ganze Weh der Altstädter Fußballfans im Abstiegsdrama der SpVgg Bayreuth zusammengefasst war. Es deutete sich an, dass man in Bayreuth, wie zuvor bereits in Schweinfurt und Hof, nicht in der Lage sein würde, jene professionellen Bedingungen auf die Beine zu stellen, die in Zeiten zunehmender Kommerzialisierung des Sports nötig geworden sind.

Ganz ähnlich sah es auch in Fürth aus. Auch dort fuhr der Zug nach dem Start der eingleisigen 2. Liga nur in eine Richtung, nämlich nach unten. Ähnlich wie die Altstädter hatten die Ronhöfer große Probleme, die mit der Umstrukturierung des Bundesliga-Unterbaus gestiegenen Anforderungen zu erfüllen. Beinahe hätte man sich gleich im ersten Jahr der neuen Liga zusammen mit den Bayreuthern in die Bayernliga verabschiedet. Sportlich ging es gerade noch einmal gut, doch finanziell sah es katastrophal aus. Der Verein, den sechs Millionen DM Schulden drückten, musste sein Stadion verkaufen. Am 26. April 1983 erwarb der Zirndorfer Spielwarenfabrikant Horst Brandstätter („playmobil") für zwölf Millionen DM den Ronhof.

Dem Verkauf des Vereinsgeländes folgte der sportliche Ausverkauf. Ein 0:3 beim FC Augsburg im letzten Spiel der Saison 1982/83 besiegelte das Schicksal: Zum ersten Mal in seiner Geschichte stürzte der Traditionsverein aus Fürth in die Drittklassigkeit ab.

Im Jahr darauf erwischte es auch den einzigen fränkischen Bundesligisten, den 1. FC Nürnberg. Der Hagel von Niederlagen – u.a. ein 0:7 gegen Stuttgart, bis heute Rekord-Niederlage des 1. FCN in der Bundesliga – war nicht zu stoppen. Weder das übliche Mittel des Trainerwechsels – mit Udo Klug, Rudi Kröner,

Fritz Popp und Heinz Höher wurden gleich vier Fußballlehrer verschlissen – noch das eher unübliche Mittel des Präsidentenwechsels – für den amtsmüden Präsidenten Roth hatte Gerd Schmelzer die Geschäfte übernommen – zeigte Wirkung. Als einer der schlechtesten Absteiger aller Zeiten landete der Club in der Bundesliga-Saison 1983/84 bei jämmerlichen 14:54 Punkten und 38:85 Toren auf dem 18. und letzten Tabellenplatz.

Zwei Jahre zuvor herrschte noch Zuversicht beim 1. FCN. Die Ergebnisse waren auch recht ansehnlich. In der Saison 1981/82, als Trainer Udo Klug mit seiner berühmt gewordenen „Eichhörnchen-Methode" Punkt um Punkt sammelte, war der Club relativ ungefährdet. In der nächsten Saison brachte die Mannschaft, offensichtlich beflügelt vom unerwarteten Vordringen ins Pokalfinale, den Klassenerhalt frühzeitig unter Dach und Fach. Dann aber hielt der Schlendrian Einzug. Nach 2:12 Punkten in den letzten sieben Spielen, einer Serie von 0:24 Auswärtspunkten und insgesamt 70 Gegentoren war der Abstieg beim Abpfiff der Saison 1983/84 längst besiegelt.

Rebellen und Rückkehrer

Erbärmliche 5:29 Punkte „sammelte" die Mannschaft unter Heinz Höher in der Rückrunde der Bundesliga, dennoch hielt Präsident Schmelzer auch in der 2. Liga unverdrossen an dem erfolglosen Trainer fest. Dort machte er es zunächst nicht viel besser: Lediglich 13:11 Punkte hatte der 1. FCN nach dem 12. Spieltag auf dem Konto. Als am 27. Oktober gegen Rot-Weiß Oberhausen erneut nur ein 1:1-Unentschieden heraussprang, betrat Höher nach dem Abpfiff die Kabine und erklärte: „Morgen um sechs Uhr früh wird trainiert." Unter Murren traten die Spieler in der Dunkelheit an. Konsequenz der „finsteren" Übungseinheit: Die Spieler waren stocksauer und beschlossen, gegen den Trainer zu rebellieren. Udo Horsmann, Rudi Kargus, Horst Weyerich, Stefan Lottermann und Thomas Brunner übergaben einen offenen Brief an die Sportpresse, in der die Mannschaft die Ablösung Höhers forderte.

Womit sie nicht gerechnet hatten: Präsident Schmelzer stellte sich hinter Höher und entließ die „Rädelsführer". Ohne die Revoluzzer trat die jüngste Club-Mannschaft aller Zeiten (Durchschnittsalter unter 21 Jahre) zum nächsten Spiel in Aachen an, wo sie erfrischend spielte und nur knapp mit 1:2 verlor.

Dem trotz Niederlage vielversprechenden Auftakt von Höhers Jungs folgte ein von niemandem erwarteter Höhenflug. Namen wie Hansi Dorfner, Dieter Eckstein, Stefan Reuter und Roland Grahammer waren plötzlich in aller Munde. Auch Ex-Rebell Thomas Brunner, dessen Kündigung wieder rückgängig gemacht worden war – der Profi war als Sicherheit (Wert: 800.000 DM) an die Club-Hausbank überschrieben worden und konnte deswegen nicht entlassen werden – spielte eine hervorragende Saison. Nach einer furiosen Aufholjagd – 27:9 Punkte – kam es am letzten Spieltag in Nürnberg gegen Hessen Kassel zu

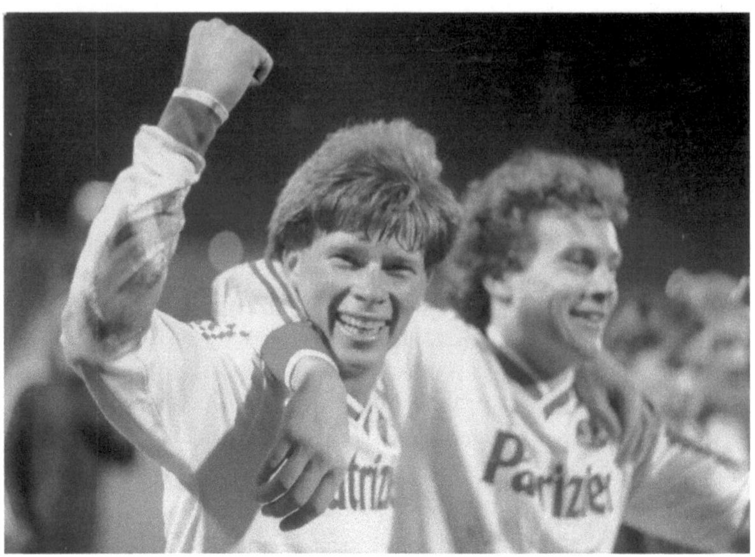

Stefan Reuter und Roland Grahammer freuen sich über den Aufstieg 1985.

einem Endspiel um den Aufstieg. Dieter Eckstein und Thomas Brunner trafen zum 2:0 – der Club war, erstmals in der ganzen Saison, an der Tabellenspitze. Unvergessen die Schilderung von Brunners entscheidendem Solo durch Radioreporter Günter Koch: „Noch 15, noch 14, noch 11 Meter – Bundesliga!"

Kaum hatte der Club die Rückkehr ins Oberhaus geschafft, kehrten auch Viktoria Aschaffenburg (Meister der Hessenliga) und die SpVgg Bayreuth (Meister der Bayernliga) ins Unterhaus des Profifußballs zurück. Beiden Vereinen war allerdings nur ein kurzer Aufenthalt vergönnt. Als die Altstädter wiederkehrten, waren von den alten Cracks nur noch Torwart Wolfgang Mahr und Torjäger Uwe Sommerer dabei. Rekordspieler Herbert „Einmoolich!" Horn (285 Zweitligaeinsätze, 22 Tore) sowie die beiden Ikonen Manni Größler und Bobby Breuer hatten ihre Fußballschuhe an den Nagel gehängt. Der prompte Wiederabstieg war daher wenig überraschend. Immerhin eine Spielzeit länger hielten es die von Spielmacher Hans-Peter Knecht angetriebenen Aschaffenburger aus. Dann kamen so viele Bälle auf das Tor der Viktoria, dass auch der spätere Bundesliga-Keeper Claus Reitmaier nicht mehr in der Lage war, die Liga allein mit seinen Paraden zu halten.

Der eine rauf, der andere runter – so ging es auch in den folgenden Jahren munter hin- und her zwischen Ober- und Unterfranken. Während die Viktoria in der Hessenliga kickte, kehrte die vom ehemaligen Torwart-Idol Wolfgang Mahr trainierte Altstadt wieder zurück. Vor 15.000 Zuschauern gelang am 16. Mai 1987 im Entscheidungsspiel am letzten Bayernliga-Spieltag gegen den TSV 1860 München ein 3:1 (Tore: Stockinger, Wolf und Scherer). Die

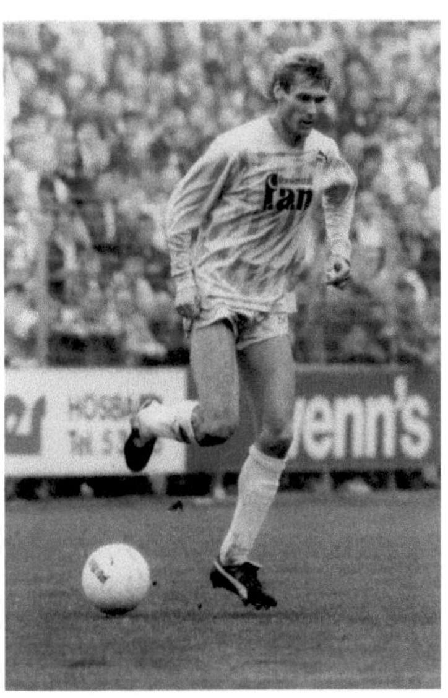

Rudi Bommer hätte im Trikot von Viktoria Aschaffenburg 1992 beinahe den Aufstieg geschafft.

Gelb-Schwarzen, angetreten mit den späteren Bundesliga-Spielern Jörg Dittwar und Armin Eck, hatten damit nicht nur ihre fünfte Bayernliga-Meisterschaft, sondern auch den direkten Aufstieg sicher gestellt. 1988 waren schließlich wieder die Aschaffenburger, die im selben Jahr im Pokal bis ins Viertelfinale vordrangen (1:3 gegen Werder Bremen), mit dem Aufsteigen dran.

Dem üblichen Rhythmus zufolge hätte der Aufstieg der Unterfranken mit dem Abstieg der Oberfranken einhergehen sollen. Tatsächlich wären die Bayreuther, wenn es allein nach dem Sportlichen gegangen wäre, abgestiegen. Doch sie hatten Dusel: Weil Rot-Weiß Oberhausen keine Lizenz erhielt, durften sie auch im nächsten Spieljahr 1988/89 in der 2. Bundesliga mitmischen. So stand diesmal endlich ein Zweitliga-Duell Unterfranken gegen Oberfranken auf dem Spielplan. Es endete unentschieden – beide Vereine gewannen ihr Heimspiel.

Ein Remis ergab sich auch in der Endabrechnung: Aschaffenburg und Bayreuth landeten punktgleich auf einem Abstiegsplatz. Das Glück war zuletzt wieder einmal den Bayreuthern hold, die wegen des besseren Torverhältnisses vor den Aschaffenburgern auf Rang 17 lagen. Da erneut einem Verein, diesmal war es Kickers Offenbach, die Lizenz verweigert wurde, konnten sie sich wie im Vorjahr am „Grünen Tisch“ den Klassenerhalt sichern.

Die Bayreuther wussten mit diesem Geschenk nichts anzufangen. 1990 bedeutete der 18. Platz den erneuten Abstieg in die Bayernliga. Die 2. Bundesliga war für die Bayreuther einfach eine Nummer zu groß. Alle fünf Spielzeiten, die sie in der 2. Liga zubrachten, endeten auf einem Abstiegsplatz. Für den Altstädter Fußball waren damit die „goldenen Zeiten“ endgültig vorbei.

Nicht viel anders sah es in Aschaffenburg aus. Als Meister der Hessenliga und Teilnehmer der Aufstiegsrunde war man 1992 zwar noch mal auf dem Sprung in die 2. Bundesliga. Doch nachdem man das Ziel knapp verfehlt hatte, verließen die beiden wichtigsten Leistungsträger den Schönbusch: Nationalspieler Rudi Bommer (in Richtung Frankfurt) und Trainer Werner Lorant (in Richtung München). Ohne ihre Galionsfiguren hatte die Viktoria „ausgesiegt“. Nur ein Jahr nach dem Beinahe-Aufstieg folgte der Absturz in die Landesliga.

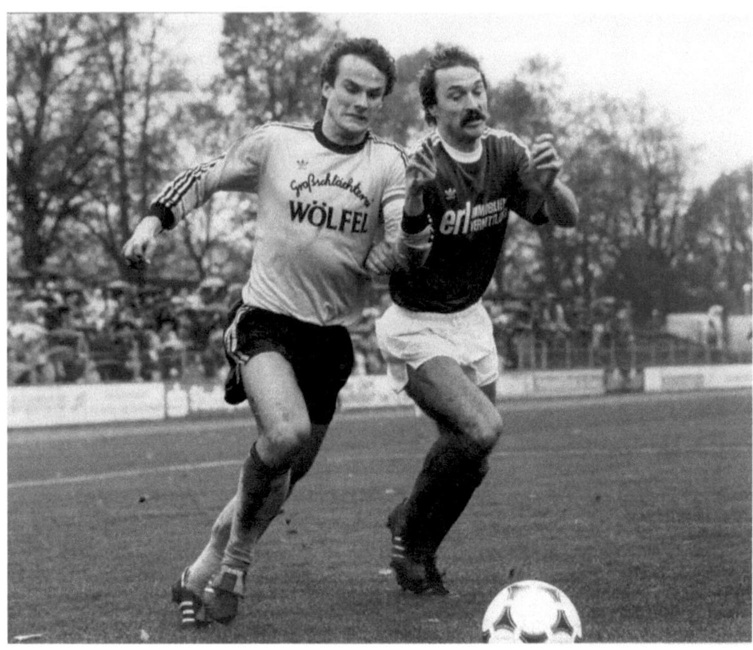

Bayernliga-Duell: SpVgg Bayreuth gegen Schweinfurt 05 (1986).

Traditionsvereine in der Landesliga

In der Zeit, in der die Aschaffenburger und Bayreuther noch tapfer gegen das „Aus“ im Profifußball kämpften, war es für Traditionsvereine wie den FC Bayern Hof, die SpVgg Fürth und den FC Schweinfurt 05 schon längst Alltag, in der Bayernliga gegen Klubs wie den VfL Frohnlach anzutreten. Und als wäre das nicht schon Frust genug, mussten sie alle zwischenzeitlich sogar den Abstieg in die Landesliga hinnehmen – ein Schicksal, das eben jene Frohnlacher, konstant und wacker kickend, bis 1990, zehn Spielzeiten in Folge, vermeiden konnten.

In der Landesliga begann zugleich der erst 1974 gegründete TSV Vestenbergsgreuth, der einen furiosen Durchmarsch von der C-Klasse hingelegt hatte, für Aufsehen zu sorgen. Am 16. Mai 1987 glückte dem von der Teefirma Martin Bauer gesponserten Dorfverein gegen den Tabellenzweiten FC Vilshofen das Meisterstück. Vor 2.700 Zuschauern im Ministadion am Schwalbenberg erzielte der stämmige Roland Thomas alle drei Treffer zum 3:1. Zu den Landesliga-Heimspielen des TSV waren im Schnitt 2.140 Zuschauer gekommen - ungefähr das Siebenfache der Einwohnerzahl des „Teedorfs“ Vestenbergsgreuth.

Das schlimmste Schicksal der ehemaligen Topp-Vereine hatte der FC Bayern Hof zu erleiden. Nach dem Notverkauf des Stadions „Grüne Au“ und dem

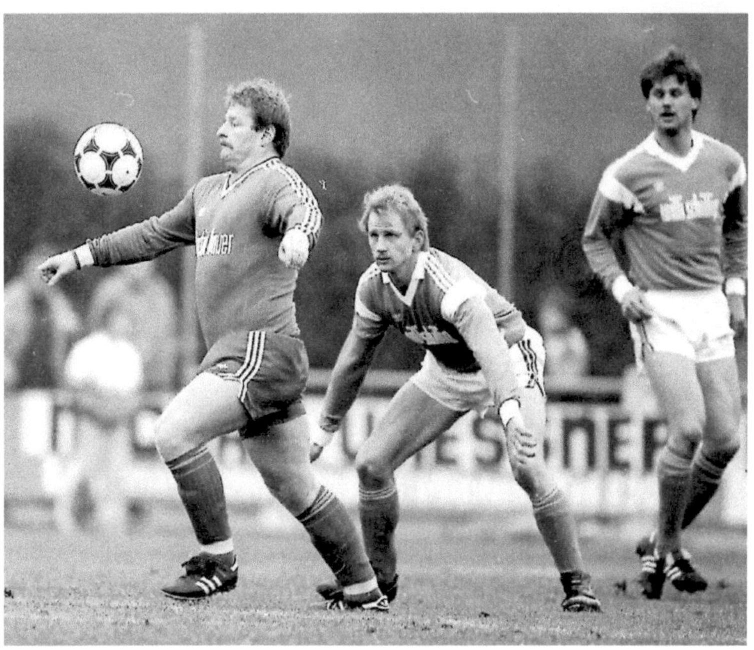

Bayernliga-Duell: TSV Vestenbergsgreuth gegen VfL Frohnlach. Greuths Roland Thomas nimmt den Ball gekonnt unter Kontrolle.

Absturz in die viertklassige Landesliga musste man sich nun sogar noch von dem alten oberfränkischen Rivalen VfB Coburg überholen lassen. 1982 stiegen die in den Relegationsspielen siegreichen Coburger auf, die Hofer hingegen mussten sich weiter mit Unterklassen-Fußball begnügen, der meist vor ziemlich leeren Rängen stattfand. 1983 schafften die Bayern, denen vom ehemaligen Jugendspieler Lorenz-Günter Köstner vorübergehend wieder etwas Spielkultur eingepflanzt worden war, die Rückkehr in die Bayernliga. 108 sieglose Tage später war klar, dass dieser Erfolg nur eine Eintagsfliege war. Einziger Trost für den erneuten Absteiger: Ein 3:1-Sieg im Oberfranken-Derby gegen den Zweitliga-Absteiger SpVgg Bayreuth im Dezember.

Einer der prominentesten Gegner des FC Bayern Hof in der Landesliga waren die Würzburger Kickers. Nach dem Konkurs des FV Würzburg 04 des „großen“ Mainderbys beraubt, mussten sich die 1983 aus der Bayernliga abgestiegenen Kickers mit dem „kleinen“ Derby gegen den spielstarken SV Heidingsfeld begnügen. In Heidingsfeld setzte es zumeist Niederlagen. Denn dort kickte in dieser Zeit ein ehemaliger Zweitligaspieler des ehemaligen FV 04 Würzburg: Erich Schmitt. Der unglaublich treffsichere Torjäger war von 1981 bis 1985 fünfmal hintereinander Torschützenkönig der Landesliga Nord und erzielte in diesen fünf Spielzeiten sagenhafte 174 Tore – ein Saisonschnitt von 35 Toren.

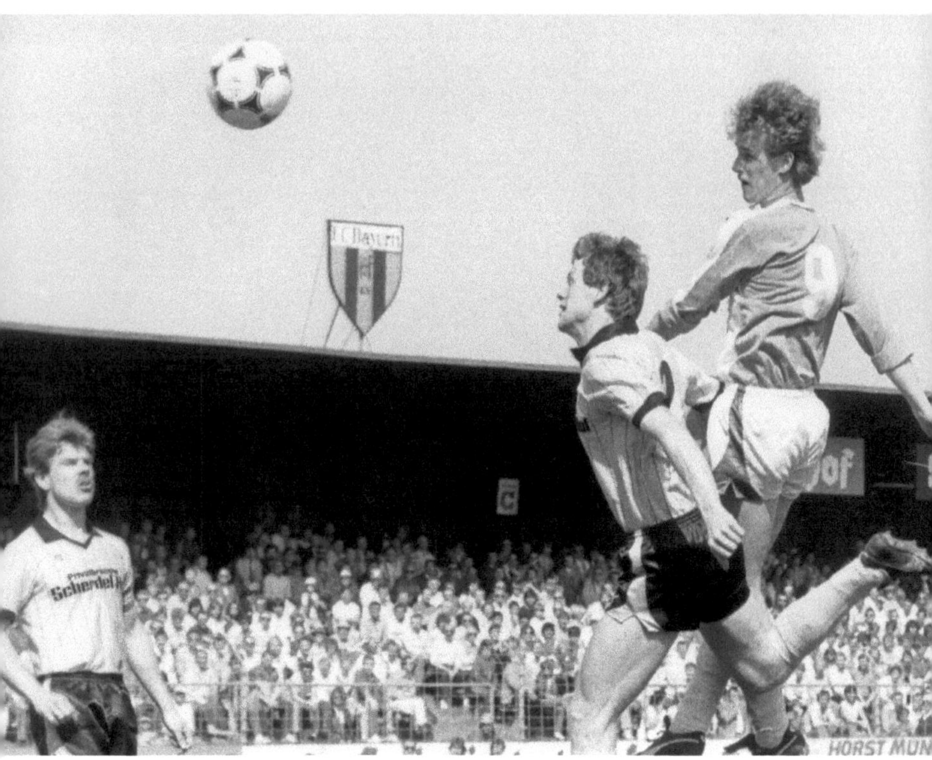

Bayernliga-Duell zwischen Hof und 1860 München (2:3). Die Hofer Nickl und Hayn können Löhmanns Kopfball-Tor nicht verhindern.

Während dem SV Heidingsfeld 1985 der Aufstieg in die Bayernliga gelang, wo sie sich drei Spielzeiten halten konnten, mussten die Kickers bis 1990 warten, ehe ihnen wieder – und auch dann nur für eine Saison – die Rückkehr in die Bayernliga gelang.

Auch in Schweinfurt gab es seit dem Abstieg aus der 2. Liga im Jahr 1976 kaum mehr fußballerische Leckerbissen, sondern in der Regel nur öden Magerkick. Mehr als ein Jahrzehnt lang kickten die Schnüdel, unterbrochen von zwei Abstürzen in die Landesliga Nord (1983/84 und 1985/86), in der Bayernliga eher schlecht als recht. Schlagzeilen machten allenfalls die Fans, und das auch noch im negativen Sinn. Im Herbst 1985, bei der Heimfahrt nach einem Auswärtsspiel in Helmbrechts, zettelten die Insassen des berüchtigten Schweinfurter „Terrorbusses" im Nachbarort Sand eine Schlägerei mit Einwohnern an. Ab Dezember 1986 ging es dank des „harten Hundes" Werner Lorant, der als Spielertrainer angeheuert hatte, wieder eher rustikal auf dem Platz zur Sache.

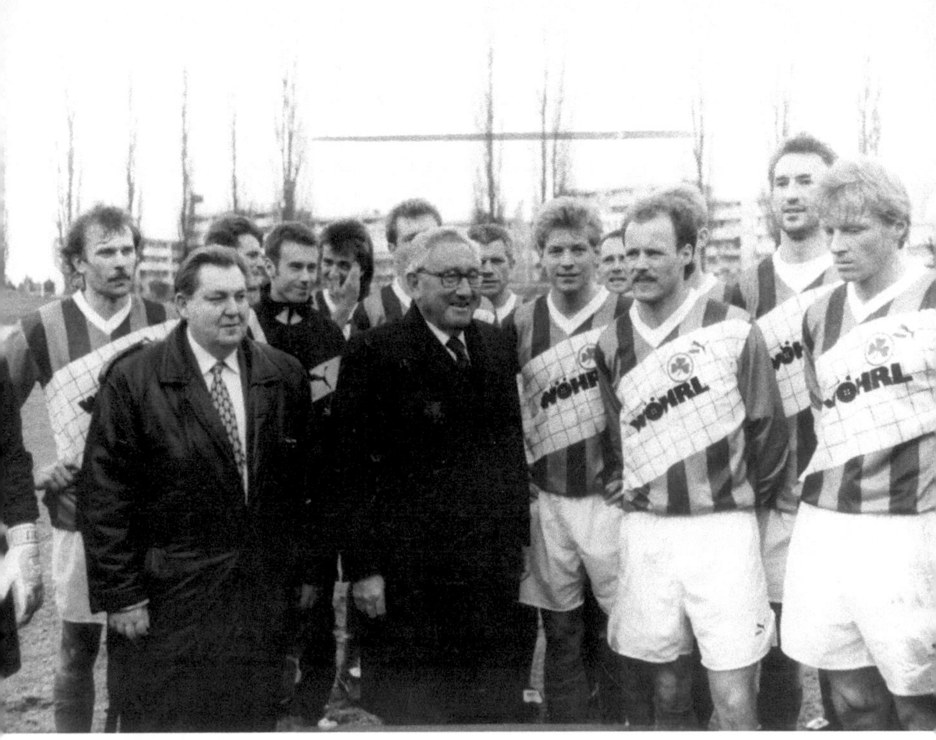

Die SpVgg Fürth ist 1988 ganz unten. Doch selbst in der Landesliga lässt es sich Kleeblatt-Fan Henry Kissinger nicht nehmen, ein Spiel seines Vereins zu besuchen.

Schwere Zeiten herrschten nach dem Abstieg auch bei der SpVgg Fürth. Immerhin siegte man jetzt wieder einmal. Das 2:1 im Auftaktspiel der Bayernliga am 3. August 1983 gegen den TSV Straubing war der erste Auswärtssieg der Kleeblättler seit über eineinhalb Jahren. In der Gesamtabrechnung reichte es jedoch auch in der obersten bayerischen Amateurklasse nur zu einem Mittelfeldplatz.

Unter diesen Umständen war es wenig verwunderlich, dass gute Kicker das Kleeblatt-Trikot nicht lange trugen. Hatte man einmal Spieler mit Perspektive, so wurden diese sofort von Profiklubs abgeworben. Bekannteste Beispiele: Abwehr-Ass Dietmar Beiersdorfer und Torjäger Manfred Kastl, die „im Paket" zum Hamburger SV wechselten. Als dann auch noch die Stürmer Roland Reichel und Harald Ebner den Ronhof verließen, war klar, dass die Rückkehr in die Zweite Liga kein Thema mehr sein konnte. Ein schwaches und unerfahrenes Team rutschte 1987 ab in die Landesliga. Nur einen Verein hatte man hinter sich lassen können: Tabellenletzter war der „kleine" Club (1. FC Nürnberg/Amateure).

Aufbruch aus dem Jammertal

Statt der SpVgg Fürth sorgte ab der Saison 1987/88 der TSV Vestenbergsgreuth in der Bayernliga für Furore. Das blieb auch bei den Fußballfans in Fürth nicht ohne Wirkung. Viele gingen jetzt nicht mehr in den Ronhof, sondern nahmen am Wochenende die Autobahn Richtung Würzburg, fuhren in Höchstadt/Ost ab, um über Gremsdorf und Uehlfeld in Vestenbergsgreuth anzulangen, wo sie auf dem dortigen „Schwalbenberg“ den TSV anfeuerten. Der Dorfverein spielte nicht nur eine Liga höher, er hatte dort sogar Meisterschaftschancen. Das war spannender, als den mäßig interessanten Lokalderbys der SpVgg Fürth gegen Gegner wie den ASV Zirndorf oder den TSV Südwest Nürnberg beizuwohnen.

Doch selbst gegen diese Gegner hatte die Spielvereinigung ihre liebe Mühe. Es reichte nur zum dritten Platz. Kaum mehr als 1.000 Zuschauer wollten die müden Landesliga-Vorstellungen der Kleeblättler noch sehen. Immerhin kam man im nächsten Jahr auf Platz zwei und damit in die Relegation. Erster Gegner war am 11. Juni 1989 in Forchheim der SV Memmelsdorf. Tatsächlich gewann man mit 5:3, doch dann gab es eine 0:2-Niederlage in Donauwörth, die das Ende aller Aufstiegsträume bedeutete.

Zwei Spielzeiten später schafften die Fürther, bei denen statt Paul Hesselbach wieder Günter Gerling an der Seitenlinie stand, endlich die Rückkehr in die Bayernliga. Die Aufstiegssaison 1990/91 begann mit einem Paukenschlag. Am 4. August 1990 sorgte die SpVgg Fürth vor 3.800 Zuschauern in der ersten Hauptrunde des DFB-Pokals mit einem 3:1 gegen Borussia Dortmund für die Sensation des Jahres. David Schneider hatte schon nach wenigen Minuten wegen Foulspiels die Rote Karte erhalten, doch selbst mit zehn Mann brachten die Kleeblättler durch Tore von Oliver Zettl (2) und Achim Beierlorzer den ersten Pokalsieg eines Viertligisten gegen einen Bundesliga-Verein unter Dach und Fach.

In der zweiten Runde verloren die Fürther dann zwar gegen Saarbrücken mit 0:1, doch in der Liga hatte ihnen der Erfolg Flügel verliehen. Am Ende der Spielzeit stand die SpVgg Fürth punktgleich mit den Amateuren des 1. FC Nürnberg an der Tabellenspitze. Die Kleeblättler gewannen das Entscheidungsspiel mit 2:1 und beendeten damit ihr vierjähriges Gastspiel in den Niederungen der Landesliga. Im Jahr darauf konnten sie dann auch „Rache“ an jenem Verein nehmen, der ihnen in den letzten Jahren den Rang abgelaufen hatte. Am letzten Spieltag der Bayernligasaison 1991/92 machten die Fürther durch einen 3:1-Sieg im Ronhof die Hoffnungen des TSV Vestenbergsgreuth zunichte, in die 2. Liga aufzusteigen.

Freude für die Fans gab es 1989 auch wieder in Schweinfurt. Die Nullfünfer schafften die Vizemeisterschaft, im Pokalwettbewerb 1990 trafen sie nach einem 1:0 gegen den FC Altona vor 6.500 Zuschauern im „Willy-Sachs-Stadion“ auf Blau-Weiß 90 Berlin. Einem 4:2-Sieg nach 0:1-Rückstand – drei Treffer gingen auf das Konto von Torjäger Rudolf Gürtler - folgte im Achtelfinale das „Aus" gegen Eintracht Braunschweig (0:2). Die Erfolge im Pokal kündeten eine neue Spielstärke der von Werner Lorant auf Vordermann gebrachten Mannschaft an, die sich dann mit der Bayernliga-Meisterschaft im Jahr 1990 bestätigte.

Ohne ihren weißhaarigen Dompteur - Lorant hatte den Verein in Richtung Aschaffenburg verlassen – brachten die Schnüdel dann allerdings nicht mehr viel zuwege. Bis zum letzten Spieltag brachten sie lediglich 13 Punkte und 26 Tore auf ihr Habenkonto. So landete der zu diesem Zeitpunkt einzige fränkische Zweitliga-Verein wieder da, wo er hergekommen war: In der Drittklassigkeit.

Wie Schweinfurt blieb auch Bayern Hof eine Fahrstuhlmannschaft. Allerdings verkehrte der Aufzug auf der „Grünen Au" nur zwischen dem dritten und dem vierten Kellergeschoss. 1987/88, als der Wiederaufstieg gelang, hatte Erfolgstrainer Köstner den Verein bereits wieder verlassen. Unter Roland Götschel und dem Ex-Bayreuther Wolfgang Mahr hatten die Hofer Bayern Mühe, sich in der Bayernliga zu behaupten.

Im entscheidenden Spiel gegen den ebenfalls vom Abstieg bedrohten TSV Ampfing gelang nach nervenaufreibendem Spielverlauf ein 2:2. Die Hofer Fans trugen Mahr jubelnd vom Platz. Noch einmal hatten sich die Hofer gerettet. Doch im nächsten Jahr war der Abstieg ins „Jammertal" Landesliga nicht mehr abzuwenden.

Höhenflug und Absturz

International betrachtet war das Jahr 1985 das wohl größte Katastrophenjahr des Fußballs. Beim Europacup-Finale am 29. Mai zwischen Liverpool und Turin starben im Brüsseler Heyselstadion nach Ausschreitungen britischer Hooligans 38 Menschen. Regional betrachtet war es jedoch zunächst ein Jahr lange nicht mehr erlebter Freuden. Die junge Elf des 1. FC Nürnberg startete mit derart erfrischendem Offensivfußball in ihre erste Bundesliga-Saison, dass sich die Sportjournalisten angesichts dieses „kometenhaften Aufstiegs" verwundert die Augen rieben.

Am 5. Spieltag reiste der Club, der bereits Kaiserslautern, Dortmund und Leverkusen geschlagen hatte, als Tabellenzweiter nach Bremen. Er verlor mit 1:2. Fortan ging nichts mehr. Eine Negativserie von 1:19 Punkten, bedingt unter anderem durch den Ausfall des verletzten Regisseurs Hansi Dorfner, ließ den Club bis ans Tabellenende stürzen. Erst in der Rückrunde gelang verstärkt mit zwei Topp-Norwegern – Torjäger Jörn Andersen und Abwehr-Ass Anders Giske – der Klassenerhalt.

Der Verlust von Hansi Dorfner – er kehrte zum FC Bayern München zurück – bewirkte in der nächsten Saison eine erhebliche Reduzierung der Spielstärke. Am Ende erzielte aber eine immer konstanter spielende Mannschaft sogar noch ein positives Punktekonto (35:33). Ein Wermutstropfen am Rande wurde dabei

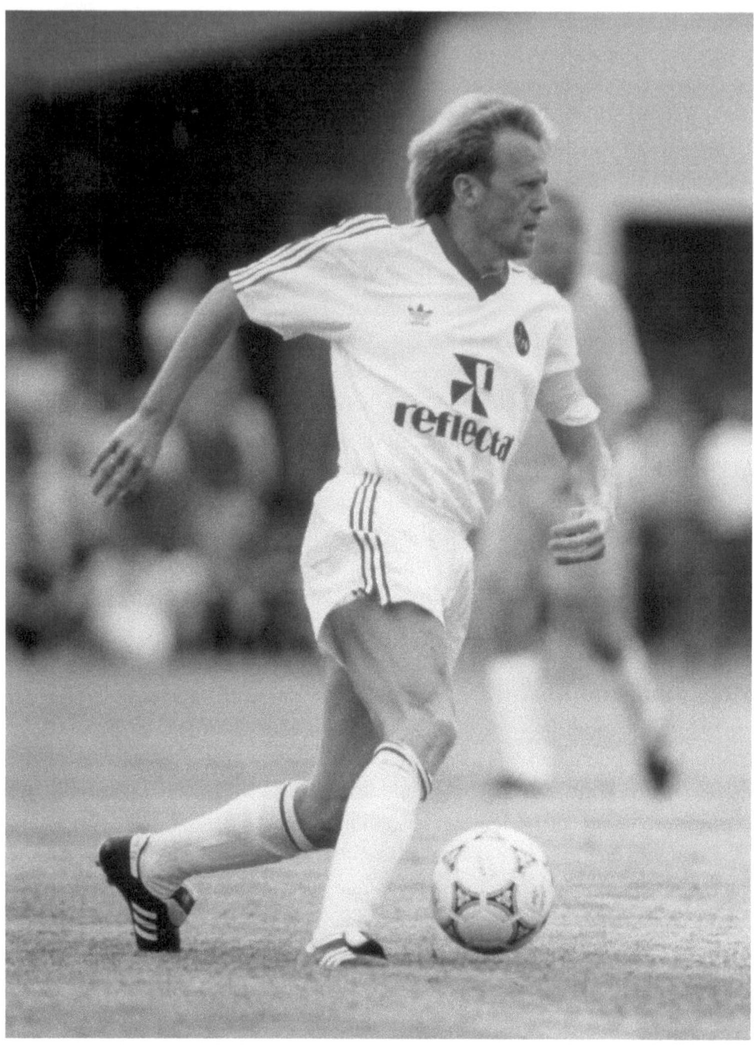

Hansi Dorfner spielte von 1984 bis 1986 beim Club, ging dann zu den Bayern und feierte 1991 als Regisseur im Frankenstadion ein Comeback.

kaum wahrgenommen: Mit seiner zehnten Meisterschaft löste der FC Bayern im selben Jahr den Club als alleinigen Rekordmeister ab.

Im Jahr 1988 war der Klassenerhalt in Nürnberg endlich mal kein Thema. Der 1. FCN startete von einem hervorragenden fünften Platz aus der Winterpause. Und nun passierte, was kaum ein Clubfan zu hoffen wagte: Trotz einer Schwächeperiode blieb der Club in der oberen Tabellenregion, und am vorletzten Spieltag wurde nach einem 3:2-Sieg über Kaiserslautern der fünfte

Tabellenplatz endgültig gesichert. Der Club war nach 26 langen Jahren wieder einmal in Europa angelangt, im UEFA-Cup.

Getrübt wurde die Freude nur durch den seit Monaten feststehenden Wechsel der Leistungsträger Reuter und Grahammer zum FC Bayern München. Erfolgstrainer Heinz Höher zog sich auf den Managerposten zurück, sein ehemaliger Bochumer Schüler Hermann Gerland übernahm den Job an der Seitenlinie. Kurz nach Amtsantritt erlebte er im Spiel gegen den AS Rom, dem Verein des deutschen Nationalstürmers Rudi Völler, gleich einen Höhepunkt: Beim ersten internationalen Auftritt des Clubs seit 20 Jahren gelang ein sensationelles 2:1. Dieter Eckstein und Souleymane Sané, der schnellste Sturm der Bundesliga, sorgten für die Tore. „Roma vergogna!" (Rom, schäme dich!" titelten die italienischen Sportgazetten.

Der Sensationssieg von Rom war der Gipfelpunkt des Nürnberger Höhenflugs. Denn die Träume von neuen Triumphen des ruhmreichen Altmeisters platzten bereits im Rückspiel. Vor nur 20.000 Zuschauern – das Frankenstadion war eine Großbaustelle – verlor der Club mit 1:3 und war damit bereits in der ersten Runde des UEFA-Cups ausgeschieden. In der Bundesliga dümpelte die Gerland-Mannschaft wieder am Tabellenende herum. Wirsching und Sané sicherten durch ihre Tore beim 2:1 gegen die nur mit halber Kraft spielenden Bayern aus München – sie standen bereits als Meister fest – immerhin bereits am vorletzten Spieltag den Klassenerhalt.

Im nächsten Spieljahr kam es dann, kurz nach dem Fall der Mauer, zu einem echten Triumph gegen den FC Bayern. Am 25. November 1989 sahen 46.000 Zuschauer im Frankenstadion, wie die Club-Kicker die Münchner Millionentruppe auf dem schneebedeckten Boden gehörig ins Rutschen brachten. Thomas Brunner, Frank Türr, Ralf Dusend und Thomas Kristl schraubten das Ergebnis auf die geradezu schwindelerregende Höhe von 4:0. Einige freudetrunkene Fans wollten den tollen Tag nie mehr vergessen und machten das Ergebnis zum Namenspaten eines Fans.

Die Erinnerung an diesen Erfolg, der auch in Auto-Aufklebern verewigt wurde, war allerdings in den folgenden Jahren beinahe das einzige, was den Clubfans Freude bereiten konnte. Wieder einmal rutschte der 1. FCN in den Tabellenkeller, wieder einmal kam es am Valznerweiher zum großen Männleinlaufen. Hermann Gerlands Nachfolger Dieter Lieberwirth ließ zwar nichts anbrennen, musste aber dennoch zu Beginn der Saison 1990/91 dem ehemaligen holländischen Nationalspieler Arie Haan weichen.

Der weltgewandte Trainer sollte den Club, so der Plan des ehrgeizigen Präsidenten Gerd Schmelzer, langfristig in die Beletage des nationalen, ja des europäischen Fußballs führen. Nachdem der Holländer Haan nicht die erwünschten Siege brachte, musste jedoch Schmelzer gehen. Unter dem neuen Präsidium Oberhof/Böbel und mit dem Trainergespann Haan/Entenmann sicherte sich der mit den Rückkehrern Sergio Zarate, Dieter Eckstein und Hans

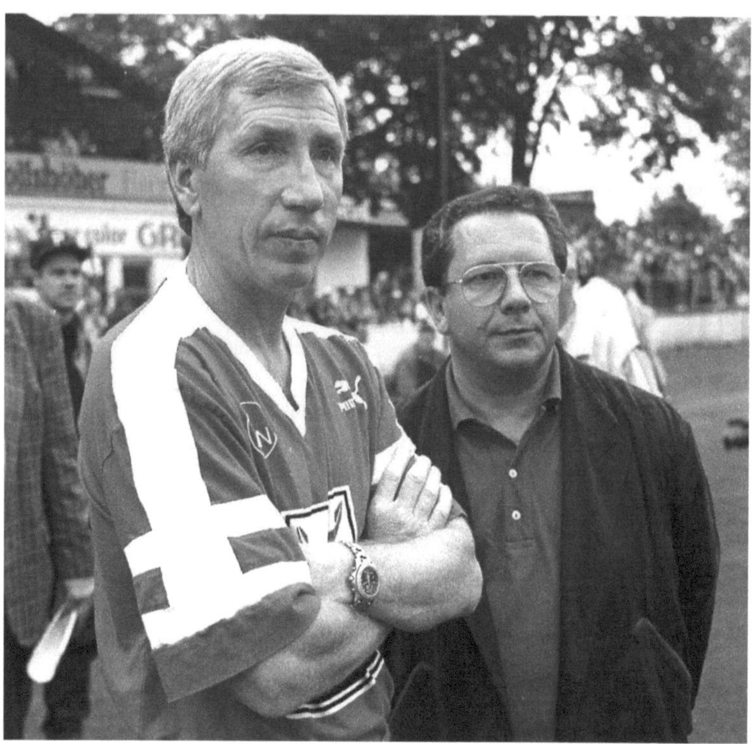

Club-Coach Willi Entenmann (links) wird Ende 1993 von Präsident Voack ausgerechnet nach einem 2:0-Sieg über Bayern München entlassen.

Dorfner verstärkte 1. FCN schließlich die weitere Bundesliga-Zugehörigkeit.

Nachdem der mittlerweile allein verantwortliche Fußball-Lehrer Willi Entenmann mit der von ihm gut disziplinierten Mannschaft am Ende der Saison 1991/92 einen UEFA-Cup-Rang nur um ganze zwei Punkte verpasst hatte, träumte man in Nürnberg vorschnell den Traum von neuen glänzenden Zeiten. Jedoch: Nicht Träume, sondern Albträume wurden am Valznerweiher Realität. Statt sportlicher Erfolge wurde die „Schwarze Kasse" von Club-Schatzmeister Ingo Böbel beherrschendes Thema der Schlagzeilen.

Im Zuge der Affäre kam nicht nur heraus, dass Spielertransfers am Finanzamt vorbei gelaufen waren, sondern auch, dass der Verein wirtschaftlich völlig am Boden lag. Anstelle des Rechtsanwalts Sven Oberhof versuchte sich nun der Laufer Unternehmer Gerhard Voack als Präsident. Besser wurde nichts. Die durch Notverkäufe stark geschwächte Mannschaft konnte sich nie vom Tabellenende absetzen. Zum Hauptgaranten für den Nichtabstieg wurde, wie schon so oft zuvor, ein überragender Andy Köpke. Der von den Fans gefeierte Keeper konnte sich am 12. Spieltag mit einem gegen seinen Kölner

Nationalmannschafts-Konkurrenten Bodo Illgner verwandelten Elfmeter sogar in die Torschützenliste eintragen.

Drohender Abstieg und Konkurs blieben auch in der folgenden Saison allgegenwärtige Gespenster am Valznerweiher. Mit selbstherrlichen Entscheidungen – Willi Entenmann musste ausgerechnet nach einem 2:0-Sieg über Bayern München gehen – trieb Präsident Voack den Club immer tiefer ins Chaos. An der Seitenlinie begleiteten Dieter Renner und Rainer Zobel den Niedergang einer Mannschaft, die mit Spielern wie Lubos Kubik, André Golke, Alain Sutter und „Zaubermaus" Sergio Zarate eigentlich stark genug besetzt war, um in der Bundesliga eine gute Rolle zu spielen.

Höhepunkt einer unglücklichen Entwicklung war das Spiel im Olympiastadion gegen Bayern München, als Manfred Schwabl für den Club einen Elfmeter vergab und Thomas Helmer ein Tor schoss, das keines war. Hätte Schwabl getroffen, hätte der Club den für den Klassenerhalt notwendigen Punkt in der Tasche gehabt. So aber kam es wegen des „Phantomtores" zum Wiederholungsspiel, in dem Andy Köpke ganz regulär fünfmal hinter sich greifen musste. Als der Club dann auch noch am letzten Spieltag in Dortmund mit 1:4 unter die Räder kam, stand am 7. Mai 1994 der vierte Abstieg fest.

Eine neu formierte Mannschaft riss anschließend auch in der Zweitklassigkeit keine Bäume aus. Das Ende vom Lied: Erneut landete der Club, diesmal allerdings eine Liga tiefer, auf einem Abstiegsplatz. Dank der Lizenzentzüge von Saarbrücken und Dresden bekam der kränkelnde Verein dann nochmals eine Chance. Der seit März 1995 wieder als Präsident amtierende Michael A. Roth, der sich schon vor seiner Wahl bei der Sanierung der Club-Finanzen verdient gemacht hatte, verkündete einen Neuanfang und holte den vor Jahren gescheiterten Hermann Gerland als Trainer an den Valznerweiher zurück.

Tatsächlich startete der Club, trotz der Hypothek eines Sechs-Punkte-Abzugs wegen Verstößen gegen DFB-Auflagen recht gut in die Saison. Nach der Winterpause setzte jedoch ein Abwärtstrend ein, der dem Trainer den Job kostete. Sein als Retter geholter Nachfolger, der alte Bekannte Willi Entenmann, konnte den rasanten Absturz in der Tabelle nicht mehr abbremsen. In der Gesamtabrechnung hatte der Club ganze 33 Punkte auf dem Konto. Aber selbst die sportlich erreichten 39 Punkte hätten nicht ausgereicht, um das Unfassbare abzuwenden: den Absturz des 1. FC Nürnberg in die dritte Liga! Damit war zum ersten Mal in der Geschichte des fränkischen Fußballs kein fränkischer Verein mehr in der höchsten oder zweithöchsten deutschen Spielklasse.

Alles dritte Liga

Dritte Liga bedeutete im Jahr 1996 nicht mehr Amateur-Oberliga, sondern Regionalliga. Um einen besseren Unterbau für den Profifußball zu schaffen, hatte der DFB für 1994/95 die Einführung von sechs Regionalligen beschlossen.

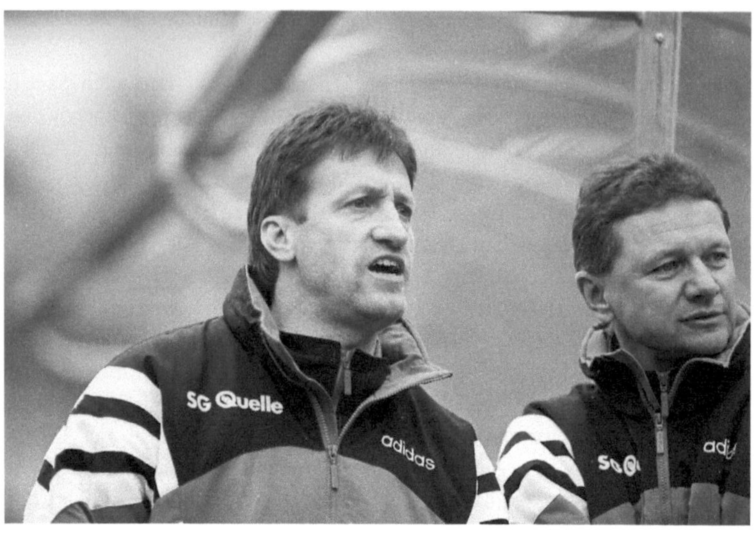

Ex-Clubspieler Dieter Lieberwirth (518 Einsätze) als Trainer der SG Quelle Fürth.

Sechs Vereine aus der alten Bayernliga sollten die Zulassung erhalten, In der Qualifizierungswertung sicherte sich die SpVgg Fürth mit 84 Punkten den vierten Rang, der Newcomer TSV Vestenbergsgreuth ergatterte mit 74 Punkten den sechsten und letzten Platz. 20 Punkte dahinter, und damit nicht in der Regionalliga, landete der FC Schweinfurt 05.

Die SpVgg Fürth beendete ihre erste Regionalliga-Saison auf einem dritten Platz. Knapp dahinter landete der „Bayern-Schreck" TSV Vestenbergsgreuth, der zu Saisonbeginn die Münchner Millionentruppe mit 1:0 aus dem Pokalwettbewerb gekickt hatte. Auch im zweiten Spieljahr lieferten die beiden mittelfränkischen Teams ansehnliche Leistungen ab, wirtschaftlich sah es jedoch für beide Vereine alles andere als rosig aus. Besser könnte es werden, so die Überlegung der Präsidenten Edgar Burkart und Helmut Hack, wenn man die Kräfte bündelt.

Was zunächst keiner glauben wollte, geschah am 1. Juli 1996. Der Traditionsverein SpVgg Fürth schloss sich mit dem Liga-Konkurrenten TSV Vestenbergsgreuth zusammen. Und am 3. August 1996 trat am ersten Spieltag der Regionalliga Süd im Fürther Ronhof ein neuer Verein an: die SpVgg Greuther Fürth. 3.500 Zuschauer sahen im ersten Pflichtspiel des neuen Klubs einen überlegenen 2:0-Sieg der Schützlinge von Armin Veh über den SSV Ulm.

Als Höhepunkt versprach die Regionalliga-Saison 1996/97 das neue/alte Duell zwischen der SpVgg Greuther Fürth und dem Absteiger 1. FC Nürnberg. Mit dabei waren als Vertreter von Fußball-Franken auch zwei Neulinge: Ein Verein aus einem kleinen Ort im fränkischen Jura, der SC Weismain, sowie die

SG Quelle Fürth. Neuling Weismain hielt sich überraschend gut. Gegen Fürth erzielte er zu Hause bei heftigem Schneetreiben ein 1:1, das Rückspiel endete 0:0. Höhepunkt der Saison, die man im gesicherten Mittelfeld abschloss, war jedoch eine Niederlage: Das 0:2 vor 17.000 (!) Zuschauern im kurzfristig ausgebauten Waldstadion gegen den 1. FC Nürnberg. Etwas enttäuscht waren die vom Ex-Clubprofi Dieter Lieberwirth trainierten Kicker der SG Quelle. Man verlor die beiden Lokalderbys gegen die „Greuther", und nach der 1:2-Niederlage im letzten Saisonspiel im Frankenstadion gegen den Club beendete man die Saison auf dem Abstiegsrang 17.

Für die ganz großen Schlagzeilen sorgten jedoch nicht Weismain und Quelle, sondern Club und Fürth. Weil man in diesem Jahr auch im Pokalwettbewerb aufeinander traf, kam es zu einer ganzen Serie von Derbys. Den Auftakt bildete das Pokal-Duell der beiden Altrivalen am 31. August 1996. In ganz Deutschland staunte man, als zu diesem Spiel zweier Drittligisten 44.181 Zuschauer ins Frankenstadion pilgerten. Die Fürther gewannen in einem hochklassigen Spiel durch Tore von Markus Lotter und Heiner Dumpert mit 2:1. Es war in diesem 237. Derby nach 21 Jahren der erste Sieg der Fürther. Die Fürther verlegten anschließend auch in der Liga ihr Heimspiel gegen den Club ins Frankenstadion. Diesmal hieß es 3:1 für Fürth. Dreifacher Torschütze war der einstige Club- Jugendspieler Frank Türr. Beim Rückspiel gelang dem Club die Revanche. Schütze des 1:0 war der einzige waschechte Nürnberger im Team, Marc Oechler.

Club und Kleeblatt siegten im Gleichschritt. Am 16. Spieltag erklommen die Nürnberger nach einem 4:0 gegen Wacker Burghausen die Tabellenspitze und gaben sie bis zum letzten Spieltag nicht mehr her. Dahinter stellten die Fürther ohne größere Probleme die erforderlichen Punkte sicher, um schließlich gemütlich einen „Aufstiegstee" trinken zu können.

Auf zu neuen Zielen

Am 27. Juli 1997 sahen 12.000 Zuschauer das erste Spiel der SpVgg Greuther Fürth in der 2. Liga gegen den FC St. Pauli, es endete torlos 0:0. Als die Mannschaft danach den Abstiegsrängen gefährlich nahe kam, musste im Oktober Trainer Armin Veh gehen, es kam Benno Möhlmann. Am Ende hatten die Greuther Fürther in der ersten Zweitligasaison bei 32:32 Toren und 45 Punkten einen gesicherten Mittelfeldplatz erreicht.

Wie in Fürth gab es auch in Nürnberg wieder einmal einen Trainerwechsel. Ein klassischer Fehlstart, der den Club auf den 18. und letzten Tabellenplatz brachte, bedeutete bereits am 5. Spieltag das „Aus" für Willi Entenmann. Felix „Quälix" Magath übernahm das Kommando am Valznerweiher und sorgte auf dem Trainingsgelände für neue Schwitzrekorde bei den Clubprofis. Verstärkt mit dem Neuzugang Sasa Ciric, der rasch zum Publikumsliebling avancierte,

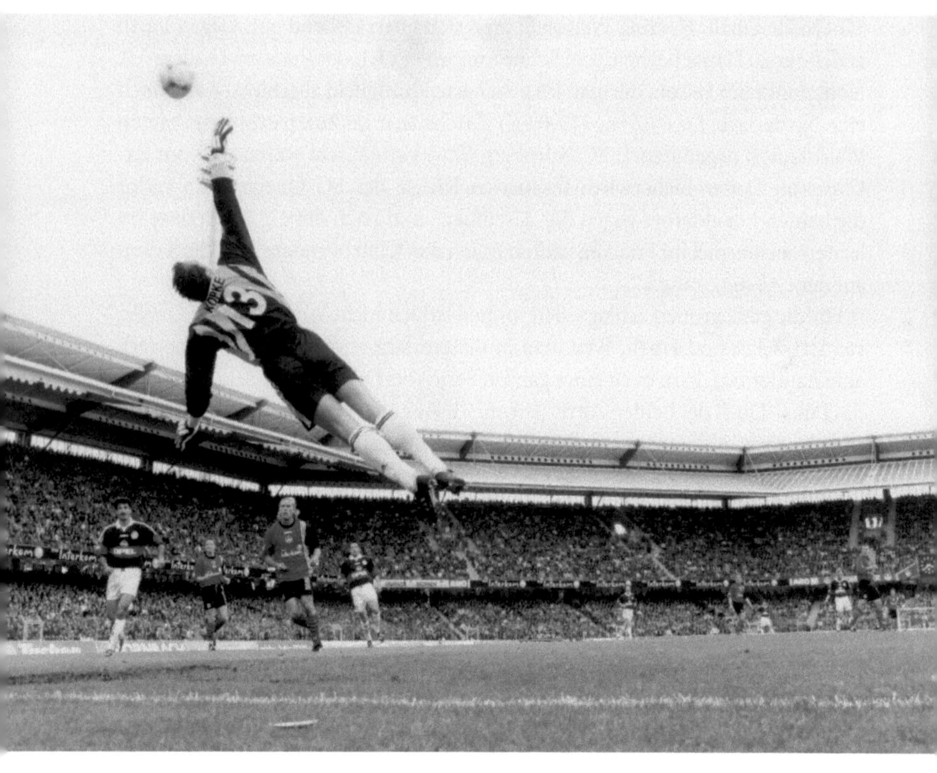

Andy Köpke rettet 1999 den 2:0-Erfolg gegen den FC Bayern München.

stürmten die Mannen um die Leistungsträger Michael Wiesinger und Frank Baumann an die Tabellenspitze. Trotz schwacher Spiele zum Saisonende konnte man den dritten Rang hinter Eintracht Frankfurt und dem SC Freiburg behaupten. Ein 1:1 gegen die Stuttgarter Kickers und ein gleichzeitiges 2:2 des Konkurrenten Gütersloh in Cottbus machten bereits am vorletzten Spieltag alles klar. Der Durchmarsch des 1. FC Nürnberg von der Dritten Liga in die Bundesliga war perfekt.

Als es zwischen Trainer Magath und Präsident Roth in der Sommerpause wegen der Frage, wie teuer Verstärkungen sein dürfen, zum Zerwürfnis gekommen war, nahm Willi Reimann auf der Trainerbank Platz. Reimann gelang nicht ein einziger Heimsieg und nahm noch vor der Winterpause aus privaten Gründen seinen Hut. Unter dem neuen Trainer Friedel Rausch und mit dem aus Marseille zurückgekehrten Club-Idol Andy Köpke schien der Club, der endlich auch wieder zuhause siegte, allmählich das rettende Ufer zu erreichen.

Doch dann kam es zum knappsten Abstieg in der Bundesliga-Geschichte. Fünf Mannschaften waren am letzten Spieltag der Saison 1998/99 noch gefährdet: Der 1. FC Nürnberg stand auf Platz 12 (37 Punkte) vor Stuttgart, Freiburg und Rostock. Frankfurt nahm mit 34 Punkten den Abstiegs-Platz 16 ein. Stuttgart und Rostock gewannen und waren gerettet. Der Club verlor gegen Freiburg 1:2, Frankfurt gewann gegen Kaiserslautern 5:1. Beide hatten nun je 37 Punkte. Frankfurt ein Torverhältnis von 44:54, Nürnberg eines von 40:50. Beide hatten „Minus zehn Tore", aber der Club hatte insgesamt weniger geschossen und musste deswegen absteigen.

So bitter der erneute Abstieg auch war – eine lähmende Katastrophenstimmung wollte man auf keinen Fall zulassen. Andy Köpke verkündete: „Als Absteiger möchte ich meine Karriere nicht beenden, sondern mit einem Erfolg". Auch Trainer Friedel Rausch wollte die Abstiegs-Scharte wieder auswetzen. Trotz aller guten Vorsätze kickte der Club bis Dezember wenig berauschend. Nach der Winterpause übernahm Klaus Augenthaler den Job des Club-Coaches. Mit dem Ex-Weltmeister auf der Trainerbank lief es nun besser, aber 55 Punkte reichten am Ende nur zu Platz vier. Sein 100-jähriges Vereinsjubiläum feierte der Club daher als Zweitligist.

Gut mit dabei waren in dieser Saison auch die Greuther Fürther. Nach Rang neun und acht in den Vorjahren schoben sie sich mit Rang sieben in der Tabelle erneut um einen Platz nach vorne. Dass sie an Spielstärke kaum hinter dem Club zurückblieben, wurde nicht zuletzt bei den Derbys sichtbar, die beide unentschieden endeten.

Der tolle Endspurt der letzten Saison hatte die Erwartungen in Nürnberg deutlich nach oben geschraubt. Das Ziel für 2001 hieß klar und eindeutig: Aufstieg in die Bundesliga. Zunächst verpasste man der Mannschaft eine „Frischzellenkur" mit jungen Spielern, die vornehmlich aus dem Nachwuchs des FC Bayern stammten (David Jarolim, Frank Wiblishauser und Nils-Eric Johansson). Vom Start weg blieb der Club 14 Mal hintereinander unbesiegt, hatte sich schon im Winter einen fast uneinholbaren Vorsprung erarbeitet und wurde am Ende mit drei Punkten Vorsprung vor Verfolger Mönchengladbach Zweitligameister. Die gefällig spielenden Greuther Fürther, bei denen seit November Uwe Erkenbrecher auf der Trainerbank saß, schafften den großen Durchbruch erneut nicht. Sie spielten zwar um einen Aufstiegsplatz mit, hatten in den Derbys gegen den Club die Nase knapp vorne (0:0 und 1:0), landeten aber am Ende doch deutlich abgeschlagen mit sechs Punkten Rückstand hinter Aufsteiger St. Pauli auf Platz fünf.

In den Niederungen des Amateurfußballs

Zum Beginn des neuen Jahrtausends war der 1. FC Nürnberg, nach tiefem Fall und langer Durststrecke, wieder dort, wo er hingehört: in der Bundesliga. Und die SpVgg Greuther Fürth klopfte, nach einem langsamen, aber stetigen Aufstieg, immer deutlicher dort an, wo sie hinwollte: in die Bundesliga. Die Geschichte der anderen fränkischen Traditionsvereine sah zur Jahrtausendwende weniger erfreulich aus. Die meisten kickten in der nicht einmal mehr drittklassigen Bayernliga. Sie war wegen der Ligareform des DFB – Einführung der Regionalligen 1994/95 – zur vierten Spielklasse abgewertet worden.

Für die Rückkehr in die Bayernliga hatte der zwischenzeitlich in die Landesliga durchgereichte FC Bayern Hof nicht weniger als vier Anläufe benötigt. Unter Trainer Charly Zapf wäre in der Saison 1995/96 sogar beinahe der Aufstieg in die Regionalliga gelungen. Hoffnungen auf höherklassigen Fußball durften sich die Fans auch im Jahr 2000 machen, als Gino Lettieri die Mannschaft auf Touren gebracht hatte. Die sportliche Qualifikation wurde verfehlt. Aber selbst wenn man sie erreicht hätte, wäre es umsonst gewesen: Wegen des finanziellen Risikos hatte der Bayern-Vorstand frühzeitig erklärt, im „Ernstfall" die Aufstiegsoption nicht wahrzunehmen. Die gute Stimmung blieb auf der „Grünen Au" dennoch erhalten. Kapitän Stefan Stadelmann: „Der FC Bayern Hof ist Kult, die Holztribüne ist Kult – das sind eben Sachen, die gibt es nur beim FC Bayern Hof."

Der SpVgg Bayreuth erging es in den Jahren nach dem Abstieg 1990 nicht viel besser. 1994/95 hatte der Bayernligist als Zweitplatzierter die Chance zum Aufstieg, unterlag jedoch im Entscheidungsspiel gegen den VfR Pforzheim mit 0:4. Nur zwei Jahre später gab es ein Entscheidungsspiel gegen den Abstieg. Auch das ging verloren, mit 1:2 gegen Jahn Regensburg. Damit war der Beinahe-Bundesligist des Jahres 1979 in der Landesliga Nord angekommen – ein Fünftligist. Nach erneutem Auf- und postwendendem Wiederabstieg scheiterte man 2000 im Aufstiegsspiel deutlich am MTV Ingolstadt (0:6), im Jahr darauf erreichte man Platz eins und war wieder in der Bayernliga. Dort kam es bereits am 1. Spieltag wieder zum alten Oberfranken-Derby gegen Bayern Hof. Am 27. Juli 2001 sahen 3.500 Zuschauer im Städtischen Stadion ein leistungsgerechtes 2:2-Unentschieden.

Der FC Schweinfurt 05, 1991 aus der 2. Liga abgestiegen, hatte anschließend in der Bayernliga keine dominante Rolle spielen können. Besonders herbe war für die Schnüdel, dass sie nach der knapp verpassten Qualifikation zur Regionalliga 1994 auf einmal nur noch viertklassig waren. 1996 und 1997 kämpften die Schweinfurter um die Aufstiegsplätze mit. 1998 gelang den vom Ex-Profi Djuradj Vasic trainierten Schnüdeln schließlich nach sieben Spielzeiten in der Bayernliga der Aufstieg in die Regionalliga.

Dort spielten sie eine gute Rolle, erreichten einmal den fünften und einmal den elften Platz. Als sie 2001 auf dem dritten Platz landeten, gelang ihnen, womit kaum einer gerechnet hätte: Die Nullfünfer wurden wieder zweitklassig.

Von den anderen unterfränkischen Traditionsvereinen konnte der Würzburger FV zur Jahrtausendwende den größten Erfolg vermelden. Eine lange Dürrezeit in der Landesliga wurde unter dem neuen Trainer Paul Hupp mit dem Aufstieg im Jahr 1999 endlich beendet. In einer durchwachsenen

Saison – mit Tiefpunkten wie einem 0:4 in Hof – bogen die Würzburger am letzten Spieltag gegen die SpVgg Landshut ein 0:2 noch in ein 4:3 um. Gerade noch mal so eben konnte man damit den Klassenerhalt sichern. Mit dem Erreichen eines Nichtabstiegs-Platzes hatte man das Schicksal des Lokalrivalen Würzburger Kickers vermeiden können, der es zweimal nur zu einjährigen Bayernliga-Gastspielen (1990/91 und 1997/98) gebracht hatte. Jetzt trafen die Kickers in der Landesliga, der fünften Liga, unter anderem auf einen Gegner, der eben erst aus der sechsten Liga wiederaufgetaucht war: den 1. FC Bamberg.

Kult ohne Millionen

Einziger fränkischer Klub in der Bundesliga war 2001 nach wie vor der Club. Als der 1. FCN wochenlang von den Abstiegsplätzen nicht wegkam, stöhnte Trainer Klaus Augenthaler: „Vielleicht war es mein größter Fehler, aufzusteigen." Als der 1. FC Nürnberg zur Winterpause auf einem Abstiegsplatz stand, wurde nachgerüstet: Nach Stephan Passlack und Tommy Svindal Larsen kam die spektakulärste Verpflichtung: Stürmer Paulo Rink aus Leverkusen. Nicht der Altprofi Rink, sondern der Amateur Jeronimo Baretto „Cacao" war es dann, der mit pfiffigen Toren für Begeisterung auf den Rängen sorgte. Kein Stürmer, sondern der Abwehrspieler Marek Nikl vermasselte schließlich am vorletzten Spieltag mit einem 1:0 gegen Spitzenreiter Bayer Leverkusen nicht nur der Bayer-Truppe die schon sicher geglaubte erste deutsche Meisterschaft, sondern sicherte damit dem Club den Klassenerhalt.

In der nächsten Saison schien es tatsächlich so, als würde sich der Club wieder als feste Größe in der Bundesliga etablieren können. Doch dann folgte in der Rückrunde der totale Absturz der Mannschaft. Die Talfahrt endete mit der Entlassung Augenthalers, der postwendend beim Mitkonkurrenten um den Abstieg, bei Bayer Leverkusen, anheuerte. Als Leverkusen zum Rückrundschluss beim Club antrat, war der 1:0-Sieg der Bayer-Truppe jedoch bedeutungslos, der Club war bereits abgestiegen.

Bei der SpVgg Greuther Fürth schien, als Eugen Hach am 30. Oktober 2001 das Traineramt von Uwe Erkenbrecher übernommen hatte, der Traum Bundesliga in weiter Ferne gerückt. Hach versprach, er wolle „der Mannschaft erst einmal klarmachen, wie gut sie eigentlich ist". Nach der Winterpause drehte die SpVgg Greuther Fürth auf, erzielte sechs Siege in Folge und brachte sich so wieder ins Aufstiegs-Gespräch. Der gewohnt starke Mittelfeldspieler Rachid Azzouzi, mittlerweile seit fünf Jahren im Verein und regelrecht zu einem Greuther „Urgewächs" geworden, avancierte mit 15 Treffern zum besten Torschützen des Vereins. Weil man am Ende schwächelte, war es unter dem Strich erneut zu wenig. Das 1:1 am 32. Spieltag gegen den VfL Bochum kommentierten die Fürther Nachrichten mit den Worten, dass es „bleiben wird, wie es immer war: Die Kleeblättler haben lange gut mitgespielt, aber am Ende stehen sie wieder

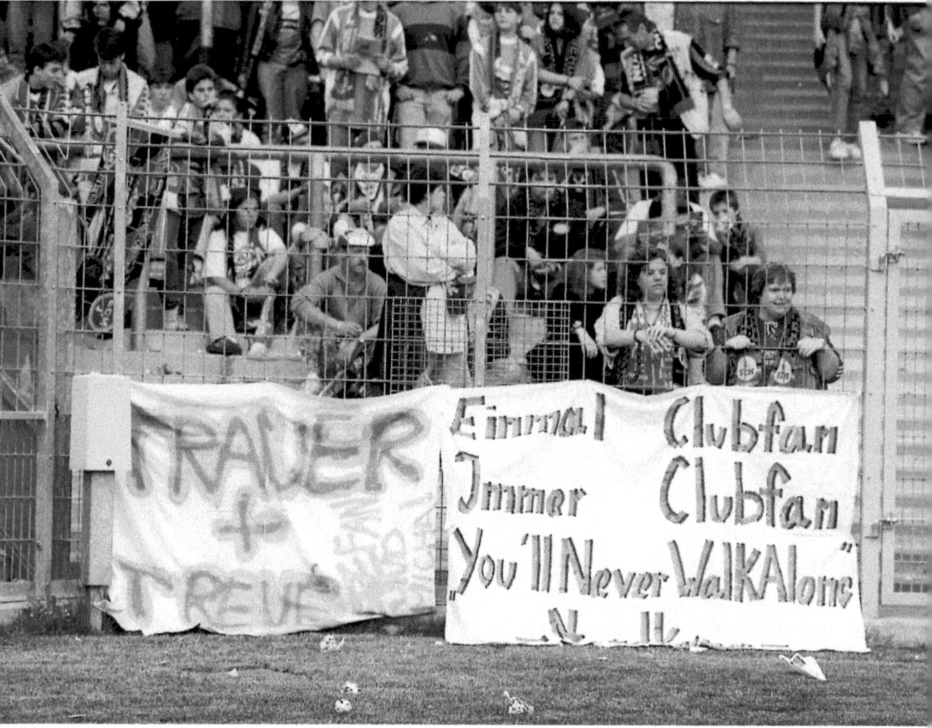

Für viele Fans das Höchste der Gefühle: ein Besuch im Frankenstadion.

mit leeren Händen da." Die SpVgg beendete die Saison erneut auf dem fünften Platz.

Zum Ende der Saison 2002/2003 gestaltete sich die Situation ähnlich. In Anbetracht des bereits als Absteiger feststehenden 1. FCN lautete die große Frage: „Wärd Färd" Frankens einziger Bundesligist? Der Aufstieg wäre das Sahnehäubchen zum 100-jährigen Bestehen des Vereins gewesen, doch wieder kam das Scheitern kurz vor der Ziellinie. Die Kleeblättler verspielten ihre Chance mit einem unnötigen 2:2 gegen Wacker Burghausen. Doch immerhin hatten es die anscheinend „unaufsteigbaren" Fürther in dieser Saison geschafft, mit attraktivem Angriffsfußball wieder zahlreiche Zuschauer ins Playmobil-Stadion zu locken.

Eine Besonderheit der Zweitliga-Saison 2001/02 war, dass es nach langer Zeit endlich einmal wieder zu einem „Fränkischen Derby" kam. Aufsteiger Schweinfurt 05 spielte zuhause gegen Fürth 0:0, im Rückspiel hatten die Fürther vor der Rekordkulisse von 9.331 Zuschauern mit 2:0 die Nase vorn. Insgesamt reichte es für die Grün-Weißen, einfach nicht zur 2. Liga. Das 0:0 in Duisburg blieb ihr einziger Auswärtspunkt in der gesamten Saison. Am Ende landete man

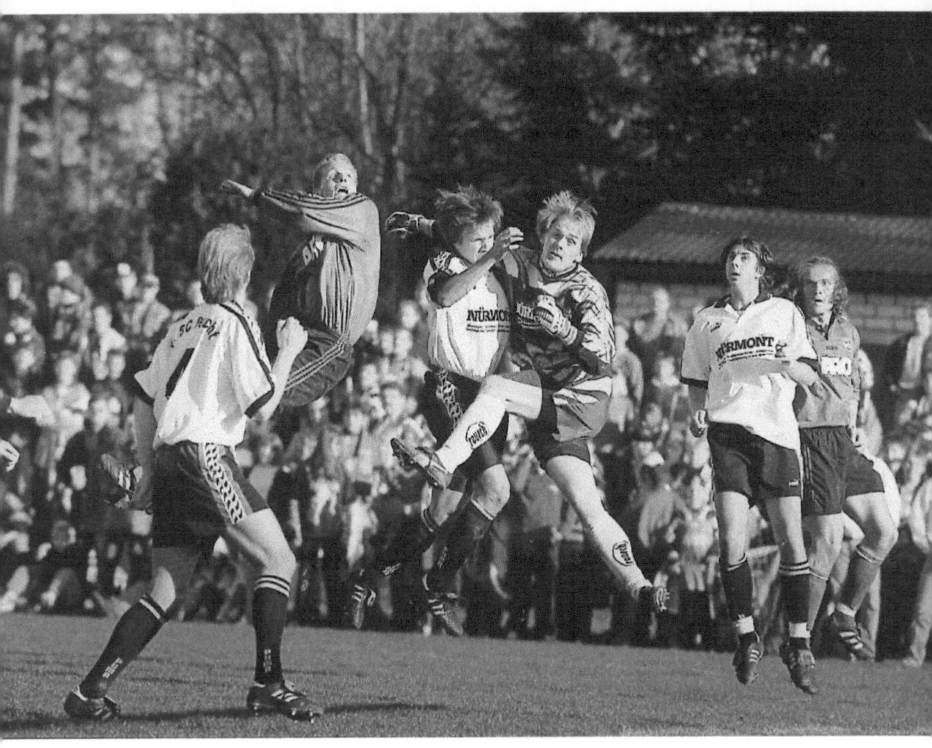

Auch in kleinen Orten ist was los: hier beim Auftritt des FCN in Feucht.

auf dem 17. Platz. In der nächsten Saison wären die „Schnüdel" auch in der Regionalliga beinahe auf einem Abstiegsplatz gelandet, doch mit einer wahren Energieleistung und dank Torjäger Veselin Popovic (20 Treffer) gelang dann doch noch der Klassenerhalt.

Nach dem Abstieg des SC Weismain (1999) und der SG Quelle Fürth (2000) sowie dem Aufstieg von Schweinfurt 05 in die 2. Liga im Jahr 2001 – die Schnüdel hatten als Drittplatzierter nur wegen des Torverhältnisses gegenüber Eintracht Trier die Nase vorne – war die SpVgg Ansbach vorübergehend der einzige fränkische Vertreter in der Regionalliga Süd. Für die 2001 überraschend aufgestiegenen Freizeitfußballer aus der Bezirkshauptstadt war die dritte Liga jedoch eine Nummer zu groß. Postwendend stieg man wieder in die Bayernliga ab, wo man in der neuen Saison mit Platz 13, direkt hinter dem FC Bayern Hof und unmittelbar vor dem SC Schwabach 04 und der SG Quelle Fürth, im Mittelmaß versank.

Besser lief es in dieser Liga, die man gut und gern auch „Frankenliga" nennen könnte, für die von den Ex-Profis Armin Eck, Alois Reinhardt und Norbert Schlegel gecoachten Teams der SpVgg Bayreuth (4.) und der Amateure von

Club (6.) und Greuther Fürth (9.). Unerreicht aber war der Überflieger der Saison, der 1. SC Feucht. Ein von Dieter Nüssing zusammengestelltes Team knackte mit 107 Toren den bisherigen Bayernliga-Rekord des 1. FC Haßfurt (96 Tore) und stellte überlegen den Aufstieg sicher.

Neben dem SC Feucht konnten die fränkischen Vereine im Jahr 2002 noch weitere Aufsteiger verzeichnen: Der SC Bamberg 08 stieg in die Kreisliga auf, Jahn Forchheim in die Bezirksoberliga, der SC Weismain in die Landesliga, der FV Würzburg schaffte mit beachtlichen 103 Saisontoren den Sprung in die Bayernliga.

2004 – 2017

NEUE HÖHENFLÜGE

Mit dem Phantom nach oben

Nach dem Abstieg des Clubs gab es im Spieljahr 2003/04 mal wieder keinen fränkischen Bundesligisten, dafür aber in den unteren Ligen jede Menge fränkische Derbys. Der 1. FC Nürnberg schwebte wie so oft zuvor in großen Finanznöten und machte aus der Not eine Tugend. Aus der eigenen Jugend stieß Stefan Kießling in die erste Mannschaft und man kaufte für 100.000 Euro von MSK Zilina einen weitgehend unbekannten 25-jähriger slowakischer Stürmer namens Marek Mintal.

Mit Raphael Schäfer als neuer Nummer eins im Tor startete der Club mit zwei Siegen, um dann nach sechs Niederlagen am Stück auf Rang 14 abzurutschen. Trainer Wolfgng Wolf stellte die Qualität der Mannschaft in Frage und Präsident Michael A. Roth verlor gar völlig die Fassung. Angesprochen auf die miserablen Leistungen der Club-Spieler sagte er kurz nach der Pleite gegen den VfB Lübeck einem Journalisten: „Ich habe einen Waffenschein und eine Pistole. Das kann ich machen: Mal durchpfeifen durch denen ihr Hirn." Später entschuldigte sich der Präsident, er sei beim Club „manchmal vielleicht auch zu sehr Fan, nicht Verantwortlicher".

Nach Ende einer turbulenten Vorrunde belegte der Club vor allem dank der Treffsicherheit von „Schnäppchen-Einkauf" Mintal tatsächlich einen Aufstiegsplatz. Diesen verteidigte die Mannschaft in der Rückrunde. Mit dem neuen, von Hertha BSC Berlin gekommenen Sportdirektor Martin Bader schaffte der Club zum sechsten Mal den Sprung aus der zweiten Liga ins Oberhaus. Torschützenkönig Mintal hatte 18 Tore erzielt und wurde als Fußballgott gefeiert.

In der neuen Saison stand der Club trotz großem Verletzungspechs, einer unerklärlichen Heimschwäche, einer Flut von Gegentoren nach

Standardsituationen und eines miserablen Starts in die Rückrunde mit fünf Niederlagen in den ersten sechs Spielen, nicht ein einziges Mal auf einem Abstiegsplatz. Schon drei Spieltage vor Saisonschluss beseitigte er durch einen 2:0-Heimsieg gegen Bochum die letzten Zweifel am Klassenerhalt.

Der Hauptgrund für eine (fast) sorgenfreie Saison hieß erneut Marek Mintal. Viele nannten ihn einfach das „Phantom", manche, wie der „Spiegel", den „Tarnkappenbomber" – Mintal spielte unauffällig und war immer am richtigen Ort zu finden, wenn es Tore zu erzielen galt. In der Vorsaison Torschützenkönig der 2. Bundesliga, machte er im Oberhaus da weiter, wo er aufgehört hatte. 24 der insgesamt 53 Club-Treffer erzielte der als Mittelfeldspieler aufgebotene Slowake. Mit dieser Ausbeute krönte sich der 27-Jährige als erster Nürnberger in 42 Jahren Bundesliga zum Torschützenkönig der deutschen Eliteklasse und hielt nach dem letzten Saisonspiel im für die WM in Deutschland runderneuerten Frankenstadion die Kanone für den besten Torschützen der Saison in seinen Händen.

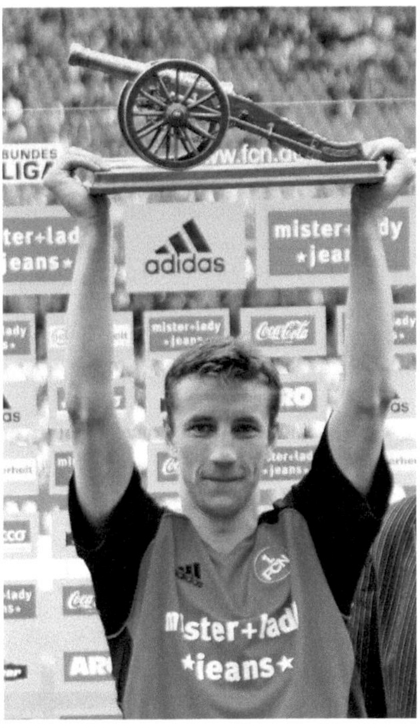

Marek Mintal wurde 2005 als erster Nürnberger in 42 Jahren Bundesliga zum Torschützenkönig der deutschen Eliteklasse erkoren.

„Lieber Fünfter" als insolvent

Während der Club dank Mintal auf dem Weg nach oben war, ging es in der Nachbarstadt Fürth ungewohnt turbulent zu. Vier Trainer in einer Saison – Eugen Hach folgte interimsmäßig Werner Dressel, dann Thomas Kosten, bevor im Februar mit Benno Möhlmann eine Dauerlösung gefunden wurde – galt bislang als Nürnberger Spezialität. Mit jeweils elf Siegen und Niederlagen bei zwölf Unentschieden war Fürth nur noch Mittelmaß, Platz 9 in der Saison 2003/04. Ein Grund dafür war sicherlich, dass die Kleeblättler erneut einige der besten Spieler ziehen lassen musste – so wechselte Defensiv-Allrounder Björn Schlicke für rund 1 Million Euro zum HSV.

Die „Möhlmänner" stabilisierten sich und spielten in den nächsten drei Saisons ganz oben mit: Mit 56 und zweimal 54 Punkten landete man in der Endabrechnung stets auf Platz 5. „Lieber Fünfter als Färddär", spotteten böse Zungen in Nürnberg. Manche sprachen auch damals schon von den „Unaufsteigbaren". Möhlmann blieb bis zum Saisonende 2006/07, dann sollte Bruno Labaddia das Kleeblatt-Schiff Richtung Bundesliga steuern.

Ganz anders als die nach oben strebende SpVgg Greuther Fürth entwickelt sich der FV Würzburg zur Fahrstuhlmannschaft. In schnöder Regelmäßigkeit wechselte er zwischen Landesliga Nord und Bayernliga hin und her – ein Schicksal, das man mit den „Schnüdel" aus Schweinfurt teilte. Die hatten mit Ach und Krach die Regionalliga-Lizenz für die Saison 2003/04 erhalten, aber im Sommer 2004 gelang es Präsident Hertlein nicht mehr, die finanzielle Leistungsfähigkeit des Vereins nachzuweisen: Der DFB verweigerte die Regionalliga-Lizenz, es folgte der Zwangsabstieg in die Bayernliga. Im Oktober 2004 meldete der Verein dann Insolvenz an. Ein Notvorstand wurde eingesetzt. Die „Schnüdel" wurden aus der Bayernliga-Wertung genommen, standen als Absteiger fest, und fast alle Spieler verließen den Verein – und das zum 100-jährigen Vereinsjubiläum. Nach Abschluss des Insolvenzverfahrens erfolgte 2005 ein Neustart in der Landesliga Nord. 2007 gelang die Rückkehr in die Bayernliga.

Lizenz- und Existenzprobleme auch in Bayreuth und in Feucht. Als Tabellenerster gelang der SpVgg Bayreuth 2005 der Aufstieg in die Regionalliga Süd. Dort erreichte man als Neuling in der Saison 2005/06 Platz 10, bekam aber wegen der miserablen Finanzlage keine Lizenz für die nächste Spielzeit. In Feucht wartete man gar nicht auf die Entscheidung des DFB, sondern verzichtete für die Saison 2005/06 freiwillig auf die Beantragung einer Lizenz für die Regionalliga. Wegen der hohen Kosten des Spielbetriebs, dem fehlenden Interesse von Sponsoren und dem enttäuschenden Zuschauerzuspruch zog sich der 1. SC Feucht in die Bayernliga zurück. Eine Lösung der wirtschaftlichen Probleme war das nicht, denn im Frühjahr 2007 musste erneut ein vorläufiger Insolvenzantrag eingereicht werden. Sportlich ging es dann bis in die Bezirksoberliga Mittelfranken hinab.

In Hof fusionierten zum 1. Juli 2005 der FC Bayern Hof und die „Spotzer" von der SpVgg Hof zur neuen SpVgg Bayern Hof. Gleich in der ersten Saison nach der Vereinigung gelang dem neuen Verein 2006 zwar der Wiederaufstieg in die Bayernliga, doch unter dem Strich befand sich der fränkische Fußball jenseits von Greuther Fürth und dem Club in einer ernsten Krise.

Nur bei den schon öfter totgesagten Würzburger Kickers begann etwas Verheißungsvolles seinen Anfang zu nehmen. Sportlich durchgereicht bis in die siebtklassige Bezirksliga Unterfranken Mitte und finanziell so ziemlich am Ende gelangen den Kickers zwei Aufstiege in Folge und somit 2005 die Rückkehr in die Landesliga Nord. Drei Saisons später war man wieder Bayernligist, bevor

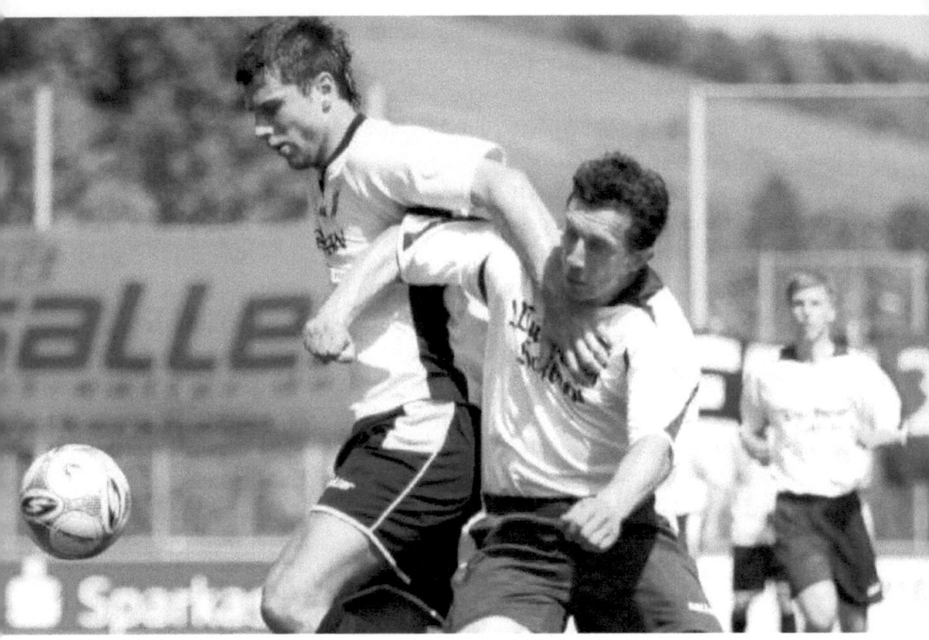

Florian Ascherl (Bayern Hof, links) gegen Markus Lützler (Würzburg) 2007

es erneut in die Landesliga hinabging. Anstatt den sofortigen Wiederaufstieg anzupeilen, setzten die Kickers auf eine Konsolidierung in der sechsten Spielklasse. Man investierte in die Infrastruktur wie z.B. einen Kunstrasenplatz auf dem vereinseigenen Sportgelände. Sportlich bastelten die Kickers an einer entwicklungsfähigen Mannschaft.

Endlich wieder ein Titel für Franken

Im April 2005 wurde die Region Nürnberg von der Ministerkonferenz für Raumordnung der Europäischen Union in den Kreis der europäischen Metropolregionen aufgenommen, und schon im Juni hielt der große Fußball-Zauber mit dem Confederations Cup im Frankenstadion Einzug. Vor allem das 2:2 von Deutschland gegen Argentinien und das knappe 2:3 der Klinsmann-Elf im Halbfinale gegen Brasilien vor ausverkauftem Haus begeisterten die Fußball-Feinschmecker. Eine gelungene Premiere im Frankenstadion für die Weltmeisterschaft 2006. Auch ein gutes Omen für das zweite Jahr des 1. FCN in der ersten Liga?

Wie schon im Vorjahr kaufte der Club vor der Saison 2005/06 groß ein. Zu dem Tunesier Jahwar Mnari und dem Argentinier Horacio Pinola gesellten sich der Tschechen Jan Polak und der Russe Ivan Saenko. „Der besten Kader seit einem Jahrzehnt", frohlockte Michael A. Roth vor dem Saisonauftakt, doch knapp drei Monate lag der 1. FC Nürnberg mit nur sechs Punkten abgeschlagen auf dem letzten Tabellenplatz. Die Trainersuche nach der Entlassung von Wolf geriet zur unappetitlichen Hängepartie. Einer der Kandidaten, Peter Neururer, sagte auf die stilloseste aller Arten ab: auf der Mailbox des Mobiltelefons von Sportdirektor Martin Bader.

Schon schienen auch dessen Tage gezählt, als er einen neuen Trainer aus dem Ärmel zauberte – den 63-jährigen Hans Meyer, der sich schon in Mönchengladbach und Berlin einen Ruf als „Retter" erworben hatte. Unter seiner Regie startete der Club zu einem rasanten Höhenflug. In der zweiten Saisonhälfte sammelten die durch den langfristigen Ausfall von Torjäger Marek Mintal (zweimaliger Mittelfußbruch) geschwächten Nürnberger in den 17 Rückrundenspielen 30 Punkte, nur einen weniger als Meister Bayern München. Mintals Ausfall wurde durch Robert Vittek kompensiert, der im Lauf der Rückrunde 16 Tore erzielte. Rang acht bedeutete die beste Bundesliga-Platzierung des Clubs seit 14 Jahren.

Die vier WM-Vorrundenspiele sowie die erste Achtelfinalbegegnung Portugal gegen Niederlande hatten auch in Nürnberg das Sommermärchen der Fußball-WM 2006 wahr werden lassen. Das WM-Motto „Die Welt zu Gast bei Freunden" wurde in Nürnberg gelebt und beflügelte auch den 1. FC Nürnberg in der Saison 2006/07.

Nach sieben Punkten aus den drei Auftaktspielen beim VfB Stuttgart (3:0), gegen Borussia Mönchengladbach (1:0) und beim FC Bayern (0:0) grüßte der FCN erstmals seit der Meistersaison 1967/68 wieder als Tabellenführer der Bundesliga. Die scherzhafte Ankündigung von Trainer Meyer, die Spitzenposition nun „nie wieder" abzugeben, konnte die Mannschaft um den neuen Kapitän, Torhüter Raphael Schäfer, zwar nicht wahr machen, aber Rang sieben zur Halbzeit bedeutete dennoch die beste Platzierung seit 15 Jahren.

In der Rückrunde trumpften Meyers Mannen dann vor 47.000 Zuschauer im ausverkauften easyCredit-Stadion im Derby gegen den FC Bayern auf. Schon in der 13. Minute eröffnete Saenko den Torreigen. Markus Schroth per Flugkopfball und vier Minuten vor dem Abpfiff Robert Vittek mit seinem 3:0 machten den Festtag für ganz Franken perfekt.

Im weiteren Verlauf der zweiten Saisonhälfte brachten in erster Linie die langwierigen Verletzungen wichtiger Spieler wie Mintal, Mnari, Reinhardt oder Vittek den Club aus dem Takt, aber am Ende reichte es dank der besten Defensive der Liga zu Rang sechs, der drittbesten Platzierung des 1. FC Nürnberg seit Gründung der Bundesliga im Jahr 1963. Erstmals seit fast eineinhalb Jahrzehnten hatte es der Club geschafft, länger als zwei Jahre am Stück erstklassig zu bleiben. „Wenn der Club in den nächsten vier, fünf Jahren nicht absteigt, hat er eine riesige Chance, etwas Solides aufzubauen", erklärte Hans Meyer. Und es gab ja nicht nur die Chance auf etwas Solides, sondern auch die Chance auf etwas Sensationelles: den ersten Titelgewinn seit fast vier

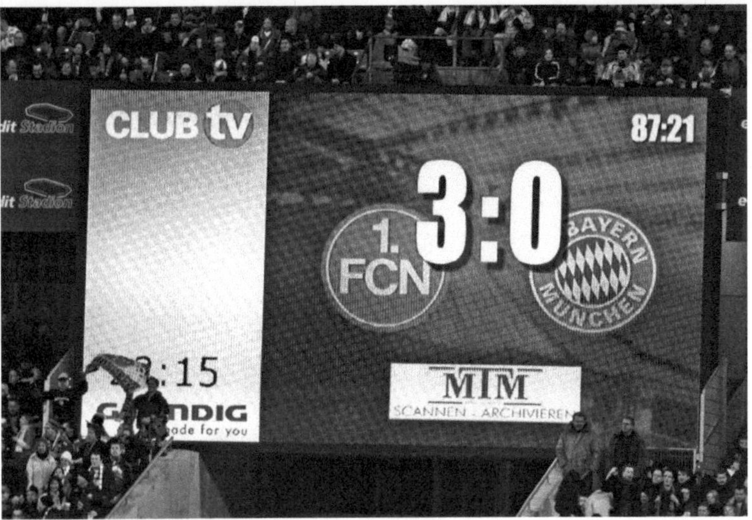

3 Tore gegen den FC Bayern vor 47.000 Zuschauern im ausverkauften easyCredit-Stadion am 2..2. 2007

Jahrzehnten – und zwar im DFB-Pokal. Der Wettbewerb, in dem sich der 1. FCN gerne einmal in der ersten Runde so richtig blamiert, ging auch dieses Mal holprig los: Einem mühevollen 1:0 beim Viertligisten BV Cloppenburg folgte ein 2:1 nach Verlängerung beim Zweitligisten SC Paderborn. Im Achtelfinale zu Hause gegen die SpVgg Unterhaching stand es nach 120 Minuten noch 0:0, ehe der für Raphael Schäfer eingesprungene Ersatzkeeper Daniel Klewer nicht weniger als vier (!) Elfmeter parierte.

Auch im Viertelfinale gegen Hannover 96 hieß es kurz vor Ende der Verlängerung noch 0:0. Aus dem Gefühl des Augenblicks heraus schickte Trainer Meyer den Elfmeter-erprobten Klewer in der 119. Minute ins Tor. Ein absoluter Glücksgriff, denn Klewer hielt erneut zwei Schüsse. Der Club zog ins Halbfinale ein, wo man eine überforderte Eintracht aus Frankfurt mit 4:0 vom Platz fegte. Nach 25 Jahren war der Club wieder in einem Finale.

Gegner im Endspiel im Berliner Olympiastadion war der neue Meister, der VfB Stuttgart. In der 20. Minute ging der VfB durch Cacau in Führung. Nur sieben Minuten später schlug der Club zurück: Mintal erzielte auf Flanke von Dominik Reinhard das 1:1. Wenig später sah Stuttgarts Cacau nach einem Zweikampf mit Clubverteidiger Andreas Wolf die rote Karte. Nur zwei Minuten später verlor Stuttgarts Meira die Nerven und grätschte mit gestreckten Beinen Marek Mintal brutal um, der verletzt vom Platz getragen wurde. Nach dem Seitenwechsel brachte Marco Engelhardt den Club nach einem Eckball per Kopf in Führung, bevor der VfB mit einem Strafstoß in der 80. Minute der Ausgleich gelang. In der Verlängerung, in der 109. Minute, folgte der große Geniestreich von Jan

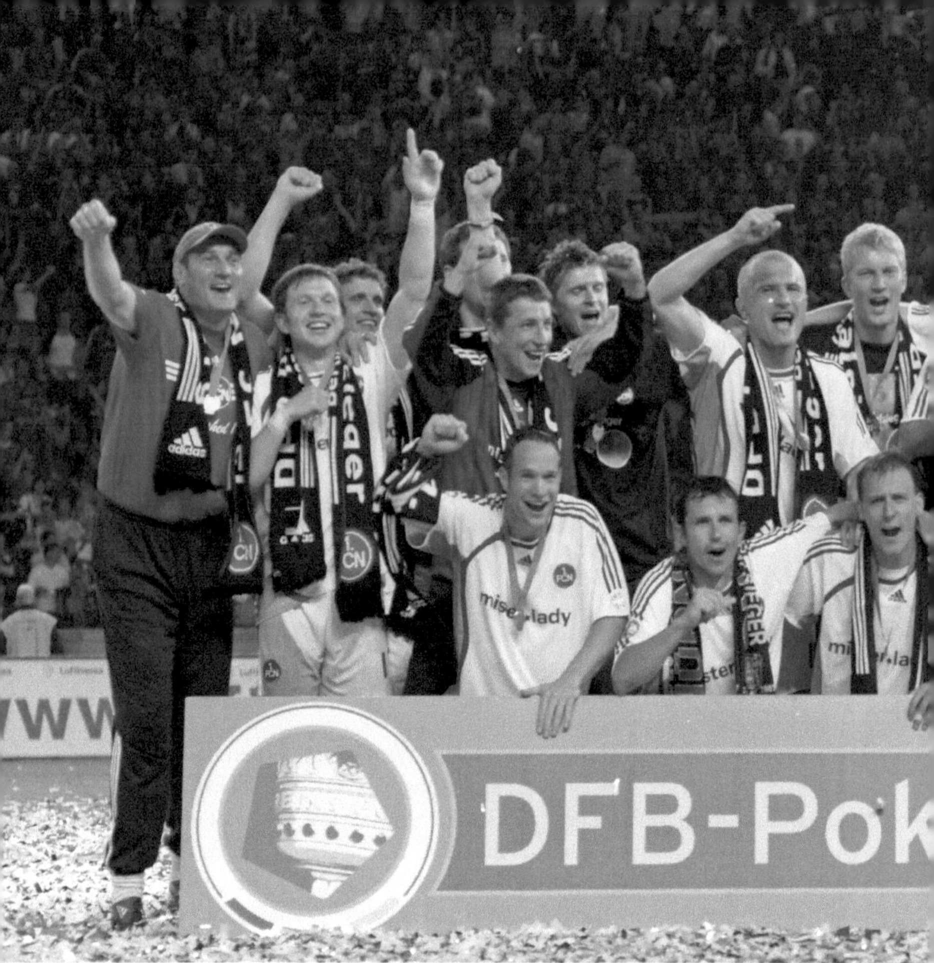

Die Sensation ist perfekt: Der Club ist zum vierten Mal Pokalsieger.

Kristiansen. Der Däne, bis dahin ohne Tor und ohne große Perspektiven beim 1. FCN, fasste sich ein Herz und zog aus 25 Metern ab. Hildebrand streckte sich vergeblich, der Ball senkte sich ins Toreck – und der Club war DFB-Pokalsieger.

Die Choreografie, mit denen Clubfans beim Pokalfinale im ausverkauften Olympiastadion in Berlin beeindruckten, erwies sich damit als prophetisch. Auf einem riesigen Spruchband in der Kurve prangte der auf typisch fränkische Art von unaufgeregter Zuversicht zeugende Spruch: „Auch in 39 Jahren ohne Titel waren wir stets stolz und treu! Aber wenn wir schon mal hier sind, nehmen wir den Pokal halt mit!"

Mit dem Pokalsieg stand der 1. FC Nürnberg erstmals seit 19 Jahren wieder in einem internationalen Wettbewerb, dem UEFA-Pokal. Für die erste Runde wurde dem Club der rumänische Pokalsieger Rapid Bukarest zugelost. Ein 0:0 zu Hause und ein 2:2 (Tore: Peer Kluge, Zvjezdan „Zwetschge" Misimovic)

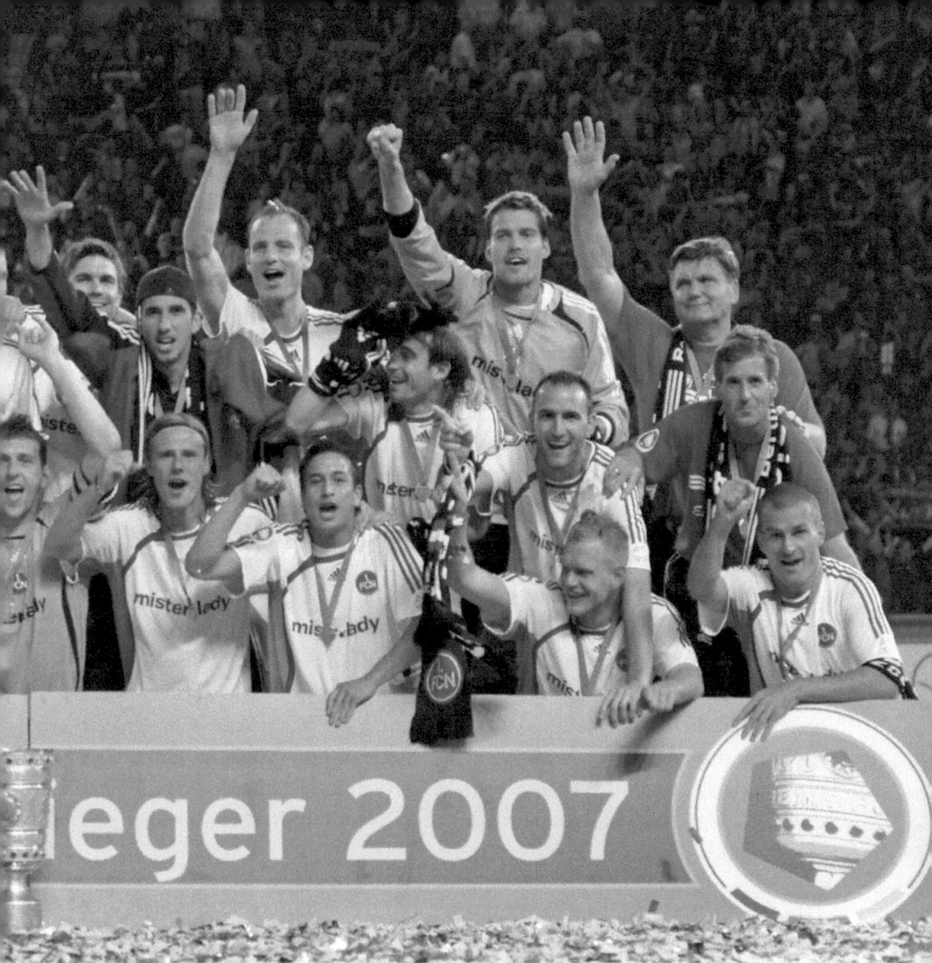

in Bukarest reichten zum Weiterkommen. „Unsere Jungs haben Geschichte geschrieben", freute sich Sportdirektor Martin Bader zu Recht, denn erstmals seit 1962 hatte der 1. FCN die erste Runde in einem europäischen Wettbewerb überstanden.

Die Auslosung für die Gruppenphase bescherte dem 1. FC Nürnberg mit dem FC Everton, Zenit St. Petersburg, AZ Alkmaar und AE Larissa attraktive Kontrahenten. Während der Club in der Bundesliga in der Abstiegszone vor sich hin dümpelte, lieferte er im ersten Gruppenspiel zu Hause gegen Everton eine engagierte Partie, unterlag jedoch 0:2. Als Außenseiter fuhr die Elf von Hans Meyer zum frisch gebackenen russischen Meister Zenit St. Petersburg und kam mit einem 2:2 im Gepäck (Tore: Charisteas, Benko) nach Hause zurück.

Gegen die stark eingeschätzten Holländer vom AZ Alkmaar hieß es zur Halbzeit 0:1, doch in der 83. und 85. Minute drehte Marek Mintal mit einem Doppelschlag das Spiel. Der erste Europapokal-Heimsieg seit 44 Jahren war damit perfekt. Den ersten Auswärtssieg seit dem 2:1 gegen den AS Rom im

September 1988 ließen die Club-Spieler vier Tage vor Heiligabend mit einem 3:1 (Saenko, Mintal, Charisteas) gegen den AE Larissa im griechischen Volos folgen.

Als Gruppenzweiter hinter dem FC Everton, aber vor Zenit St. Petersburg, AZ Alkmaar und AE Larissa war der Club eine Runde weiter. Nun ging es gegen Benfica Lissabon, ein Spiel, bei dem in Nürnberg Erinnerungen wach wurden. Im Viertelfinale des Europapokals der Landesmeister 1961 gingen für den Club gegen Benfica nach einem souveränen 3:1-Erfolg zu Hause im Estadio da Luz (Stadion des Lichts) mit einem 0:6 buchstäblich die Lichter aus.

Nun begleiteten 5.000 Fans den zum ersten Mal von Thomas von Heesen – Hans Meyer war zwei Tage zuvor entlassen worden – gecoachten 16. der Bundesliga-Tabelle in die portugiesische Hauptstadt. Der Club ließ in der ersten Halbzeit beste Chancen aus, und wie aus dem Nichts entschied der 31-fache portugiesische Meister in der 43. Minute mit einen unplatzierten Distanzschuss, den Club-Keeper Blazek passieren ließ, das Spiel.

Im Rückspiel standen die Nürnberger nach den Treffern von Charisteas und Saenko schon mit einem Bein im Achtelfinale, doch dann ging ihnen die Luft aus. Trainer von Heesen hätte zwar noch dreimal auswechseln können, doch er ließ es bleiben. Mit einem Doppelschlag durch die beiden Einwechselspieler (!) Oscar Cardozo (89.) und Angel Di Maria in der zweiten Minute der Nachspielzeit platzte der Traum vom Weiterkommen. Trotzdem: Es war der größte Vereinserfolg auf europäischer Ebene seit dem Scheitern im Halbfinale gegen Madrid 1963.

Die Derby-Geschichte geht weiter

Erstmals seit 1968 startete der Club als frisch gebackener Gewinner eines Titels in die neue Saison. Mit dem bosnischen Nationalspieler Zvjezdan Misimovic vom VfL Bochum und dem Mönchengladbacher Peer Kluge hatte Sportdirektor Martin Bader zwei hochkarätige Mittelfeldspieler ablösefrei verpflichtet. Die tschechische Nummer zwei im Tor, Jaromir Blazek von Sparta Prag, sollte den zum VfB Stuttgart abgewanderten Raphael Schäfer ersetzen. Und dann heuerte noch der mit einer Ablöse von 2,3 Mio. Euro bis dahin teuerste Einkauf der Vereinsgeschichte am Valznerweiher an: Angelos Charisteas, der Held Griechenlands bei der Europameisterschaft 2004.

Doch die schweren Verletzungen der Führungsspieler Vittek und Pinola und unerklärliche Leistungseinbrüche bei Mnari, Saenko und Engelhardt führten dazu, dass die Nürnberger kaum einmal an die Vorjahresleistungen anknüpfen konnten. Auch weil Blazek Fehler an Fehler reihte, wurde aus der besten Abwehr der Vorsaison eine Schießbude: 28 Gegentore in 17 Vorrundenspielen. Dazu kam eine eklatante Heimschwäche. Auf Abstiegsplatz 16, aber mit Tuchfühlung zum hinteren Mittelfeld ging man in die Winterpause.

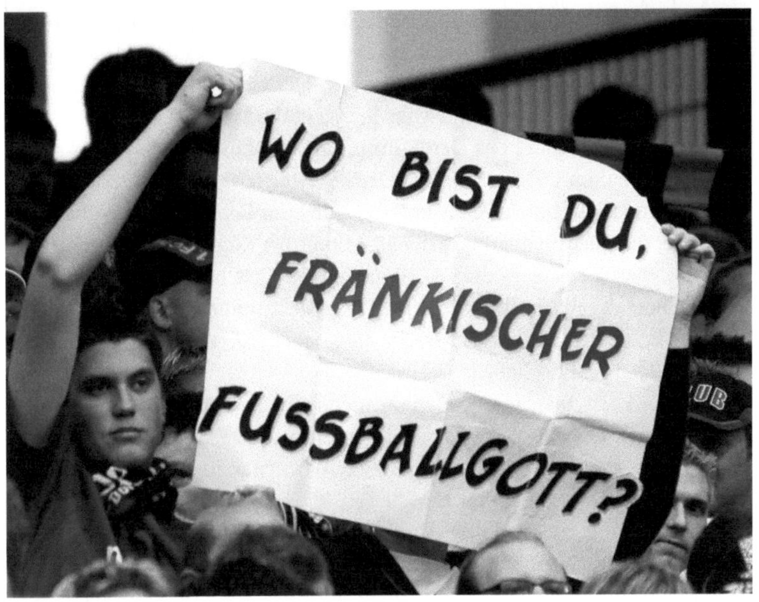

Enttäuschte Club-Fans nach dem siebten Abstieg aus der Bundesliga, 17.5.2008

Mit dem für knapp eine Million Euro Ablöse von AS Monaco verpflichteten tschechischen Sturmtank Jan Koller sollte die Wende gelingen. Doch die Hoffnung auf eine Besserung der Lage zerschlug sich schnell. Im Februar 2008 musste der Pokalsieger-Trainer gehen. Thomas von Heesen mit dem Bochumer Nachwuchstrainer Michael Oenning als neuem Assistenten leitete fortan das Training. Dem Aus auf internationaler Bühne folgten durchwachsene Darbietungen in der Bundesliga, weil die Offensivabteilung inklusive Koller beste Gelegenheiten am Fließband ausließ. Mit einer 0:2-Heimniederlage im Saisonfinale gegen Schalke 04 war der siebte Abstieg aus der Bundesliga perfekt. Wolf und Pinola, die Publikumslieblinge, sanken weinend zu Boden.

In der Nachbarstadt erfüllte Bruno Labaddia die in ihn gesetzten Erwartungen nicht: Greuther Fürth rangierte nach 14 Siegen und 10 Niederlagen nicht auf einem Aufstiegsrang und auch nicht auf Rang fünf, sondern dieses Mal nur auf Rang sechs. Ein glattes 0:5 am letzten Spieltag beim Aufsteiger TSG 1899 Hoffenheim verdeutlichte die Kräfteverhältnisse in der 2. Bundesliga. Benno Mühlmann sollte es wieder richten. Aber in Fürth hatte man zumindest einen Grund zum Freuen: Der alte Rivale aus Nürnberg war 2008/09 wieder zurück in der 2. Liga, es gab also wieder eine Fortsetzung der Derby-Geschichte.

Man traf dabei auf einen Verein, der den sofortigen Wiederaufstieg als Devise ausgab. Die großen Publikumslieblinge Wolf und Pinola konnten ebenso wie Kluge, Mnari, Engelhardt und Mintal gehalten werden, Torwart Schäfer kehrte aus Stuttgart zurück, und der ungeliebte von Heesen wurde schon am zweiten Spieltag nach einer 1:2-Niederlage gegen Kaiserslautern entlassen und durch seinen Co-Trainer Michael Oenning ersetzt. Der baute nach und nach junge Talente wie Dominic Maroh und Mike Frantz in die Mannschaft ein.

Am 14. Spieltag stand das Derby im mit 46.000 Zuschauern ausverkauften easyCredit-Stadion in Nürnberg an. Der Neuntplatzierte (Club) spielte gegen den Vierten (Fürth). Stefan Reisinger brachte zum Entsetzen der Nürnberger Anhänger die Spielvereinigung in der 38. Minute per Kopfball in Führung. Doch Dominik Maroh gelang in der 73. Minute per Rechtsschuss der Ausgleich und ausgerechnet der Ex-Fürther Christian Eigler stellte mit einem Rechtsschuss in der 88. Minute den Nürnberger Derby-Sieg sicher. Zur Winterpause stand der Club auf Rang acht der Tabelle.

Ohne wirklich zu glänzen, kletterte der FCN Platz für Platz nach oben. Spätestens mit dem 1:0-Auswärtssieg in Freiburg am 25. Spieltag, meldete sich der Club im Aufstiegsrennen zurück. Zwei Wochen später, nach einem 3:0 in Oberhausen, dem vierten von fünf Siegen in Serie ohne Gegentor, erklomm er erstmals Rang drei und verdrängte damit die SpVgg Greuther Fürth vom Relegationsplatz. So blieb es bis zum Rückrundenderby: der Club auf Platz drei und Fürth nur einen Punkt dahinter auf Platz vier. Zur Pause stand es in einer umkämpften Partie 0:0. Kurz nach Wiederanpfiff brachte Dario Vidosic den Club mit einem Rechtsschuss in Führung. Zehn Minuten später vollendet Stefan Reisinger mit links zum 1:1-Endstand.

Fürths Sieg am letzten Spieltag bei Rot-Weiß Ahlen kam zu spät. Am Ende rangierte der Club mit 60 Punkten auf Rang drei und war damit in der Relegation, Fürth wurde mal wieder Fünfter mit 56 Punkten.

Der Meister der Relegation

180 Minuten trennten den Club nun noch vom siebten Bundesligaaufstieg seiner Vereinsgeschichte. 1991 hatte es das Duell zwischen dem Bundesligasechzehnten und dem Zweitligadritten letztmals gegeben, als sich die klassentieferen Stuttgarter Kickers in drei Begegnungen gegen den FC St. Pauli durchsetzten. Nach 18 Jahren Pause ließ der DFB diese Entscheidungsspiele nach der Saison 2008/09 wieder aufleben, und die letzte Hürde für Oennings Elf auf dem Weg zurück in die Erstklassigkeit hieß Energie Cottbus.

Im Stadion der Freundschaft schossen zweimal Boakye und einmal Eigler zum vorentscheidenden 3:0-Auswärtssieg. Im Rückspiel beseitigten Eigler mit einem herrlichen Distanzschuss in der 29. Minute und Mintal acht Minuten später die letzten Zweifel. Der „Aufstieg 2009" war perfekt.

Während Greuther Fürth unter Benno Mühlmann in der Zweiten Liga zu Beginn der Saison 2009/10 einen klassischen Fehlstart hinlegte, so dass schließlich zur Winterpause Mike Büskens verpflichtet wurde, stürzte sich der

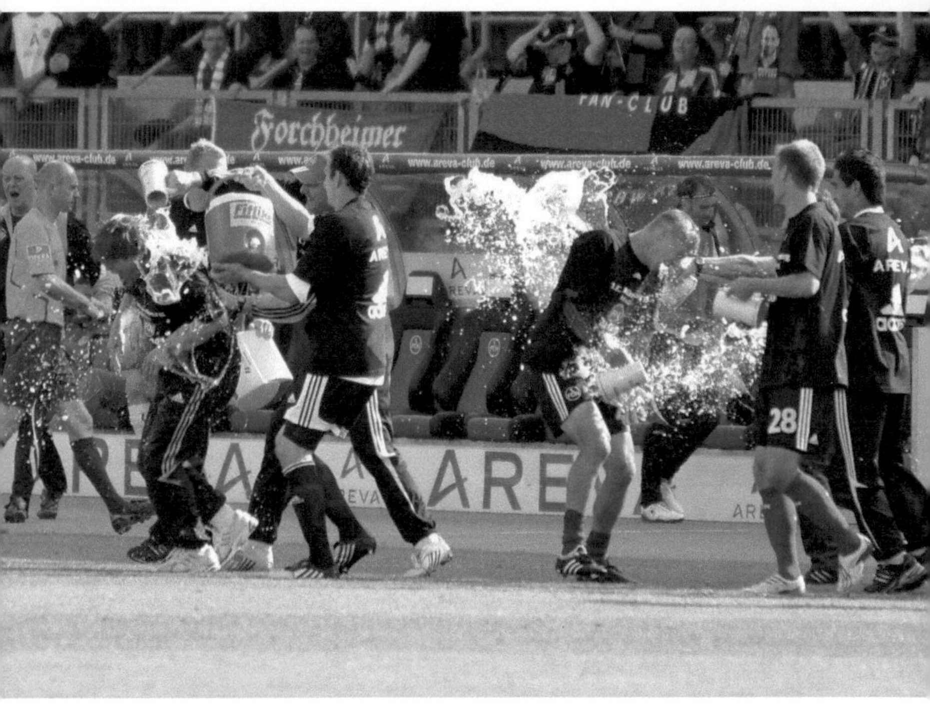

Überschäumende Freude beim 1. FCN nach dem siebten Wiederaufstieg in die Bundesliag am 31. 5. 2009

Club zuversichtlich in seine insgesamt 28. Bundesligasaison. Michael Oenning setzte auf eine Mischung aus erfahrenen Spielern wie Schäfer, Wolf, Pinola, Mintal, Mnari und Kluge und hungrigen jungen Talenten wie Diekmeier, Maroh, Frantz, Gündogan und Risse. Doch der Plan ging nicht auf. Zum Ende der Hinrunde gab es in den letzten vier Begegnungen gegen Freiburg, Dortmund, Hamburg und Köln Null Punkte und 0:12 Tore – und damit vier Punkte Rückstand auf Relegationsplatz 16, Oenning musste gehen. Unter seinem Nachfolger Dieter Hecking und dank Albert Bunjaku mit seinen zwölf Treffern sowie dem überragenden brasilianischen Innenverteidiger Breno in der Defensive arbeitete sich der Club aus dem Keller nach oben. Doch vier Niederlagen am Stück warfen den FCN wieder auf Relegationsplatz 16 zurück.

Wie schon im Jahr zuvor ging es also in die Relegation, diesmal als Favorit gegen den Zweitliga-Dritten FC Augsburg. Mit 1:0 zu Hause (Torschütze Eigler) und 2:0 in Augsburg (Gündogan, Choupo-Moting) gewannen Schäfer, Wolf und Co. abermals beide Relegationsspiele ohne Gegentor und durften nach einer nervenaufreibenden Saison den Klassenerhalt bejubeln. „Es sieht so aus, als ob wir uns langsam zu Relegationsexperten mausern“, meinte Bader schmunzelnd.

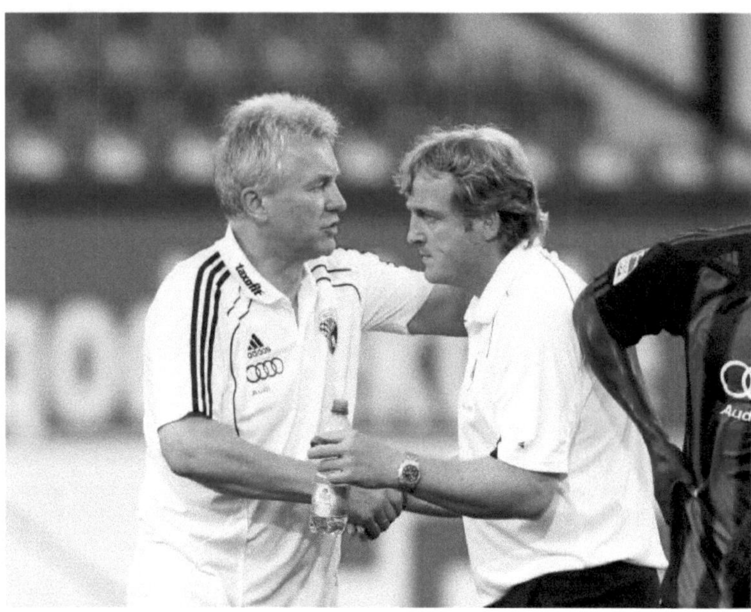

Nach dem Spiel der SpVgg Greuther Fürth gegen den FC Ingolstadt, das die Kleeblättler 3:0 gewonnen hatten: Ingolstadts Trainer Benno Möhlmann (links) und der Fürther Trainer Michael Büskens (2011).

Doppelaufstieg dank Ligareform

Franken hatte also weiterhin mit dem Club einen Erstligisten und mit Greuther Fürth einen Zweitligisten. Mike Büskens konnte den Fehlstart unter Möhlmanns Regie noch abfangen, trotzdem: 2009/2010 Rang elf bedeutete die schlechteste Platzierung für die Kleeblättler seit dem Aufstieg in die 2. Liga, seit 1997. 12 Siegen standen acht Unentschieden und 14 Niederlagen gegenüber. Aus einem Aufstiegskandidaten, war ein mittelmäßiger Zweitligist geworden. Das wollte der ehrgeizige und seine Mannschaft stets gestenreich und lautstark nach vorne peitschende Büskens nicht auf sich sitzen lassen. Mit Erfolg: In der Saison 2010/11 kletterten die Kleeblättler auf Rang 4 mit stolzen 61 Punkten.

Franken hatte zu dieser Zeit zwar einen Erst- und Zweiligisten, aber weder einen Dritt-, noch einen Viertligisten. Die eingleisige Dritte Liga hatte der DFB als dritthöchste Liga im deutschen Profifußball zur Saison 2008/09 eingeführt. Die vierthöchste Liga war seitdem die Regionalliga. Für die Premierensaison der Dritten Liga konnten sich je zur Hälfte Klubs der bestehenden Regionalligen Nord und Süd qualifizieren, hinzu kamen vier Absteiger aus der 2. Bundesliga.

Die Qualifikation für die neue viertklassige dreigleisige Regionalliga hatte die SpVgg Bayreuth zwar geschafft, aber der DFB verweigerte dem Verein die dafür notwendige Lizenz. Ein schwacher Trost für die Altstädter, dass man im Jahr zuvor, in der Saison 2007/08, bereits drei Spieltage vor dem Ende die siebte bayerische Amateurmeisterschaft gewonnen hatte. Am Ende der Saison 2010/11 stieg die SpVgg von der Bayernliga in die sechstklassige Landesliga Nord ab. Die Regionalliga-Reform 2011/12 bescherte der SpVgg als Vierten ihrer Klasse die Rückkehr in die fünftklassige Bayernliga Nord.

2008 gelang der SpVgg Bayern Hof mit einem 2:0-Sieg am letzten Spieltag gegen den FC Kempten der Klassenerhalt. Schwere Turbulenzen gab es dann drei Jahre später: Nach einem Becherwurf im Bayernliga-Spiel gegen den FC Ingolstadt 04 II zog das Sportgericht des Bayerischen Fußballverbandes (BFV) der SpVgg Bayern Hof im Mai 2011 zwei Punkte wegen „eines besonders schweren Falles der Verletzung der Platzordnung" ab und verurteilte den Verein zu einer Strafzahlung von 1.000 Euro. Der Fünftligist war mit dieser Entscheidung einen Spieltag vor Saisonschluss rechnerisch abgestiegen. Der Präsident von Bayern Hof, Reiner Denzler zog vors Landgericht Hof und hatte Erfolg. Das Sportgericht nahm den Punktabzug wenige Tage vor dem letzten Spieltag zurück.

Weil Bayern Hof seine Relegationsspiele gegen den SSV Jahn Regensburg gewann, hielt der Verein doch die Klasse. Stattdessen stieg die SpVgg Bayreuth ab. In der nächsten Saison wurde die SpVgg Bayern Hof hinter dem TSV 1860 Rosenheim Vizemeister und stieg damit in die neu geschaffene Regionalliga Bayern auf. Großen Anteil am Erfolg hatte Torjäger Cem Ekinci, der mit 21 Toren Torschützenkönig der Bayernliga wurde.

Kaum in der Bayernliga war der FC Schweinfurt 05 2008 nach einer Niederlage im Relegationsspiel gegen den TSV Rain/Lech schon wieder abgestiegen, behielt aber aufgrund der Lizenzentzüge in höheren Klassen am grünen Tisch einen Bayernliga-Startplatz für die Saison 2008/09. Doch auch das nützte nichts. Die von Werner Dressel trainierte Mannschaft musste am Ende der Saison in die sechstklassige Landesliga gehen. Trotz Abstieg blieb die Elf zusammen und unterlag im Meisterschaftsrennen 2009/10 dem Würzburger FV. Dank der Siege in der Relegation über den VfB Eichstätt und die SpVgg Ansbach gelang doch noch der ersehnte Aufstieg in die Bayernliga.

Nach einem Jahr im gesicherten Mittelfeld peilten die „Schnüdel" unter Trainer Klaus Scheer die Qualifikation für die neue viertklassige Regionalliga Bayern, die dann zweithöchste bayerische Spielklasse, an. Mit Platz 13 in der Saison 2011/12 qualifizierte sich der FC 05 tatsächlich für die Relegationsspiele zur Regionalliga Bayern. Dort scheiterte man aber an der zweiten Mannschaft des FC Augsburg und blieb fünftklassig.

Auch bei den Würzburger Kickers plante man den Aufstieg in die zur Saison 2012/13 gegründete Bayernliga Nord. Als Meister der Landesliga Nord 2012 waren die Kickers zur Teilnahme an der Regionalliga-Relegation berechtigt. Dort setzte sich das Team von Trainer Dieter Wirsching in durch und übersprang die fünftklassige Bayernliga. Durch diesen Doppelaufstieg spielten die Kickers in der Saison 2012/13 erstmals nach 1998 (damals in der Bayernliga) wieder viertklassig und zogen am Lokalrivalen Würzburger FV, die in der Bayernliga Nord kickten, vorbei. Die Weichen für den weiteren Weg nach oben waren also gestellt.

Ein Sprung nach oben

Während Greuther Fürth mit Mike Büskens schon einmal heftig am Tor zur Bundesliga klopfte, schien das Streben der Nachbarstadt in die erste Liga auch den Club in der Saison 2010/11 zu beflügeln. Auf der Jahreshauptversammlung im Oktober 2010 hatte der 1. FC Nürnberg seine Strukturen neu geordnet, das ehrenamtliche Präsidium abgeschafft und sämtliche Geschäfte den beiden Vorständen Ralf Woy (Finanzen und Verwaltung) und Martin Bader (Sport und Öffentlichkeitsarbeit) übertragen. Sportlich ging man mit Rang elf in die Winterpause. Dann blieben die Nürnberger vom 19. bis zum 27. Spieltag ungeschlagen und landeten gegen den HSV, Leverkusen, Stuttgart und Frankfurt vier Siege in Folge. Im Vorjahr noch auf Platz 16 sprang der Club mit Ilkay Gündogan, Philipp Wollscheid und Timothy Chandler zu Saisonende auf Platz sechs.

Vor der Saison 2011/12 verließen Gündogan (Dortmund), Wolf (Bremen) und Mintal (Rostock) den Verein. Es kamen Tomas Pekhart (FK Jablonec), Alexander Esswein (Dynamo Dresden), Daniel Didavi (VfB Stuttgart), Markus Feulner (Borussia Dortmund) sowie Innenverteidiger Timm Klose (vom FC Thun). Nach einem Start nach Maß legte die neuformierte Mannschaft eine Serie von acht Spielen ohne Sieg hin.

Drei Tage nach einem überraschenden 3:0-Erfolg zum Hinrundenschluss in Leverkusen kam zum Pokal-Achtelfinale der Zweitliga-Zweite Greuther Fürth mit breiter Brust angereist. Die Nürnberger zeigten über weite Strecken unerklärlichen Angsthasenfußball und unterlagen vor eigenem Publikum nach einem frühen Treffer durch Edgar Prib mit 0:1. Dass Schiedsrichter Knut Kircher einem Kopfballtor durch Didavi wegen angeblichen Foulspiels Bunjakus die Anerkennung verweigerte, passte ebenso ins Bild wie der kurze Platzsturm durch ein paar Dutzend enttäuschter Fans nach dem Abpfiff, für die der Club schließlich zu einer Geldstrafe von satten 100.000 Euro verurteilt wurde.

In den ersten Monaten des Jahres 2012 nahm das neue Funktionsgebäude am Valznerweiher, das die Club-Fans mit dem Kauf der ausgegebenen Anleihen weitgehend selbst finanzierten, immer mehr Gestalt an. Gleichzeitig stellte die Mannschaft die Weichen für eine weitere Saison in der Erstklassigkeit. Mit einem triumphalen 4:1 gegen Schalke am 30. Spieltag und einen 2:0-Auswärtssieg in Kaiserslautern eine Woche später war der Klassenerhalt unter Dach und Fach und die historische Schmach, dass der ruhmreiche 1. FC Nürnberg eine Klasse unter den Kleeblättern spielte war abgewendet – denn die „Unaufsteigbaren“

aus der Nachbarschaft hatten den Aufstieg in die Bundesliga doch tatsächlich endlich geschafft.

Nach so vielen vergeblichen Anläufen und verpassten Chancen, spielten die von Mike Büskens heftig unter Strom gesetzten Fürther die Gegner in der 2. Liga in der Saison 2011/12 ein ums andere Mal an die Wand. Nach der 2:3-Heimniederlage zum Auftakt gegen Eintracht Frankfurt folgte eine Serie von elf Spielen ohne Niederlage: neun Siege und zwei Unentschieden bei 23:4 Toren. Am 6. Spieltag stand Fürth erstmals an der Tabellenspitze. Von der deutlichen 0:3-Heimniederlage gegen Eintracht Braunschweig, die die Tabellenführung kostete, erholten sich die Kleeblättler schnell und beendeten die Hinrunde mit einem souveränen 3:0 über Hansa Rostock auf Platz drei. In die Winterpause ging es erst zwei Spiele später, Fürth überwinterte auf dem zweiten Rang.

Mit dem ehemaligen Nationalspieler Gerald Asamoah, der Anfang Januar verpflichtete wurde, landete Präsident Helmut Hack einen Paukenschlag. In der Rückrunde setzte es nur noch eine einzige Niederlage (1:3 bei Dynamo Dresden). Nach dem Erfolg über den Club im Achtelfinale kegelten die Fürther im Viertelfinale noch den Bundesligisten TSG 1899 Hoffenheim auf fremden Platz aus dem Pokal, bevor man sich im Halbfinale durch ein Gegentor ausgerechnet des Ex-Nürnbergers Gündogan in der letzten Minute der Verlängerung gegen den späteren Doublegewinner Borussia Dortmund aus diesem Wettbewerb mehr als achtbar verabschiedete.

Bereits am 32. Spieltag war Fürths erster Aufstieg nach dem 1:1-Unentschieden gegen den FSV Frankfurt in die Bundesliga perfekt. Zwei weitere Unentschieden gegen Fortuna Düsseldorf und Hansa Rostock brachten den Meistertitel der 2. Bundesliga nicht mehr in Gefahr. Mit 70 Punkten rangierte Fürth zwei Punkte vor Eintracht Frankfurt und acht Punkte vor Düsseldorf. 39 der 73 Tore hatten der Kanadier Olivier Occean (17), Christopher Nöthe (13) und Sercan Sararer (9) erzielt. Sogar der 33-jährige Asamoah hatte in zehn Spielen noch fünfmal ins Schwarze getroffen. Torwart Max Grün, Abwehrspieler und Kapitän Thomas Kleine und Sararer waren die Dauerbrenner und standen bei allen 34 Punktspielen auf dem Platz.

Ganz Fürth war zum Empfang der Aufstiegshelden um Mike Büskens vor dem Rathaus in grün-weiß geschmückt. „Endstation, alle aufsteigen“ verkündeten Plakate in der ganzen Innenstadt. „Für die Stadt Fürth ist der Aufstieg die Erfüllung eines Jahrhunderttraums“, freute sich Oberbürgermeister Thomas Jung. Vereinspräsident Helmut Hack jubilierte: „Das ist eine neue Dimension in unserer Vereinsgeschichte.“

Eine neue Dimension

Zwei Bundesligisten aus Franken, das gab es seit Einführung der Bundesliga im Jahr 1963 noch nie. Ein Wermutstropfen in all den Siegesfeiern in Fürth war der

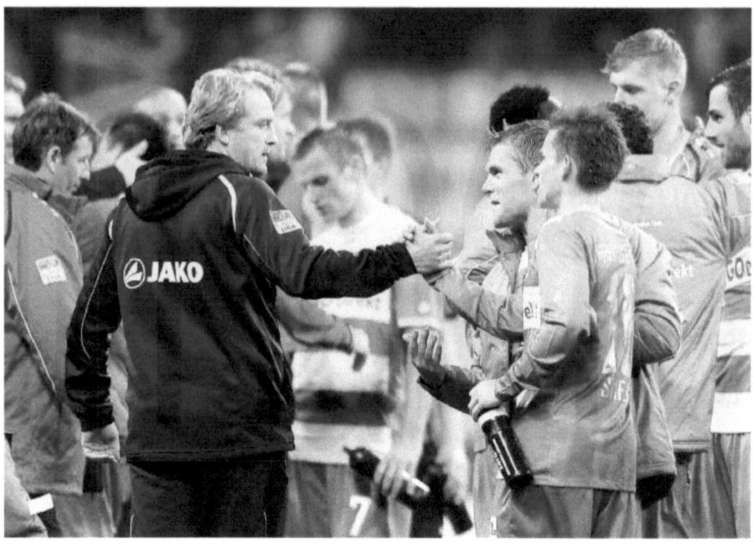

Fürths Trainer Michael Bueskens gratuliert seinen beiden Torschützen Zoltan Steiber und Heinrich Schmidtgal nach dem Spiel gegen Eintracht Frankfurt (2012).

Weggang des Torjägers Occean, der einen Dreijahresvertrag beim Mitaufsteiger Eintracht Frankfurt unterzeichnet hatte. Auch der Club verlor zwei seiner stärksten Spieler: Wollscheid wechselte für 7,5 Mio. Euro nach Leverkusen, und Leihspieler Didavi wurde vom VfB nach Stuttgart zurückbeordert.

Vor dem Start in die Saison 2012/2013, bei der ersten Runde im DFB-Pokal eine Woche vor dem Auftaktspiele, schenkten sich die beiden Rivalen nichts. Fürth schied beim Drittligisten Kickers Offenbach aus, der Club verlor beim niedersächsischen Regionalligisten TSV Havelse in der Verlängerung mit 2:3. Beide konnten sich also voll und ganz auf die Liga konzentrieren. Im Pflichtspieldebüt in der höchsten deutschen Spielklasse unterlag Bundesliganeuling Fürth zu Hause FC Bayern München mit 0:3 und war Tabellenletzter. Schon am zweiten Bundesliga-Spieltag gelang dann der erste Sieg in der höchsten deutschen Spielklasse: Mit 1:0 gewannen die Fürther beim 1. FSV Mainz 05 dank des Treffers von Felix Klaus.

Der Club startete mit zwei Auswärtssiegen beim HSV und bei Borussia Mönchengladbach sowie einem 1:1 zu Hause gegen Borussia Dortmund. Neuzugang Hiroshi Kiyotake deutete an welche Verstärkung er ist, und im neu eröffneten Club-Museum konnte man die wechselvolle Geschichte des Traditionsvereins nacherleben.

Bevor am 12. Spieltag vor ausverkauftem Haus in Nürnberg das bayerische Derby zwischen dem Club und Bayern München angepfiffen wurde, sorgten die Ultras mit einer überdimensionalen Kurvenchoreografie, die an den jüdischen

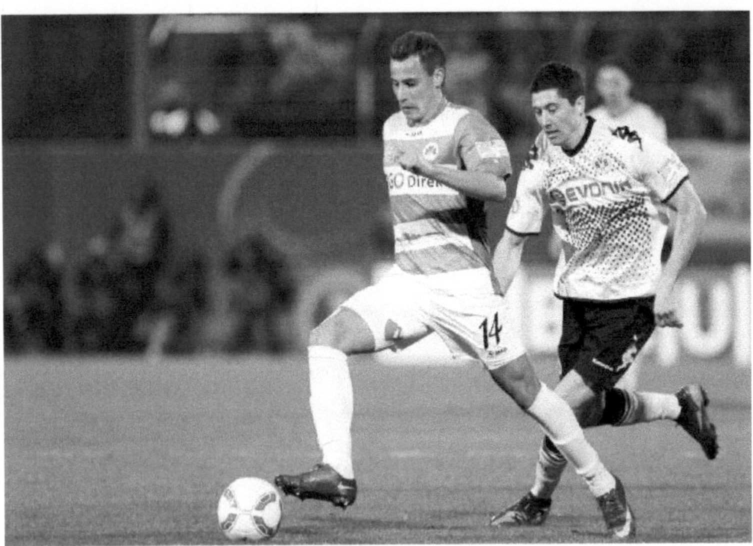

Im DFB-Pokal Halbfinale am 19.12.2012 v.l. Edgar Prib (SpVgg Greuther Fürth), Robert Lewandowski (Borussia Dortmund)

Club-Trainer Jenö Konrad erinnerte, für Aufsehen und Nachdenklichkeit im Stadion. Konrad hatte im August 1932 nach Beschimpfungen im antisemitischen Hetzblatt „Stürmer" („Der 1. FC Nürnberg geht am Juden zu Grunde.") Nürnberg Hals über Kopf verlassen. Seine Flucht vor den Nazis entwickelte sich zu einer wahren Odyssee quer durch Europa und endete schließlich im Mai 1940 in New York. Konrad hinterließ dem Club eine Postkarte mit dem Satz: „Der Club war der erste. Und muss der erste werden."

Dieser Satz, passend zum Spiel gegen die Bayern, prangte nun über der gesamten Nordkurve – und die Club-Spieler nahmen sich diese Worte zu Herzen. Obwohl die Bayern schon nach drei Minuten durch Mandzukic in Führung gingen, hielt der Club dagegen. Unmittelbar nach der Halbzeit profitierte Markus Feulner von einem missglückten Rückpass der Bayern und traf aus rund 25 Metern zum umjubelten Ausgleich. Das Derby endete 1:1, und mit großem Selbstvertrauen ging der 1. FC Nürnberg zu einem Auswärtsspiel der etwas anderen Art: zum erste Bundesliga-Derby gegen die SpVgg Greuther Fürth. Das war ein richtiges Keller-Derby. Der 17. (Fürth) spielte gegen den fünf Punkte besseren 15. (Club). Das insgesamt 255. Duell mit den Kleeblättlern wurde im ausverkauften Ronhof zu einem hart umkämpften Spiel. Nach einer Roten Karte für Feulner war der Club schon nach 35 Minuten in Unterzahl, am Ende trennten sich beide Mannschaften torlos mit 0:0. Nach zwei Heimsiegen gegen Hoffenheim und Düsseldorf, einer Niederlage in Leverkusen und einem Unentschieden in Bremen beendete der Club die Hinrunde auf Platz 14 mit 20

Punkten. Fürth verharrte mit mageren neun Punkten punktgleich mit dem FC Augsburg auf dem letzten Platz.

Kurz nach der Weihnachtsfeier der Club-Profis platzte dann in Nürnberg die Bombe: Dieter Hecking nahm ein gut dotiertes Angebot des Tabellennachbarn und ebenfalls abstiegsgefährdeten VfL Wolfsburg an und wechselte mitten in der Saison die Seiten. Von nun an trainierten Michael Wiesinger, der U23-Coach, und der bisherige Co-Trainer Armin Reutershahn den Club. Mit dem neuen Trainergespann blieb der Club zu Hause eine Macht, und auch auswärts hielt man dagegen.

Nach der miserablen Hinrunde verstärkten sich die Kleeblättler mit Tom Mickel (HSV) Matthias Zimmermann (Borussia Mönchengladbach) und dem Serben Nikola Durdic (Helsingborgs IF). Zum Rückrundauftakt verloren die Fürther 0:2 gegen die Bayern. Es folgte eine 0:3-Heimpleite gegen Mainz, bevor auf Schalke der zweite Sieg, dank der Tore von Klaus und Durdic gelang. Zwei Niederlagen gegen Wolfsburg und Düsseldorf erstickten die aufkeimende Hoffnung und am 20. Februar 2013 wurde Aufstiegstrainer Büskens beurlaubt. Fürth rangierte zu diesem Zeitpunkt nach 22 Spielen mit 12 Punkten auf dem letzten Platz.

Interimscoach Ludwig Preis holte aus drei Spielen immerhin zwei Punkte, bevor Frank Kramer am 26. Spieltag das Amt des Cheftrainers übernahm. Sein erster Sieg gelang ihm am 30. Spieltag – ausgerechnet beim ersten Bundesliga-Derby im Nürnberger Stadion.

Nürnberg rangierte auf Platz 11, Fürth war immer noch Schlusslicht, das Stadion war bis auf den letzten Platz gefüllt. Die Nürnberger Ultras feierten ihre Mannschaft mit einer überdimensionalen Choreografie. Doch ein Sonntagsschuss von Johannes Geis ließ die Fürther in der 26. Minute jubeln. Der Club rannte bis zur letzten Sekunde an, aber irgendwie wollte der Ball nicht über die Linie. In der 90. Minute parierte der Fürther Torwart Hesl noch einen Schuss von Alexander Esswein, den Nachschuss setzte Hiroshi Kiyotake aus kurzer Distanz am Tor vorbei. Die Enttäuschung im Club-Lager war groß, doch Club-Kapitän Schäfer bekannte trotzig: „Ich lasse mir nicht die gute Saison wegen einem Spiel schlecht reden. Wir spielen nächste Saison in der ersten Bundesliga. Das steht für mich an erster Stelle."

Und Schäfer sollte recht behalten, denn schon am nächsten Spieltag stand die Spielvereinigung als erster Absteiger in die 2. Bundesliga fest. Fürth stieg abgeschlagen mit 21 Punkten und zehn Punkten Rückstand zum Relegationsplatz ab. Und noch ein Negativrekord kam oben drauf: Mit der 1:2-Niederlage am vorletzten Spieltag zu Hause gegen den SC Freiburg war die SpVgg Greuther Fürth zudem die erste Mannschaft, der im Laufe einer Bundesliga-Saison kein einziger Heimsieg gelang.

Der Club beendete die Saison auf einem versöhnlichen 10. Rang. Zumindest für die nächste Saison war eine Fortsetzung der Derby-Geschichte ausgeschlos-

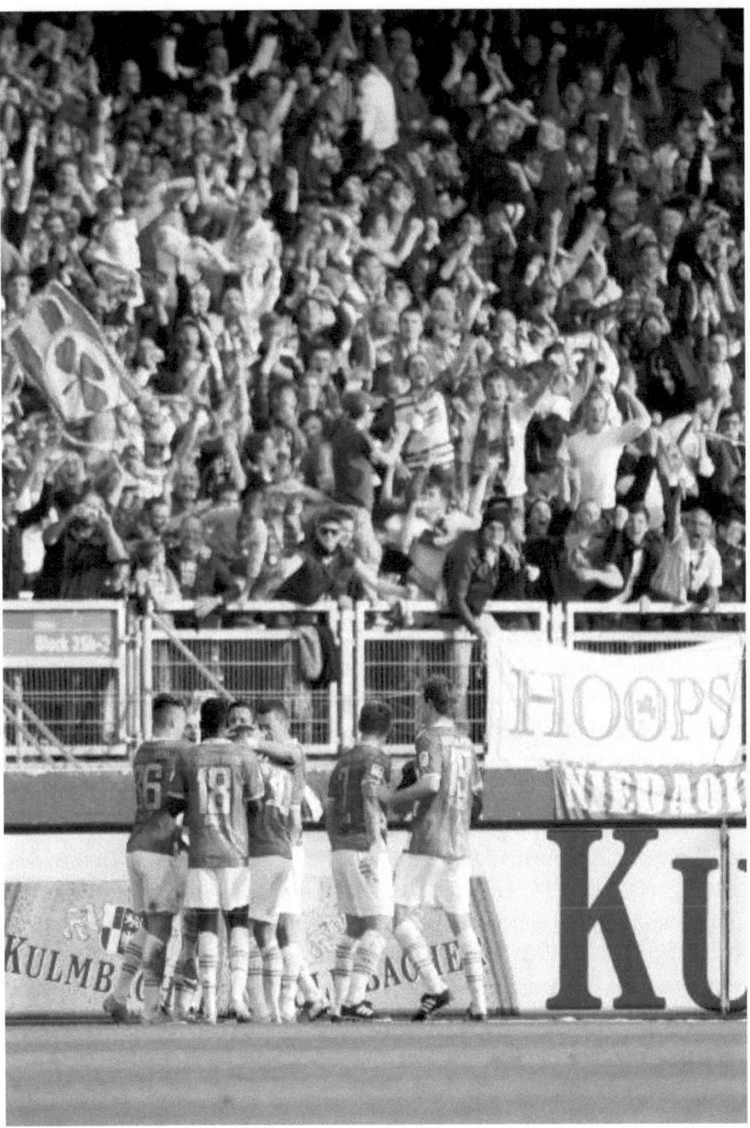

Fans und Spieler der SpVgg Greuther Fürth jubelten gemeinsam nach dem 1:0 gegen den 1. FCN am 21.4.2013.

sen. Mit sechs Toren wurde der Schwede „Pelle“ Nilsson zum Torschützenkönig beim 1. FC Nürnberg – und die „Notlösung“ Michael Wiesinger/Armin Reutershahn durfte weitermachen.

Der achte Abstieg und kein Aufstieg

In der Offensive hatte sich der Club für die Bundesliga-Saison 2013/2014 mit Zweitliga-Torschützenkönig Daniel Ginczek vom FC St. Pauli und dem Schweizer Nationalspieler Josip Drmic gut verstärkt. Im defensiven Mittelfeld hinterließ aber die Rückkehr von Timmy Simons nach Belgien eine Lücke, die sich als fatal herausstellen sollte.

Der Start in die Fußball-Bundesliga war mit zwei Unentschieden jeweils nach Rückstand gegen Hoffenheim und Hertha BSC durchwachsen, doch auch in den nächsten Spielen wollte einfach kein Sieg gelingen. Beste Chancen wurden nicht genutzt, ein ums andere Mal verhinderten Pfosten oder Latte den Torerfolg. Stattdessen kassierte der Club viel zu leichte Gegentore. Nach einem 0:5 zu Hause gegen den Hamburger SV rutschte der Club auf Rang 16 ab, und das Trainergespann Wiesinger/Reutershahn musste gehen. Der neue Mann auf der Bank hieß Gertjan Verbeek, der zuvor schon AZ Alkmaar und Feyenoord Rotterdam trainiert hatte und auch im Abstiegskampf einer offensiven, attraktiven Spielweise huldigte.

Trotz Umstellung des Spielsystems gelang es auch ihm nicht, umzusteuern. Selbst ein 3:0-Vorsprung nach 41 Minuten im Auswärtsspiel bei Hannover 96 reichte nicht zum Sieg. In der 87. Minute übersah das Schiedsrichtergespann eine glasklare Abseitsstellung und Hannover kam auf 2:3 heran. In der Schlussminute fiel nach einem Freistoß aus einem Gewühl heraus dann der Ausgleich. Damit blieb der Club in der gesamten Hinrunde ohne Sieg, was in der Bundesliga bis dahin ein Novum war. Nürnberg überwinterte auf Rang 17.

Zum Rückrundenstart gewann der Club gleich mit 4:0 gegen die TSG 1899 Hoffenheim. Nach einem glücklichen Auswärtssieg bei Hertha BSC verließ man die Abstiegszone. Dann machte Bayern München seine Aufwartung. Trotz starker Leistung verlor der 1. FCN nicht nur 0:2, sondern auch die Stammspieler Timothy Chandler und Daniel Ginczek mit schweren Verletzungen. Eine Serie von sieben Niederlagen in den letzten sieben Spieltagen mündete direkt in den achten Abstieg aus der Bundesliga. Drei Spieltage vor Schluss wurde Verbeek beurlaubt. U23-Trainer Roger Prinzen sollte die Talfahrt stoppen. Ein 1:4 am letzten Spieltag gegen Schalke 04 zementierte den Club auf dem direkten Abstiegsplatz 17.

Angesichts 25 Pfosten- und Lattentreffern, zahlreichen Schiedsrichter-Fehlentscheidungen und einer gehörigen Portion Verletzungspech hätte die Saison durchaus auch ein anderes Ende für den 1. FC Nürnberg nehmen können. Am Ende fehlt ein einziger Punkt zur Relegation – und die wäre gegen die SpVgg Greuther Fürth gewesen.

Dort hatten mit Sercan Sararer (VfB Stuttgart), Bernd Nehrig und Christopher Nöthe (FC St. Pauli), Heinrich Schmidtgal (Fortuna Düsseldorf) oder Hasse Sobiech (Borussia Dortmund) wichtige Spieler der SpVgg nach dem Abstieg aus der Bundesliga im Mai 2013 den Rücken gekehrt. Als Verstärkungen kamen u.a. Goran Sukalo (MSV Duisburg) und Niko Gießelmann (Hannover 96). Nach vier Siegen zum Start war Fürth schon Tabellenführer. Zum Ende der Hinrunde war die SpVgg Greuther Fürth auf dem zweiten Rang, der zum direkten Aufstieg berechtigte, während der Nachbar aus Nürnberg eine Klasse höher am Abgrund taumelte.

Noch am Ende des 31. Spieltages deutet alles auf eine direkte Rückkehr der SpVgg in die Bundesliga hin, dann rutschte Fürth durch eine 1:2-Heimniederlage gegen den 1860 München auf Platz Drei ab. Zwei deutliche Siege (6:0 bei Energie Cottbus und 2:0 gegen den Sandhausen) nutzten nichts, Fürth musste gegen den Hamburger SV in die Relegation.

In Hamburg blieb es vor 56.000 Zuschauern torlos. Die mit Rafael van der Vaart, Hakan Calhanoglu und Pierre-Michel Lasogga gut bestückte Kreativ- und Offensivabteilung des „Bundesliga-Dinos" kam nicht zum Zuge. Die SpVgg agierte clever und selbstbewusst und war letztlich dem Sieg näher als die nervösen Hamburger. Vor allem Illir Azemi erschreckte die löchrige Hamburger Defensive mehr als nur einmal.

Im Rückspiel in dem mit 17.500 Zuschauern ausverkauften Ronhof brachte Lasogga die Hamburger in der 14. Minute in Führung. Kurz vor der Pause hatten die bis dahin enttäuschenden Fürther ihre erste echte Chance: Azemi verzog knapp. Nach dem Wechsel verpasst Lasogga die frühe Entscheidung. In der 59. Minute machte es Stephan Fürstner nach Vorarbeit von Zoltan Stieber besser und überwand den Hamburger Keeper Drobny aus wenigen Metern zum 1:1. Der Zweitligist setzte nun nach und hatte mehr vom Spiel. Die Hamburger kamen nur selten mit langen Bällen auf Lasogga zu Entlastungsangriffen. In der Schlussminute rettete Drobny per Reflex gegen den eingewechselten Sukalo. Dann war der Traum von der zweiten Bundesliga-Saison für Fürth ausgeträumt, und der Hamburger SV hatte seinen ersten Abstieg aus der Bundesliga mit ach und Krach verhindert.

Neue Ligen, neue Derbys

Zwei Jahre, nachdem Franken mit zwei Erstligisten aufwarten konnte, spielte sich der fränkische Fußball nur mehr in der zweiten Klasse und tiefer ab. Die neue Regionalliga Bayern wurde zum zentralen Schauplatz des fränkischen Kräftemessens. Zur Startsaison traten 2012/2013 sieben fränkische Teams an: Viktoria Aschaffenburg, FC Eintracht Bamberg, VfL Frohnlach, SpVgg Bayern Hof, Kickers Würzburg und die zweiten Mannschaft von 1. FCN und der SpVgg Greuther Fürth.

Im Feld der 20 Vereine belegte Kickers Würzburg am Ende Rang 10, Bamberg und Aschaffenburg hielten als 13. bzw. 15. die Klasse. Club II wurde Vierter und Fürth II landete auf Rang 12. Hof musste in die Relegation, behielt aber gegen den TSV Großbardorf die Oberhand. Als Tabellenletzter musste aus der Frankenriege nur Frohnlach nach acht Siegen, 11 Unentschieden und 19 Niederlagen die Segel streichen.

Dafür stieg aber Schweinfurt 05 unter dem neuen Trainer Gerd Klaus als Meister der Bayernliga Nord in die Regionalliga Bayern auf, so dass 2013/2014 erneut sieben fränkische Teams in der vierten Klasse mitmischten. Als Vorletzter musste Viktoria Aschaffenburg absteigen, Hof verpasste auf Rang 16 die Relegation, punktgleich mit dem Tabellenfünfzehnten aus Schweinfurt, weil man im direkten Vergleich unterlegen war: Zu Hause verlor man gegen die „Schnüdel" 0:2, in Schweinfurt 2:3. In der Relegation behielt Schweinfurt gegen den TSV Aubstadt und den TSV 1860 Rosenheim die Oberhand. Die restlichen vier Vereine bildeten eine Mittelfeldphalanx; Club II auf Rang 8 vor Fürth II, dem FC Bamberg und Kickers Würzburg als 11. hatten keine Probleme die Klasse zu halten.

Den Aufstieg schaffte zunächst die SpVgg Bayreuth – in die Regionaliga Bayern. Ein Jahr zuvor hatte man sich in Spielvereinigung Oberfranken Bayreuth umbenannt und eine Spielbetriebsgesellschaft gegründet. 60 Prozent der Anteile hielt der Verein und jeweils 20 Prozent hielten der Stahlrohrstuhlfabrikant Franz Stegner und der Weismainer Bauunternehmer Alois Dechand. Dank Bayreuths Aufstieg standen sich zur Saison 2014/15 in der Regionalliga Bayern noch sechs fränkische Mannschaften gegenüber. Bamberg als Letzter musste die Klasse verlassen, die „Schnüdel" wurden 13., der Neuling aus der Wagnerstadt wurde überraschend Sechster. Unangefochtener Spitzenreiter und damit Aufsteiger in die Dritte Liga waren die Würzburger Kickers. In 34 Spielen kassierten die Kickers nur zwei Niederlagen und ganze 15 Gegentore, 80 Punkte hatten sie zum Abschluss auf dem Konto. Nürnberg II belegte Platz 8 und Fürth II Rang 14.

Die ambitionierten Projekte „3x3" und „3x2"

Nachdem sich die Würzburger Kickers in der Liga im gesicherten Mittelfeld etabliert hatten, rief man noch vor Saisonende 2013/14 das Projekt „3x3 – In drei Jahren in die Dritte Liga" ins Leben. Eine breit angelegte Marketingkampagne („Würzburg braucht Profis"), eine Professionalisierung des Umfelds und der Strukturen sowie die Einbindung von Sponsoren, bildete das Fundament für die sportliche Entwicklung. Für die sollte nun als Trainer der Ex-Profi Bernd Hollerbach sorgen, der schon als Co-Trainer mit Felix Magath beim VfL Wolfsburg Deutscher Meister wurde.

Hollerbach, der einst selbst für die Kickers gespielt hatte, machte sich an die Runderneuerung des Kaders. 16 Abgängen standen 14 Neuzugänge gegenüber, darunter mehrere Spieler mit Profi-Vergangenheit bzw. junge Talente aus den Nachwuchsleistungszentren von Vereinen der ersten und zweiten Liga. Den entscheidenden Kick für die Saison erhielt die Elf in der ersten Hauptrunde des

DFB-Pokals. Dort trafen die Kickers zu Hause vor 10.000 Zuschauern in der Flyeralarm-Arena auf den Zweitligisten Fortuna Düsseldorf und gewannen mit 3:2 nach Verlängerung durch zwei Tore von Christopher Bieber sowie den Treffer von Steven Lewerenz in der 114.Minute. In der zweiten Pokalrunde schied man zu Hause knapp mit 0:1 gegen den Zweitligisten Eintracht Braunschweig aus.

Als Meister der Regionalliga qualifizierten sich die Kickers für die Aufstiegsrelegation zur 3. Liga. Gegner war der Zweite der Regionalliga Süd-West, der 1. FC Saarbrücken. Nach einem knappen 1:0-Sieg der Kickers in Saarbrücken, gelang ihnen im Rückspiel der Aufstieg. Am Ende der regulären Spielzeit hieß es 1:0 für Saarbrücken. Das Spiel entschieden die Würzburger in einem wahren Elfmeter-Krimi mit 6:5 für sich. Damit schafften sie ihr Vorhaben, innerhalb von drei Jahren in die Dritte Liga aufzusteigen, in nur einer Saison.

Flugs taufte man das Vorhaben um in „Projekt 3x2 – Würzburg kann mehr“: Das neue Ziel war nun, die Zweite Bundesliga innerhalb von drei Jahren zu erreichen. Unter dem Motto „Wir bocksen uns in Liga Zwei“ legte der Verein in Kooperation mit zwölf lokalen Winzern 125.000 (Einwohnerzahl von Würzburg) Flaschen Bocksbeutel auf. Der Preis von 19,07 Euro pro Flasche erinnerte an das Gründungsjahr des Klubs..

Am 8. Mai 2016 war es soweit. Mit einem 1:1 am vorletzten Spieltag gegen Holstein Kiel qualifizierten sich die Kickers für die Relegationsspiele gegen den 16. der Zweiten Liga, den MSV Duisburg. Im Hinspiel verließen die Würzburger vor eigenem Publikum als verdienter Sieg den Platz. Das 1:0 erzielte schon in der 10. Minute Abwehrspieler Richard Weil, zum entscheidenden 2:0 traf in der 79. Minute Mittelfeld-Akteur Dániel Nagy. Mit diesem Ergebnis im Rücken fuhren die Kickers selbstbewusst nach Duisburg.

Dort unterlief dem Würzburger Verteidiger Clemens Schoppenhauer in der 33. Minute ein Eigentor. Doch die Duisburger Führung hatte nur vier Minuten Bestand, dann sorgte Würzburgs Mittelstürmer Elia Soriano für den Ausgleich. Während Duisburg zunehmend ideenloser anrannte, machte Rico Benatelli, alles klar. Die Kickers hatten damit alle Tore selbst geschossen und erneut ihren Zeitplan deutlich unterboten: Bereits wenige Monate nach dem Start des „3x2“-Projektes stiegen sie in die 2. Bundesliga auf.

Als zweitem Team nach RB Leipzig gelang den Kickers seit der Gründung der Dritten Liga im Jahr 2008 der direkte Durchmarsch von der Regionalliga in die zweithöchste Spielklasse. Seit der Saison 2011/12 schafften die Rothosen den Aufstieg von der sechsklassigen Landesliga in die Zweite Bundesliga am Ende der Saison 2015/16 – das sind schwindelerregende vier Aufstiege in fünf Jahren.

Und in der Regionalliga Bayern? Da 2015 kein fränkischer Verein aufstieg, waren es nur noch fünf Frankenteams in der Regionalliga Bayern. Auf Rang 7 hatte die SpVgg Bayreuth nichts mit dem Abstieg zu tun, Fürth II auf Platz 9 auch nicht und Club II auf Rang drei schon gar nicht. Die von Gerd Klaus trainierten „Schnüdel“ schwebten zwar in höchster Abstiegsgefahr, retteten sich aber am letzten Spieltag mit einem klaren 4:0 gegen Greuther Fürth II auf den 14. Platz. Auf Rang 15 musste Viktoria Aschaffenburg in die Relegation und letztlich in die Bayernliga Nord absteigen.

Ein Jahr später, in der Saison 2016/17 kickten wieder fünf fränkische Vereine in der Regionalliga Bayern, weil der SpVgg Bayern Hof der Aufstieg geglückt war.

Während die Kickers von einer Liga in die nächste stürmen sollten, hieß die Devise beim Club vor der Saison 2014/15 wieder einmal „sofortiger Wiederaufstieg bei vollem Risiko“. Valérian Ismael, der von den Amateuren des VfL Wolfsburg gekommen war, war der neue Trainer. Er hatte eine völlig neue Mannschaft zur Verfügung. 22 Abgängen, darunter viele Stammspieler wie z.B. Hiroshi Kiyotake, Makoto Hasebe, Timothy Chandler, Marvin Plattenhardt, Mike Frantz, Alexander Esswein, Josip Drmic oder Daniel Ginczek, standen 23 Neuzugänge wie Rückkehrer Jan Polak, Alessandro Schöpf von Bayern München, Jakub Sylvestr der Torschützenkönig der 2. Liga, Niclas Füllkrug, der zuvor in Fürth gespielt hatte, oder Guido Burgstaller gegenüber.

Der Spielplan wollte es so, dass am zweiten Spieltag schon das Derby bei der SpVgg Greuther Fürth anstand. Auch die Kleeblättler hatten ihr Gesicht völlig geändert. 15 Spieler hatten nach dem verpassten Aufstieg den Verein verlassen. Der Saisonbeginn wurde zudem durch einen folgenschweren Verkehrsunfall des Stürmers Ilir Azemi überschattet, der die komplette Spielzeit ausfallen sollte. Gerade dieser Rückschlag schien die Fürther im Derby besonders zu motivieren.

Nach 17 Minuten führten sie nach Toren von Abdul Rahman Baba und Goran Sukalo schon mit 2:0. In der 35.Minute machte Javier Pinola entschlossen den Anschlusstreffer. Kurz nach der Pause dann Pech für den Club: Niclas Füllkrug hämmerte einen Freistoß an den Pfosten, für viele Nürnberger der Knackpunkt des Spiels. Doch anstatt 2:2 stand es sieben Minuten später erneut durch Baba 3:1 für Fürth. Die Nürnberger ergaben sich in ihr Schicksal, Trainer Ismael wirkte an der Seitenlinie hilflos. 76. Minute 4:1 für Fürth durch Tom Weilandt und dann noch in der 87. durch Robert Zulj das 5:1.

„Wenn man so viele individuelle Fehler macht, wie wir heute, ist es schwer Punkte zu holen“, kommentierte Ismael. Frank Kramer, sein Gegenüber aus Fürth, tat sich da naturgemäß leichter: „Wir haben Druck ausgeübt und eiskalt zugeschlagen.“ Den Druck vermisste Kramer bei vielen Spielen seines Teams nach dem deutlichen 5:1 im Derby. Zur Winterpause belegte seine Mannschaft daher nur Platz 11 mit 21 Punkten.

Der Derbyverlierer aus Nürnberg war da schon um zwei Plätze und zwei Punkte besser. Sechs Niederlagen, drei Siege und zwei Unentschieden nach dem blamablen 1:5 musste Ismael beim Club gehen. Am 13. Spieltag stand man auf Platz 13 mit nur zwei Punkten Abstand zu einem direkten Abstiegsplatz. Der Schweizer René Weiler, der zuvor den FC Aarau trainiert hatte, sollte es nun richten. Sein Einstand gelang mit einem 2:1-Heimsieg gegen den FC Ingolstadt. Zwei Siege gegen 1860 München und beim VfR Aalen sowie eine Niederlage bei Eintracht Braunschweig ließen den Club bis zur Ende der Hinrunde in die erste Tabellenhälfte klettern.

Das Derbyrückspiel im Grundig-Stadion entwickelte sich zu einem ausgeglichenen, intensiven Spiel. Torlos ging es in die Pause. In der 52. Minute sah der Fürther Stephan Schröck Gelb-Rot, doch in Überzahl tat sich der Club sehr schwer. Fürth stand tief, die Weiler-Elf fand kaum eine Lücke und leistete sich viele einfache Fehler. So gab es im 258. fränkischen Derby keine Tore, und beide Vereine verabschiedeten sich in die Winterpause.

Aus der kamen die Fürther sehr durchwachsen. Nach einem 0:0 zu Hause gegen den SV Sandhausen am 22. Spieltag war man schon auf Platz 13 abgerutscht. Präsident Hack sprach ein Machtwort und ersetzte Frank Kramer durch den Aufstiegshelden Mike Büskens. Doch unter ihm konnten die Fürther auch in den nächsten acht Spielen keinen Sieg erringen, bevor am 31. Spieltag Marco Stiepermann, Robert Zulj und Goran Sukalo das befreiende 3:0 zu Hause gegen Fortuna Düsseldorf herausschossen. Greuther Fürth beendete auf Rang 14., die schlechteste Platzierung seit Einführung der eingleisigen Zweiten Bundesliga.

Und beim Nachbarn aus Nürnberg? Dort begann das Jahr mit der überraschenden Trennung von dem langjährigen Finanzvorstand Ralf Woy. Nach vier Niederlagen am Stück gegen Heidenheim, Kaiserslautern, Bochum und Leipzig vom 24. bis zum 27. Spieltag war endgültig klar, dass der Club mit dem Aufstiegsrennen nichts mehr zu tun haben wird. Die Unruhe im Verein nahm mit dem mittelmäßigen Abschneiden der Mannschaft zu. Am Ende belegte der 1. FC Nürnberg Platz 9 und schloss die Saison mit einem negativen Torverhältnis (42:47) ab. Am Treffsichersten war der schnell als Fehleinkauf eingestufte Sylvestr mit neun Toren vor Guido Burgstaller (6) und Alessandro Schöpf (5).

Aufholjagd endet mit der Relegation

Erstmals konnte der Club unter Trainer René Weiler eine komplette Saisonvorbereitung absolvieren. Mit den Neuzugängen Behrens, Möhwald, Leibold, Gislason und Kirschbaum und noch ohne die Flügelverteidiger Sepsi (verletzt) und Brecko, der erst in der Folgewoche zum Team stoßen sollte, ging es dann am ersten Spieltag gleich zum Ligafavoriten und Bundesligaabsteiger aus Freiburg.

Nach nur 13 Minuten lag der 1. FCN bereits mit 0:3 zurück, nach darauf folgender heftiger, aber kurzer Gegenwehr hieß es am Ende 3:6 für die Badener. Die aufgebrachten Fans orderten die Club-Spieler samt Trainer auf der Rückfahrt zum mitternächtlichen Rapport auf einer Autobahnraststätte. Sportvorstand Martin Bader, der dieses Treffen zugelassen hatte, geriet zusehends in die Kritik.

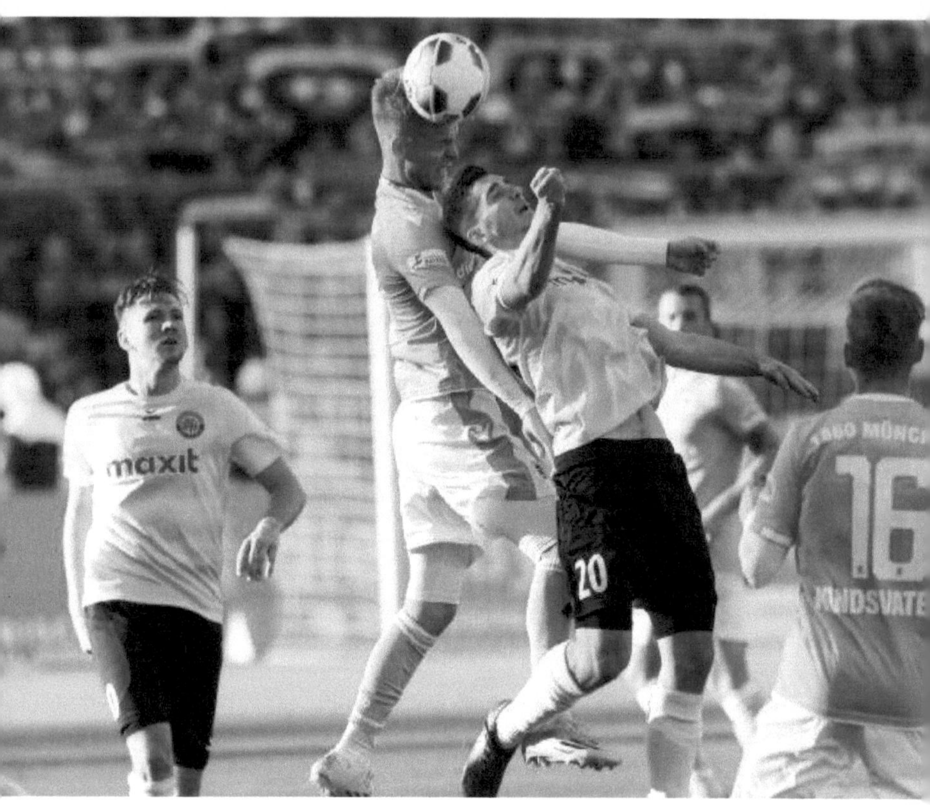

Aus dem Spiel der SpVgg Oberfranken Bayreuth gegen den TSV 1860 München am 31.10.2017; Am Ball Daniel Wein (München) gegen Johannes Golla (Bayreuth).

Wenige Tage nach dem Raststätten-Treffen trennte sich der Club nach über elf Jahren im gegenseitigen Einvernehmen von Bader.

Greuther Fürth wollte mit Büskens nicht weitermachen und ging in die neue Saison mit Stefan Ruthenbeck, der bei Zweitligaabsteiger VfR Ahlen unter Vertrag stand. Obwohl auch Kapitän Wolfgang Hesl Fürth in Richtung Arminia Bielefeld verlassen hatte, konnte im Gegensatz zu den letzten Jahren der Kern der Mannschaft weitgehend zusammengehalten werden. Nach dem Auftaktsieg gegen den Karlsruher SC (1:0) folgten vier sieglose Spiele, bis es am sechsten Spieltag zum 259. Derby kam.

Mit Michael Meeske hatte der Club ab September 2015 wieder einen Kaufmännischen Vorstand, drei Wochen später komplettierte Andreas Bornemann als Vorstand Sport die Führungsspitze. Meeske musste gleich miterleben, was es heißt, ein Derby zu verlieren. Guido Burgstaller brachte den Club, der Niklas stark nach Berlin abgegeben hatte, im Ronhof schon in der siebten Minute in Führung. Kurz vor der Pause gelang Veton Berisha der Ausgleich. Der Fürther Tom Weilandt drehte in der 58. Minute das Spiel, bevor Alessandro Schöpf für den Club ausglich. In der letzten Minute schoss Sebastian Freis mit rechts die Fürther zum Derbysieg.

Dem Sieg im Frankenderby folgten auf Fürther Seite vier Siege in Folge, dann aber eine deutliche 0:5-Heimniederlage gegen den VfL Bochum. Danach verlor Greuther Fürth vollends den Faden. Von den restlichen neun Spielen vor der Winterpause konnte man nur zwei gewinnen. Zuletzt blieb man vor Beginn der Winterpause, die erst nach dem 19. Spieltag begann, vier Spiele ohne Sieg. Das bedeutete einen Platz im Niemandsland der Tabelle (10).

Ganz anders beim Club, wo man sich von der Niederlage im prestigeträchtigen Derby erstaunlich schnell erholte. Unscheinbar, beinahe zaghaft machte sich der Club dann daran, einen aus dem Jahr 1978 bestehenden Vereinsrekord zu brechen: Vom 11. Spieltag am 16. Oktober 2015 (1:1 zu Hause gegen den FSV Frankfurt) an war der 1. FC Nürnberg ganze 18 Spiele in Serie nicht mehr zu besiegen. Das Erfolgsgefühl hielt bis zum 10. April 2016, also fast ein halbes Jahr lang. Zwölf Siege und sechs Unentschieden katapultierten die Nürnberger Mannschaft vom 10.Tabellenplatz, mit 21:20 Toren und nur 14 Punkten, auf Rang drei am 28. Spieltag, mit 57:32 Toren und satten 56 Zählern. Ausgerechnet zu Hause gegen den Tabellenletzten MSV Duisburg (1:2) riss diese schöne Serie.

Zu dieser Serie gehörte auch das Derby am 23. Spieltag. Wie im Hinrunden-Derby „klingelte" es in der Rückrunde schon erneut in der siebten Minute. Doch dieses Mal waren es die Fürther, die sich über das frühe Tor von Robert Zulj freuen durften. Mit einem satten Linksschuss sorgte Sebastian Kerk in der 40 Minute für den Ausgleich. In der 84. Minute legte sich Club-Stürmer Niclas Füllkrug, der einst für die Grün-Weißen spielte, den Ball mit der Brust selbst vor und köpfte dann aus kurzer Distanz den Treffer zum ersten Derbysieg für den Club seit 2008.

In Fürth war von einer Serie keine Spur, stattdessen verließen noch in der Winterpause Domi Kumbela, Publikumsliebling Stephan Schröck und Goran Sukalo den Verein. Die weiteren Ergebnisse ließen auch zu wünschen übrig. Am Ende reichte es mit Rang neun gerade noch für die obere Tabellenhälfte.

Im Aufstiegsrennen um die ersten beiden Plätze kristallisierte sich immer mehr heraus, dass Freiburg und Leipzig ihren knappen Vorsprung ins Ziel retten sollten. Zum Heimspiel gegen den FC St. Pauli am vorletzen Spieltag konnte der Club das erste Mal seit dem bitteren Abstieg 2014 ein mit 50.000 Menschen ausverkauftes Stadion vermelden. Die Partie endete ohne große Höhepunkte mit 1:0 zu Gunsten des 1. FCN, Torschütze war erneut Füllkrug – und der Club war wieder einmal in der Relegation gegen Eintracht Frankfurt.

Am 19. Mai 2016 galt es für den Club, sich eine gute Ausgangslage für das Rückspiel vier Tage später zu verschaffen. Die Unternehmung sollte gelingen.

Wenn auch spielerisch unterlegen und zumeist auf die Defensive bedacht, sprang nach 90 aufopferungsvollen Minuten Kampf dank eines Frankfurter Eigentores ein 1:1-Unentschieden heraus.

Im Rückspiel sorgten die Club-Fans schon vor Anpfiff für Erstliga-Stimmung. Auch dieses Mal stand der sehr defensiv eingestellte Club lange Zeit sicher und erstickte Angriffe der Hessen zumeist im Keim. Bis zur 65. Minute durfte sich der Club wie ein Erstligist fühlen, bis dahin stand es noch 0:0. Doch dann war Haris Seferovic zur Stelle. 1:0 für die Eintracht. Das Aufbäumen der Weiler-Schützlinge blieb nicht aus. Mit Blum und Gislason auf den Flügeln, sowie Hovland als letzten Joker im Sturmzentrum drückte die Club-Elf auf den Treffer und die gleichbedeutende Verlängerung. Doch es blieb bei der knappen Führung der Eintracht. Der 0:1-Niederlage folgten Tränen, und das Stadion sang den Klassiker „You´ll never walk alone“.

Im fränkischen Fußball war also wieder vieles in Bewegung. Aber egal in welcher Liga, Franken bleibt aber immer am Ball.

In diesem Sinne: Egal in welcher Liga, Franken bleibt am Ball.

Abbildungsnachweis

Club-Archiv: 9, 12, 18, 24, 25, 28, 33, 36, 43, 49, 54
Archiv K. Schmidtpeter /R. Fengler: 62, 66, 68, 69, 72, 74, 81, 82, 89
Herbert Liedel: 96, 99,105, 108,,109, 110, 111, 112, 113 116, 118, 120, 122, 126, 127, 129, 133, 134
Jens Ballon: 137, 139
Imago: 131, 140, 144, 145, 147, 154
Privat 10, 38, 50, 59, 60, 64, 75 ,77, 79, 84, 87, 91

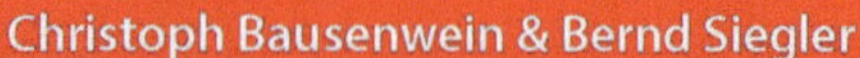

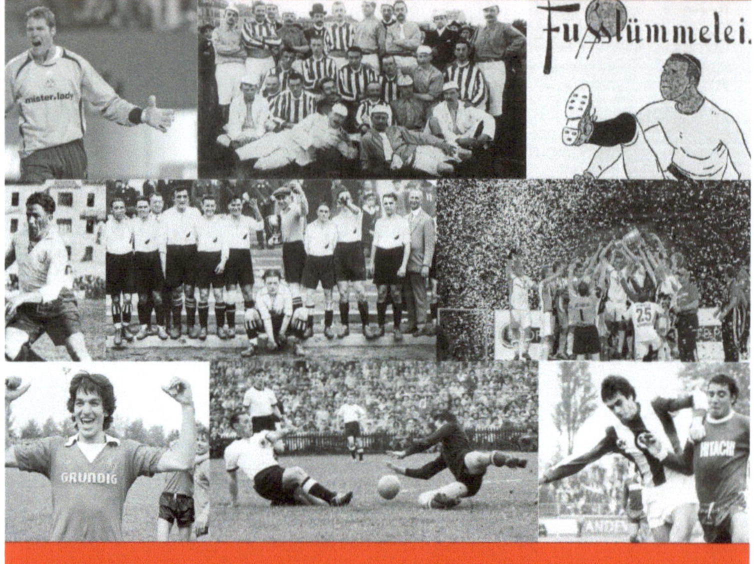

FUSSBALL IN FRANKEN 2

Geschichten eines Fußballjahrhunderts

12 Buchfranken
Bücher über und aus Franken
im Schrenk-Verlag

Fußball in Franken als Doppelpack: Während der Band „Fußball in Franken 1" einen chronologischen Überblick über die Vereine, die Spiele und die Spieler in Franken bietet, versammelt der Band „Fußball in Franken 2 (ISBN 978-3-924270-92-6) zahlreiche Geschichten zum Fußballjahrhundert in Franken: informative, spannende und z.T. auch skurrile Details zum fränkischen Fußballgeschehen.

MIX
Papier aus verantwortungsvollen Quellen
Paper from responsible sources
FSC® C105338
FSC
www.fsc.org